天选之子

THE CHOSEN ONE

詹姆斯传

《体坛周报》
著

金城出版社
GOLD WALL PRESS
西苑出版社
XIYUAN PUBLISHING HOUSE

中国 · 北京

图书在版编目（CIP）数据

天选之子 ： 詹姆斯传 / 《体坛周报》著. -- 北京 ： 西苑出版社有限公司, 2025. 10. -- ISBN 978-7-5151-1098-1

I. K837.125.47

中国国家版本馆CIP数据核字第2025LB5825号

天选之子：詹姆斯传

作　　者　《体坛周报》
责任编辑　王思硕
责任校对　欧阳云
责任印制　李仕杰
开　　本　710毫米×1000毫米 1/16
印　　张　19
字　　数　266千字
版　　次　2025年9月第1版
印　　次　2025年9月第1次印刷
印　　刷　鑫艺佳利（天津）印刷有限公司
书　　号　ISBN 978-7-5151-1098-1
定　　价　123.06元

出版发行　**金城出版社有限公司　西苑出版社有限公司**
　　　　　北京市朝阳区利泽东二路3号　邮编：100102
发 行 部　（010）84254364
编 辑 部　（010）64391966
总 编 室　（010）88636419
网　　址　http://www.jccb.com.cn
电子邮箱　xiyuanpub@163.com
法律顾问　北京同清律师事务所 13001187977

序言

所谓下坡路，实登不朽峰

文/殳海

一眨眼，我已经是个在篮球媒体行业里摸爬滚打了快20年的老兵了。在这不短的时间里，写过了很多字，说过了很多话，但其中真正被无数次重放的只有一句话——“詹姆斯已经31岁了，他要走下坡路了！”

2025年，詹姆斯行将年满41岁，但他依然是无可争议的NBA最佳阵容成员。可以预见，在他41岁生日那天，我将再次惨遭“鞭尸”，将近十年过去，詹姆斯的下坡路依然深不见底。

希望大家都还能想得起来2003年6月是一个怎样的世界，人类依然没有摆脱千年虫病毒带来的恐慌；北京、上海的街头满是时髦的IC卡电话亭；此时，距离微信、支付启用还有漫长的10年；而你现在用智能手机所做的一切事，购物、打车、点外卖、看视频，那是2003年的人类连想都不敢想的事——包括詹姆斯本人，在第一次抵达骑士队更衣室报到时，他手里拿着的也是一部黑白屏翻盖手机。

随后的20多年时间里，正如全人类爆炸式的发展速度一样，勒布朗·詹姆斯也在不断刷新着世界的认知。

生涯第4年，他在季后赛对阵东部豪强底特律活塞，全场狂揽48分、9个篮板、7次助攻，尤其是包揽全队最后25分，以一己之力击退铁血之师，宣告了整个东部将长久被笼罩在他的阴影之下。

生涯第9年，詹姆斯面临着职业生涯可能最大的危机，东部决赛，顶着2

比3落后凯尔特人的大比分，以及主场输掉天王山的逆境，他在波士顿燃烧起死亡之瞳的火焰，带着坚毅的表情拿下45分、15个篮板，终于为自己打开了冠军之门。

生涯第10年，詹姆斯和热火再入险境，结果他和雷·阿伦在总决赛第六场决胜时刻相继投进三分，这才迎来抢七生死战。随后，詹姆斯攻破波波维奇设下的心魔之局，生生靠着不擅长的跳投一举捧杯，就此迈入历史级别球员的行列。

生涯第12年，詹姆斯初回骑士就带队杀进总决赛，然而，在最终决战舞台上，他已经失去了左膀右臂——欧文、乐福，结果几乎以一己之力压制勇士，逼出勇士死亡五小变阵，但詹姆斯依然成为历史上第一位五项数据全部领跑整个系列赛的球员。

生涯第13年，他用一记封盖主导了总决赛历史上前所未有的1比3大逆转，击败不可一世的73胜王师，一声“Cleveland！This is for you！”的怒吼，彻底改写了克利夫兰体育史绵亘半个世纪之久的悲剧命运。

生涯第15年，骑士动乱不止，但詹姆斯生涯首度打满常规赛82场比赛，并在东部决赛2比3落后的情况下将年轻的凯尔特人拖入抢七大战，行将打满48分钟之际，他仍能背着马库斯·莫里斯打进2+1，将骑士连续第四年送进总决赛。

生涯第17年，他职业生涯第一次，也是唯一一次在一支球队出任全职控卫，结果不仅一举拿下当赛季NBA助攻王，更在园区内团结球队，带领第三支不同的球队拿下总冠军奖杯。

生涯第20年，他达到了40000分里程碑，继续一往无前冲向无人抵达的高地……

2024/2025赛季，勒布朗·詹姆斯正式迈入不惑之年，他再次击败了那些有关“詹姆斯已经老去”的讨论，从赛季初的沉疴中杀出血路，大踏步地再次杀回到最佳阵容中。感谢时代的进步，让这20多年的影像资料变得如此清晰鲜活，完整记录下詹姆斯将人生迄今一多半时间都倾注在NBA世界里的全过程。也让那句有关詹姆斯最棒的广告语从口号变成了现实：We are witness（我们都是见证者）。

如果说乔丹在电视时代成功推广了篮球运动，那么詹姆斯则是在网络时代让篮球讨论经久不息的头号人物。无论你对待詹姆斯的情感究竟如何，想必也都已经参透，无论爱恨，我们见证了詹姆斯，并且此生都很难见证另一个詹姆斯了——如此强大，如此耐战，又如此充满话题。

在连篇累牍的讨论之外，我想詹姆斯或许对我们普通人而言，还有着另一重价值。环视我们身边的社会现状，各行各业都可谓竞争激烈，内卷重重，但与此同时也催生出了一个对应的流派，那便是“躺平派”。相信你我都曾听闻过，不少年轻人高举着反内卷的旗帜，打算从一开始就躺平；至于那些曾经投身战斗的人，也会逐渐流露出自己的心声：一时的奋斗，是为了及早能够躺平。

然而，这世上很难有哪个行业的竞争，能比NBA更激烈了。来自全世界身体天赋最优越的年轻人们，始终在这片15米×28米的场地上短兵相接，拳拳到肉的对抗永不停歇，日复一日。詹姆斯从18岁开始闯进这个世界，如今要面对的是一群他进入NBA时还没出生的年轻人。詹姆斯早可以躺平了，他的成就早已名垂青史，他的财富也已经不可胜数，但他却依然站着，也依然战着。伴随着2025/2026赛季的开幕，他又将创造新的纪录，成为NBA历史上第一个征战第23个赛季的球员。而且在这个岁数，他绝不是以得过且过的状态支取养老金，他依然冲杀在对抗的最前线。

于是每念及此，想到NBA世界里还有一个比我更年长的球员，我就会问问自己，他都还在坚持，我又有什么资格懈怠驻足呢？所以，哪怕继续被“打脸”，我也仍旧希望如过去20多年一样，继续做一个见证者。真诚祝愿詹姆斯在他平缓的下坡路上再多走好些年，争取能走它个地老天荒。

目录

天选之子：詹姆斯传

TURNOVERS
Cub Cadet
NETS
15
FG% 47

第一章 日升紫宸

1 命运转折

三岁的勒布朗·詹姆斯站在自家的客厅里，手里抱着一个迷你篮球，身边立着一个儿童篮球架。詹姆斯长得虎头虎脑，一双大眼睛甚是灵动，嘴角挂着微笑。这是詹姆斯篮球生涯最具标志性的照片之一。1987年，母亲格洛丽亚买下这个篮球架作为圣诞礼物送给詹姆斯。当时她绝不会想到，这个充满爱意的举动，会成为詹姆斯伟大篮球之路的起点。

这个篮球架改变了詹姆斯的人生，篮球的种子从此在他的心里生根发芽。“我整天都在家里玩这个。”詹姆斯说道。为了方便詹姆斯将球投进篮筐，格洛丽亚特意将篮筐调低，但是倔强的詹姆斯不愿意了：“我不想要！”她就把篮筐调回了最高点！詹姆斯从小就不畏艰难，喜欢直面挑战。

格洛丽亚的圣诞礼物不仅让詹姆斯难忘，也让整个篮球界难忘，被美国媒体形容为“篮球史上最佳的投资回报”。詹姆斯如今是篮球历史上最佳球员之一，而这一切的开端仅仅是一份价值25美元的圣诞礼物。

篮球成为詹姆斯一生的挚爱，也让他远离犯罪。1984年12月30日，詹姆斯出生在阿克伦医院。格洛丽亚·詹姆斯16岁生子，詹姆斯继承了母亲的姓。他的父亲是一个谜，有多种传闻。广为流传的说法是，詹姆斯的父亲叫安东尼·麦克利兰，此人的照片曾在网络上引发讨论，他和詹姆斯长得确实很像。

麦克利兰是监狱里的常客，罪名包括纵火、盗窃等，他从来没有出现在詹姆斯的生活中。詹姆斯由母亲格洛丽亚抚养长大，从小缺少父爱。詹姆斯曾经因为没有父亲的陪伴而心怀怨怼，但这也恰恰成为他成功的一大驱动力。

2014年，詹姆斯在一次回忆往事时提到了从未见过的父亲，他说道："爸，你知道吗？我不认识你，我不知道你是谁，但正是因为你，才有了今天的我。"单亲家庭长大的詹姆斯更渴望出人头地，也更懂得珍惜打篮球的机会。

如果不是篮球，詹姆斯童年的记忆或许只剩下贫穷和四处漂泊。格洛丽亚带着詹姆斯不断搬家，所幸詹姆斯热衷于体育运动，课余的精力都花在篮球和橄榄球上。詹姆斯也遇到了不少好人，1993年他住进了橄榄球教练弗兰克·沃克的家里。

弗兰克·沃克不仅精通橄榄球，他还手把手教了詹姆斯一些篮球技巧。篮球教练德鲁·乔伊斯是詹姆斯人生中的另一位贵人，他将詹姆斯招进了自己执教的AAU（Amateur Athletic Union，业余体育联合会）球队，麾下包括他的儿子小德鲁、锡安·科顿和威利·麦基，四人凑成了"Fab Four"组合。

那些年，詹姆斯经常住在德鲁教练家里。德鲁·乔伊斯在1999年来到圣文森特·圣玛丽高中当助教，"Fab Four"组合追随恩师加盟该校。

从此，詹姆斯开始展现惊人的篮球天赋。高一赛季，詹姆斯长到1.88米，场均得到18分和6.2个篮板，率领圣文森特·圣玛丽高中打出27胜0负的不败战绩夺得州冠军。高二赛季，詹姆斯场均得到25.3分、7.4个篮板、5.5次助攻和3.7次抢断，率领球队取得26胜1负战绩，蝉联州冠军。

詹姆斯身高长到了2.01米，他的名声越来越响亮。2002年2月18日，詹姆斯的命运再次发生巨大改变。作为高中生，他登上了《体育画报》封面，并且被冠以"The Chosen One"（天选之子）的名号。

"我当时很担心，"《体育画报》记者格兰特·沃尔说，"我们把这孩子放在封面上会毁了他的一生。在杂志里刊登关于某人的专题报道是一回事。但是，当你把一个孩子放在封面上，并宣称他是'天选之子'，也许会毁了他的一生。这个名号有点过分，但这件事已经发展到如此程度，我觉得他的生活

IRISH
23

从此就不一样了。压力会越来越大。”

那是在2002年，互联网还不像现在这么发达，传统媒体仍然很有市场，《体育画报》每期发行量达到320万份，在体育圈有着巨大影响力。“一切都乱套了，我当时真的不明白登上《体育画报》封面意味着什么……无论我是否做好了准备，这期封面都把我推上了全国性的舞台。”詹姆斯说。

在詹姆斯登上《体育画报》封面之后，他的每场比赛现场会有几十名记者蹲守，还有经纪人、索要签名的人和球鞋公司代表不断骚扰。詹姆斯甚至在学校食堂吃饭都会遭遇围堵。同年晚些时候，詹姆斯在自己的背上添了一个“Chosen 1”的文身，以此来表达对“天选之子”的认可。这是一个大胆的决定。在背上文上“天选之子”的字样，可能会让他一辈子都饱受失望和嘲笑。但詹姆斯证明了自己是实至名归的“天选之子”。这个文身后来成了体育界最具标志性的文身之一。

詹姆斯在高三赛季场均得到30.4分、9.7个篮板、4.9次助攻和2.9次抢断，可惜圣文森特·圣玛丽高中没能实现三连冠。

天赋爆表的詹姆斯吸引了所有NBA球队的注意。克利夫兰骑士当然也关注着家乡的这位天才少年。“我去看过他的几场AAU比赛，我见过科比年轻的样子，每个人都告诉我詹姆斯比科比更有前途，当时我并不相信，所以我去看了他的比赛。”时任骑士主帅约翰·卢卡斯说。

老卢卡斯看完詹姆斯的比赛之后，对他的儿子小卢卡斯说：“阿克伦有一位高中球员，我觉得他能成为下一个科比、乔丹、‘J博士’或‘魔术师’，成为下一个伟大的球员。”小卢卡斯没给老爸面子：“当时我是科比的铁杆球迷，所以我说‘爸爸，随便你’。”

2002年夏天，约翰·卢卡斯做了一个决定，邀请詹姆斯过来和部分球员一起比友谊赛，包括一些骑士球员和大学生球员。显然，卢卡斯是在借机提前试训詹姆斯。

詹姆斯一开始和骑士球员在同一个队，他打得有些拘束，就是给队友们传球，扮演组织者的角色。但随后卢卡斯希望詹姆斯少一些“魔术师”约翰逊的影子，多一些迈克尔·乔丹的影子。于是，詹姆斯被调整到大学生球员

IRISH
23
DEMONS
SPALDING
TF1000

组成的球队，小卢卡斯也加入其中。

比赛变成了詹姆斯和一群大学生球员对抗骑士球员。“詹姆斯回到球场，我爸就喊话‘把球传给他’，我们把球传给了他。天哪，他从右侧边线突破，腾空而起，德萨加纳·迪奥普和克里斯·米姆迎上前去封盖。詹姆斯从篮筐下方切入，完成反手扣篮。”小卢卡斯说道。

老卢卡斯对于自己偷偷试训詹姆斯很满意：“如果我再写一本书，一定会把那一天写进我的书里。”但是，老卢卡斯乐极生悲，联盟知晓了骑士试训詹姆斯，老卢卡斯被罚款15万美元。让老卢卡斯更郁闷的是，他没有等到詹姆斯进入NBA就被骑士解雇了。

詹姆斯在高四赛季场均得到31.6分、9.6个篮板、4.6次助攻和3.4次抢断，率领球队第三次夺得州冠军。这时候的他已经预订了2003年NBA选秀状元之位。

多支NBA球队在2002/2003赛季选择“摆烂”，只为了谋求获得状元签，从而选中詹姆斯。克利夫兰骑士毫无疑问处在“摆烂”行列。

骑士在2002/2003赛季的战绩为17胜65负，与掘金并列联盟倒数第一。老卢卡斯在那个赛季中途被解雇了。多年过后，老卢卡斯坦言骑士当初就是在“摆烂”：“他们（管理层）把所有的好球员都交易走了，选择了非常年轻的球员，目标就是得到勒布朗，同时打算卖掉球队。”

正如老卢卡斯所言，骑士的一系列交易令人费解，球队送走了状态正佳的安德烈·米勒，换来了膝盖受伤的达柳斯·迈尔斯，还用另一位主将拉蒙德·穆雷换来了伤病名单上的约吉·斯图尔特。

当年的骑士球员里基·戴维斯确认了老卢卡斯的说法：“他们逼着老卢卡斯输球，我知道他不想输。他只是被迫处于这样的位置，这对老卢卡斯来说很艰难。”

2003年5月23日，NBA选秀抽签大会在新泽西举行，由于詹姆斯基本确定成为状元，意味着这一天会决定詹姆斯将加盟哪支球队。“我的思绪飞转，想了很多不同的可能性。我想到芝加哥公牛会赢得状元签，因为我小时候是公牛队球迷。我也想到了尼克斯。并不是所有人都支持克利夫兰骑士，人们的选择各不相同。还有些人希望我去迈阿密热火，原因显而易见。不过，我从来没有想过孟菲斯灰熊。”詹姆斯说道。

那一天，詹姆斯和经纪人亚伦·古德温在阿克伦市中心的丽笙酒店租了一间套房，詹姆斯的朋友和家人都在那里。18岁的詹姆斯很紧张地关注着抽签直播。“我们知道剩余三支球队是掘金、灰熊和骑士的时候，我就有一种感觉，我得待在家乡了。我能听到房间里开始喧闹，他们兴奋起来了。”詹姆斯说道。

灰熊总经理杰里·韦斯特到了现场抽签，灰熊的2003年首轮签设有状元签保护，除非抽到状元，否则要将首轮签交给活塞。悬念最终揭晓，掘金拿到探花签，灰熊的榜眼签交给活塞，骑士抽中了状元签。

骑士老板戈登·冈德在抽签大会现场奉献了名场面，当被祝贺将获得詹姆斯时，冈德笑着说：“其实我们现在还没想好选谁呢。”他一边说，还一边吐了吐舌头哈哈大笑，一副嘚瑟的模样。随后，冈德举起了一件背面绣有詹姆斯名字的骑士球衣，球衣号码是23号。骑士队总经理吉姆·帕克森摊牌了，他说：“我们打算用状元签选中勒布朗·詹姆斯，这已经不是什么秘密。”

那一天，骑士的命运发生了改变，他们将迎来一位伟大的巨星。一个月后的纽约麦迪逊广场花园球馆，2003年选秀大会如期举行。当NBA总裁大卫·斯特恩宣布骑士用状元签选了詹姆斯。来自阿克伦的18岁天才少年，难以抑制一脸激动的心情站了起来，拥抱了经纪人古德温，然后转身拥抱母亲格洛丽亚，接着戴上骑士队的帽子，走上台与大卫·斯特恩握手。

詹姆斯特意穿了一身白色的西装。“我觉得我穿全白的西装挺好看的，这是哥们儿为我量身定制的，他说他会为我打造出这次选秀中最棒的西装。”詹姆斯绽放灿烂笑容，露出一口雪白的牙齿。

留在家乡，注定了这位“天选之子”要成为克利夫兰的城市英雄。

25

2 璀璨星辰

“小皇帝”詹姆斯降临克利夫兰，他不仅是骑士眼中的救星，还是NBA期盼已久拯救球市的重磅人物。后乔丹时代，NBA的收视率出现了严重下滑。正如NBA曾经大规模宣传格兰特·希尔、“便士”哈达威、科比、卡特和麦迪，勒布朗·詹姆斯是NBA在2003年押宝的又一位NBA未来门面。

詹姆斯在克利夫兰登陆NBA，他能带领家乡球队走多远呢？这是很多人想要看到的一个篮球故事。詹姆斯在NBA的首秀吸引了无数人的关注，人们迫不及待地想知道，这位被称为“天选之子”的新人，究竟特别在哪里。

在詹姆斯之前，NBA已经有过许多天才高中生进军NBA，但是他们的NBA首秀并未留下太令人印象深刻的画面。

科比的NBA首秀是0分，麦迪的NBA首秀也是0分，加内特首秀得到8分，杰梅因·奥尼尔首秀得到2分，泰森·钱德勒首秀得到1分。2001年，夸梅·布朗成为NBA第一位高中生状元，他的NBA首秀只得到2分。

美国当地时间2003年10月29日，萨克拉门托的阿科球馆座无虚席，现场17317名观众不仅仅是为主队而来，更渴望见证NBA历史上又一个里程碑时刻。那场比赛，现场还涌进了300多位记者，一位新秀能够引起如此多媒体的重视，这样的情况在NBA历史上也格外罕见。

18岁的少年看起来还那么青涩、稚嫩，但是他似乎就是为大场面而生的。詹姆斯不负众望，打出了其他18岁球员职业生涯首秀从未有过的表现，他轰下25分、6个篮板、9次助攻和4次抢断，征服了现场的每一位观众。“我认为这是勒布朗向联盟宣告他属于这里。他是认真的。”詹姆斯的经纪人亚伦·古德温说道。

2003年的国王是当年联盟的争冠劲旅之一，尽管克里斯·韦伯因伤缺阵，但是首发五虎是毕比、克里斯蒂、斯托亚科维奇、迪瓦茨和布拉德·米勒，替补席还有超级第六人鲍比·杰克逊。

詹姆斯初生牛犊不怕虎，在比赛开场88秒助攻里基·戴维斯空接扣篮得分，完成了NBA生涯第一次助攻。随后，詹姆斯展现了跳投能力，连续中距离跳投得分，在首节末尾，他抢断快攻暴扣得分。但是，阵容豪华的国王仍然在上半场压制了骑士，一度领先了19分。18岁的詹姆斯率领骑士在下半场一路猛追，到了末节还剩10分05秒，他助攻布雷默投进一记三分球，帮助骑士85比83反超国王。不过，国王的实力毕竟高出骑士一大截，随后打出一波攻击，重新掌控比赛。

骑士92比106输给了国王，但詹姆斯的个人表现令人印象深刻。“他很有天赋，看看他打球的样子，他最棒的地方在于分配球的方式，他做得非常好。”国王后卫鲍比·杰克逊说。国王主帅里克·阿德尔曼也赞赏了詹姆斯：“他很有天赋。他能突破篮筐，能观察场上局势。作为第一场比赛，你不得不佩服他。”

这是詹姆斯最难忘的比赛之一，2021年詹姆斯回想起当年的比赛时说道：“第一场比赛我砍下了25分……我永远不会忘记那一刻，在阿科球馆，第一次穿上骑士队的球衣，踏上NBA的赛场，那感觉非常独特。”

天赋满满的詹姆斯踏上了NBA之旅，但是当年的骑士竞争力有限。2003/2004赛季，骑士的二号得分手是场均得到15.3分的里基·戴维斯。他是2002/2003赛季的队内得分王，但素来以难堪大任而著称，里基·戴维斯只和詹姆斯联手打了22场就被骑士交易到了凯尔特人。被交易走的里基·戴维斯说了一段话：“我以为勒布朗·詹姆斯只不过是帮我得分的一个补充而已，我以为我们会成为一对二人组……”里基·戴维斯显然没有看清楚现实，他的这番话后来被无数人嘲笑。

詹姆斯在新秀赛季场均得到20.9分、5.5个篮板和5.9次助攻，成为NBA

OF BEERS.
Kings
13
Carl's Jr.

历史上第三位场均至少得到20+5+5的新秀，前两位是奥斯卡·罗伯特森和迈克尔·乔丹。不过，骑士只取得35胜47负排名东部第9位，无缘季后赛。在最佳新秀评选中，詹姆斯获得508分，包括118张第一名选票中的78张，成为骑士历史上第一位最佳新秀。安东尼获得430分排名第二。获奖之后，詹姆斯坦言："我觉得这将是一场势均力敌的竞争，安东尼本赛季的表现也非常出色。"安东尼在新秀赛季场均得到21分、6.1个篮板和2.8次助攻，掘金取得43胜39负的战绩，杀进了季后赛。

2004年夏天，骑士被卡洛斯·布泽尔摆了一道。布泽尔说服骑士不执行他最后一年合同，成为完全自由球员，口头答应要与骑士续约6年4100万美元，但是他最后抛弃了骑士，接受了爵士6年6800万美元的报价。骑士遭遇重创，詹姆斯少了一个好帮手。但是，"小皇帝"在他的第二个赛季迎来了大幅进步，他场均得到27.2分、7.4个篮板、7.2次助攻和2.2次抢断，生涯第一次入选了NBA全明星阵容，从这以后，他每年都入选全明星阵容。骑士在2004/2005赛季取得42胜40负的战绩，排名东部第9位，仍然无缘季后赛。

骑士在这个赛季中期更换了老板，戈登·冈德以3.75亿美元的价格将球队卖给了丹·吉尔伯特。对于詹姆斯来说，吉尔伯特成为新老板反而是好事，因为他更愿意为球队花钱。可惜，骑士属于小市场球队，很难吸引当打之年的大牌球星加盟。

2005年夏天，骑士引进了拉里·休斯、达蒙·琼斯和马绍尔三位大将，球队实力明显升级。詹姆斯经过了特训锤炼，让自己变得更加强壮，同时提升自己的三分球投射能力。

2005/2006赛季揭幕战，骑士主场109比97击败黄蜂，詹姆斯得到31分、3个篮板和4次助攻，这一战，他的三分球7投6中。从第二节还剩4分20秒开始，他在104秒的时间里连续投进4记三分球。现场的骑士球迷兴奋不已，在“小皇帝”连进4记三分球后，不少人站了起来高喊：“再来一记！”

詹姆斯是为打破纪录而生的，也是为创造奇迹而生的。在2005/2006赛季打了7场比赛之后，詹姆斯成为NBA历史上最年轻的4000分先生。“他是一个天才，没有人比他更优秀了，他是一个伟大人物。能够在他的身边看他创造奇迹，是一件无比美妙的事情。”时任骑士主帅迈克·布朗说道。

70天后，詹姆斯又把一项纪录划到了自己名下。21岁22天的他，打破科比保持的纪录，成为历史上最年轻的5000分先生。那一天是2006年1月21日，骑士客场108比90击败爵士。詹姆斯全场轰下51分、5个篮板、8次助攻和2次抢断，三分球8投4中。在这一战前，骑士遭遇六连败，“小皇帝”用50+的高分和一场胜利迎来了5000分里程碑。

爵士主帅斯隆在赛后表示：“他（詹姆斯）是如此令人感到恐怖，他投中了很多球，是一个令人惊讶的球员。”

詹姆斯在生涯第三个赛季常规赛打了79场，总共得到2478分，刷新了骑士队史个人单赛季得分纪录。詹姆斯场均得到31.4分、7个篮板和6.6次助攻，成为NBA历史上第三位场均至少取得31+7+6的球员，前两位是奥斯卡·罗伯特森和杰里·韦斯特。

这个赛季的詹姆斯还打破了一个质疑，那就是不少专家认为詹姆斯不擅长打关键球。“大嘴”巴克利毫不客气地批评了詹姆斯：“勒布朗已经不再是新

CLEVELAND
23
JAZZ
10
JAZZ
00

秀了，他必须通过在比赛的最后一分钟抢到一个篮板、阻截一次进攻、投中一个伟大的投篮以及其他可以终结比赛的方法留下自己的烙印。”

2006年3月22日，詹姆斯迎来了生涯首次绝杀，那个夜晚，骑士主场迎战山猫。加时赛还剩20秒，双方战成118平。骑士掌握球权，詹姆斯得到球之后执行最后一攻，他耗掉了时间，然后在山猫前锋朱梅因·琼斯的防守下跳投完成了绝杀，骑士120比118险胜山猫。“感觉太棒了，我不会受那些批评的影响，队友们知道我能投进那些关键球，这次的绝杀就是最好的例子。”

骑士在2005/2006赛季取得50胜32负的战绩，詹姆斯生涯第一次打进了季后赛。他在常规赛MVP（最有价值球员）评选中排名第二，仅次于获奖的纳什。

伟大的巨星，往往在季后赛的表现比常规赛更加出色，迈克尔·乔丹如此，詹姆斯同样如此。

詹姆斯在季后赛首秀面对奇才轰下32分、11个篮板和11次助攻，豪取三双，率领骑士以97比86获胜。在这一轮系列赛，他和阿里纳斯进行了飙分大战，场均得到35.7分，率领骑士4比2淘汰奇才挺进第二轮。

但是在东部半决赛，詹姆斯遭遇了活塞围剿，场均得分下降到26.6分。骑士在取得3比2领先的情况下被活塞逆转。面对活塞五虎的围剿，詹姆斯显得那么孤独。拉里·休斯愧对了5年6000万美元的大合同，并没有成为詹姆斯身边的可靠帮手，常规赛场均只得到15.5分，季后赛更是场均只得到11.1分、3个篮板和4次助攻，投篮命中率31.9%，三分命中率仅为27.8%。

这轮系列赛就像幻化成了一位孤独的战士和强大的敌人战斗，最终悲壮倒下。无论如何，詹姆斯第一次季后赛之旅，尽显其恐怖天赋。

这颗新星在NBA的天空里越发闪耀。

3 未来是你的

真正成功的人生，就是努力实现自我，走出属于自己的道路。2006/2007赛季的骑士开营日上，羽翼渐丰的“小皇帝”第一次喊出了冲击总冠军的目标：“这个赛季我们的目标是总冠军，现在我就是这样想的，在NBA打球的目的就是赢得总冠军。”

2006年夏天，詹姆斯见证了好兄弟韦德率领热火登上总冠军王座，并且加冕总决赛MVP。这对于詹姆斯来说是不小的刺激。“他（韦德）已经获得了一个（总冠军），我会尽力追赶。”詹姆斯说。

2006年夏天，詹姆斯还以队长的身份经历了美国男篮在日本男篮世锦赛的失利——半决赛输给希腊，最后击败阿根廷男篮获得铜牌。但是，世锦赛的经历对于詹姆斯来说，也有一定的收获。“世锦赛对我的帮助很大，让我比较容易保持状态。”詹姆斯表示。

骑士在2006年夏天保留了上赛季的主体阵容，只进行了角色球员的微调，引进大卫·韦斯利和波拉德，在选秀大会上获得丹尼尔·吉布森和香农·布朗两位新秀。詹姆斯对于自己的第四个赛季之旅有了更多的底气，毕竟他有了更多应对季后赛的经验。詹姆斯在开营日一脸严肃地说：“过去已经过去了，如果我们赢了第七场（2005/2006赛季东部半决赛），谁知道下面会发生什么，上赛季我学到的最重要的一点，就是任何一球都是关键球，罚篮、防守、上篮，任何一个环节你都必须全力以赴。”

2006/2007赛季来临，詹姆斯降低了自己的出手数，在常规赛没有大肆

砍分，场均出手数从2005/2006赛季的23.1次下调到20.8次。詹姆斯明白要想球队在季后赛走远，光靠自己得分是行不通的，他需要队友提供足够的火力支援。

新加盟的老将大卫·韦斯利和波拉德没有起到预期的效果，逐渐掉出了轮换阵容。不过，骑士的年轻球员在这个赛季获得了成长。24岁的巴西中锋瓦莱乔和23岁的得分后卫帕夫洛维奇进步明显，成为球队的重要轮换球员。

此外，“菜鸟”吉布森成为骑士的一个惊喜，他的三分命中率高达41.9%，成为2006/2007赛季骑士三分球最准的球员。

在场内，詹姆斯的赛场影响力无须多言；在场外，他的星光也愈发耀眼。詹姆斯在2006/2007赛季中期收获了一项荣誉，22岁的他生涯首次成为全明星“票王”，他获得了2516049张选票，在当年排名全明星票选历史第二位，仅次于姚明在2005年创造的2558278张选票的全明星票数纪录，詹姆斯也成为骑士队史第一位全明星“票王”。

“这是我从来没有想过的事情，”詹姆斯在得知自己成为“票王”后激动地说，“我希望成为一名全明星球员，但是我没有想到能够在全明星票选中超越卡特、奥尼尔、韦德和艾弗森等球员，并且夺得第一。”

这只是詹姆斯当“票王”的开始，截至2025年，詹姆斯生涯10次加冕“票王”，排名NBA历史第一，乔丹9次加冕“票王”，位居第二。

骑士在2006/2007赛季打出了50胜32负的战绩，排名东部第二进入季后赛。常规赛最后一战，骑士在速贷球馆以109比96击败雄鹿。球馆上空撒下五彩纸屑庆祝球队成为东部第二。当他们离开球场的时候，还不知道季后赛首轮对手是谁。

赛后采访中，詹姆斯和队友们一直盯着更衣室里的电视屏幕。上面正在直播篮网对阵公牛的比赛，如果篮网取胜就能锁定东部第六，奇才落到东部第七成为骑士首轮对手。奇才两大核心阿里纳斯和卡隆·巴特勒都因伤无缘季后赛，骑士无疑希望首轮捏这个“软柿子”。

随着篮网前锋纳克巴投进一记底角三分球，将领先优势扩大到10分，詹姆斯欢呼了起来。詹姆斯和骑士如愿以偿，篮网最后一战赢球送大礼，骑士首轮对阵奇才。

缺少了阿里纳斯和卡隆·巴特勒，奇才根本不是骑士的对手。詹姆斯率领球队在首轮4比0横扫对手挺进东部半决赛。这一轮骑士的对手是卡特、基德和理查德·杰弗森领军的篮网。詹姆斯率领骑士以4比2取胜，顺利挺进东部决赛。

詹姆斯再次对上活塞，迎来了巨大挑战。上赛季詹姆斯遭遇活塞围剿，进攻效率下滑，骑士3比4输给活塞止步东部半决赛。面对老对手，詹姆斯无论在心态上还是身体上都有了更充分的准备。“我们已经打了不少充满身体对抗的比赛，这对我们迎战活塞会有所帮助，因为那是一支非常讲究身体对抗的球队，”詹姆斯说，“这将帮助我们克服困难，当然，他们是一个伟大的对手。”

活塞是这个赛季的东部第一，东部决赛前两场比赛，他们连赢了两个主场，詹姆斯前两战分别只得到10分和19分，再次被限制。但是“小皇帝”随

后迎来了触底反弹，第三场轰下32分、9个篮板、9次助攻，第四场得到25分、7个篮板、11次助攻，骑士连扳两场。

紧接着，便是那场载入史册的天王山之战。活塞是那些年东部的统治者，主场奥本山宫殿尤其难以攻克。特别是季后赛，活塞就像一道铁幕，横亘在詹姆斯和他的梦想之间。然而，在2006/2007赛季东部决赛的天王山之战，奥本山宫殿见证了NBA历史上最伟大的个人表演之一。

詹姆斯砍下48分、9个篮板外加7次助攻，历经双加时帮助骑士击败了对手。骑士最后的30分，有29分都是詹姆斯所得，包括连续得到的25分。“小皇帝”在那个夜晚几乎无所不能，每当比卢普斯、汉密尔顿、“怒吼天尊”等人用他们的方式得分，詹姆斯都能用自己的超能力予以回应。

特别是双加时最后时刻决定胜负的一球，比卢普斯不让詹姆斯走自己更熟悉的右路，“小皇帝”从左路突破，在活塞多人合围中完成准绝杀。那一球命中之后，奥本山宫殿鸦雀无声。活塞的球迷就像是穿越回到了10多年之前，成为又一位23号球员的背景板。

天王山之战骑士取胜一举扭转了系列赛局势，第六场詹姆斯得到20分、14个篮板、8次助攻，骑士再度获胜，从而以4比2的大比分夺得东部冠军。

翻越活塞这座高峰，世界似乎已经等不及见证国王的加冕时刻。然而，当22岁的詹姆斯率领骑士挺进了总决赛，巅峰“GDP组合”领军的马刺出现在了他的面前。兵强马壮的银黑军团没有给詹姆斯继续创造历史的机会，总决赛第一场，他们就给了詹姆斯当头一棒。马刺用联盟顶尖防守专家布鲁斯·鲍文贴身盯防詹姆斯，让“小皇帝”苦不堪言。

詹姆斯前8次出手全部投丢，全场16投4中，只得到14分，还出现了6次失误。“他（鲍文）是联盟最好的防守球员之一，而且有很多队友在场上协防，”詹姆斯说，“我必须在进攻端做得更好。他们试图让我带球往边线跑，我越过一个人，他们又安排了一个人在那里。”

在那个年代，NBA还没有“3D球员”的说法。十多年后，篮球圈将布鲁斯·鲍文称为NBA的“3D球员”奠基人。詹姆斯破解了活塞防守专家普林斯的防守，却没能逃脱鲍文的封锁。

骑士在第一场比赛76比85落败。总决赛第二场，詹姆斯的手感有所回升，但仍然不在最佳状态，他21投9中，得到25分、7个篮板、6次助攻，却出现了6次失误，骑士92比103落败。

总决赛第三场，骑士主场72比75落败，詹姆斯23投9中，三分5中0，得到25分、8个篮板、7次助攻，出现了5次失误。

“你知道的，经验因素，我们不喜欢找借口，但在这场总决赛中，我们面对的是一支世界级强队，一支伟大的球队，经验无疑发挥了作用。”赛后，詹姆斯无奈表示。关键时刻，马刺更为老辣，帕克、邓肯和吉诺比利先后得分拿下了比赛。

大比分0比3落后，詹姆斯不希望骑士被横扫出局，他在总决赛第四战拼得非常凶猛，却还是被鲍文限制，他30次出手，命中10球，得到24分、6个篮板、10次助攻，以及6次失误。

詹姆斯在比赛还剩4.9秒投进三分球，将比分追到79比81。骑士采取犯

JAMES
23

规战术，吉诺比利稳稳罚进两球，马刺领先4分。尽管达蒙·琼斯投进压哨三分，骑士仍然以82比83落败，从而被马刺横扫出局。

在比赛结束的那一刻，马刺球员冲向速贷球馆中央，欢呼雀跃庆祝夺得总冠军。“当需要完成目标时，我们总能找到方法，这就是这支球队的意义所在。”马刺大前锋蒂姆·邓肯在赛后非常自信地表示。

这一年总决赛，骑士和马刺相比并不在同一个级别。詹姆斯竭尽全力了，仍然没能获得一场胜利。

詹姆斯在赛后特意找到了邓肯，祝贺他生涯第四次夺冠。邓肯拥抱了这位小兄弟，并且鼓励道：“过不了多久，这个联盟就是你的了。”这番话代表了邓肯对詹姆斯天赋和潜力的认可。

第一次杀进总决赛，却被马刺横扫，詹姆斯更加清醒地认识竞争总冠军有多难：“我想我们明白了，尽管我们自认为很优秀，但总有一支球队比我们更优秀。”

詹姆斯还需要让自己继续蜕变，变得更加优秀，他也相信在未来的某一天会登上真正的王座。

4 孤独求索

22岁就杀进总决赛，让“小皇帝”对自己在骑士的未来有了更多的憧憬。但是，他没想到自己追逐总冠军之旅会如此艰辛、如此孤独，他也没想到自己有朝一日会决然离开克利夫兰。时间会改变一切，包括改变个人的想法。

2007年夏天的NBA发生了两件大事，一是凯尔特人大手笔打造出皮尔斯、加内特和雷·阿伦的“三巨头”豪阵，从弱旅一跃成为夺冠热门球队。二是科比向湖人逼宫，以离队去公牛相要挟，希望湖人高层为他引进重要帮手，但最终他还是妥协留在湖人。

骑士在这一年夏天，又是小修小补，没有重磅引援。骑士作为小市场球队，克利夫兰作为没落的工业城市，很难吸引球星加盟。

克利夫兰在20世纪50年代曾是繁荣的中西部工业城市，这里水运便利，矿产丰富，制造业发达，成为美国数一数二的造船中心。但是随着资源枯竭和产业转型，美国中西部很多的工厂被停用和废弃，工厂里的机器逐渐布满了铁锈。整个美国的中西部五大湖地区成了“锈迹斑斑的工业带”，简称“锈带”，克利夫兰就像“锈带”上的一滴眼泪。

不是骑士的管理层不够努力，而是骑士和克利夫兰对球星缺少吸引力，骑士基本保留2006/2007赛季的原班人马开启了新赛季。

但是，骑士的这套人马在东部的竞争力下降了，因为拥有“三巨头”的凯尔特人一跃成为东部领头羊，老牌劲旅活塞保持稳定表现，而魔术引进拉沙德·刘易斯也迎来崛起，这三支东部球队都冲在了骑士前面。

西部球队湖人在2008年2月1日通过大交易引进保罗·加索尔，科比终于盼来了可靠的帮手，紫金军团立马强势复苏，重新成为争冠热门球队。

这样的局势刺激了骑士，他们在2008年2月21日也进行了大交易，和公牛、超音速进行三方交易。拉里·休斯、古登、马绍尔、香农·布朗等人被送走，换来了本·华莱士、斯泽比亚克、乔·史密斯、德隆蒂·韦斯特。

骑士在常规赛取得45胜37负排名东部第四，落后凯尔特人、活塞和魔术。詹姆斯在2007/2008赛季场均得到30分、7.9个篮板、7.2次助攻、1.8次抢断和1.1个盖帽，并且力压科比成为NBA新科得分王。

骑士在季后赛首轮又是碰上老对手奇才。和上一个赛季相比，阿里纳斯和卡隆·巴特勒都恢复了健康，但是詹姆斯还是率领骑士以4比2的大比分淘汰奇才，连续三个赛季将奇才淘汰出局。詹姆斯在季后赛首轮场均得到29.8分、9.5个篮板、7.7次助攻、1.3次抢断和1.3个盖帽。

东部半决赛，骑士和凯尔特人相遇。绿军（凯尔特人的绰号）不仅有“三巨头”，还有隆多、波西、帕金斯、卡塞尔、P.J.布朗、莱昂·鲍维等悍将。就像上个赛季面对马刺那样，詹姆斯遭遇了疯狂围剿，他的进攻效率大幅下滑。

詹姆斯更强大了，他率领骑士赢了三场，将系列赛拖到了抢七大战，并且在生死战轰下45分，但骑士还是92比97落败，止步东部半决赛。

非常失望的詹姆斯没有参加这一年骑士的赛季总结会，他对骑士管理层的操作不满意，他用这种方式表达着自己对于冠军的渴望，另一方面也是期待骑士能够为他引进好帮手。

2008年夏天，骑士与雄鹿、雷霆进行三方交易，从雄鹿挖来了莫·威廉姆斯。骑士在2008/2009赛季打出了66胜16负的战绩，力压65胜的湖人和62胜的凯尔特人，排名全联盟常规赛第一。

小莫（莫·威廉姆斯的昵称）的加盟自然是骑士战绩飙升的原因之一，但更重要的还是詹姆斯的发挥。从数据层面上来看，这一年詹姆斯场均28.4分、7.6个篮板、7.2次助攻、1.7次抢断和1.1个盖帽，与他自己相比，只能用“平平无奇”来形容。但是，“小皇帝”的比赛影响力相较于此前几年进一步的提升。这一年，他真正开始像控卫一样影响比赛。而在防守一端，詹

姆斯也展现出了从一号位防到五号位的能力，不止一次在关键时刻统治攻防两端。

从那个赛季开始，“23对决24”成为联盟的主旋律。那一年，湖人赢下了65场比赛，科比在经历了2007/2008赛季总决赛的失利之后，同样升华到了另一个级别之上。然而，詹姆斯和骑士在常规赛的表现，给人们留下了更深刻的印象。尤其是那年常规赛骑士和西部球队的交锋，他们取得了26胜4负的战绩。顺理成章，詹姆斯职业生涯第一次捧起了常规赛MVP奖杯。

在投票环节，詹姆斯获得了109张第一选票，总分达到1172分，力压科比和韦德。在这个赛季，詹姆斯还在最佳防守球员评选中排名第二，仅次于霍华德。

詹姆斯选择了回到家乡阿克伦，回到母校圣文森特·圣玛丽高中举办MVP领取仪式。“这是我所有梦想开始的地方，也是我认为梦想可以成真的地方，”詹姆斯说，“真的没有比这里更好的地方了。”

拿到MVP的詹姆斯更加渴望总冠军。骑士在季后赛连续横扫活塞和老鹰杀进东部决赛，却遭到了魔术的阻击，2比4落败，无缘总决赛。詹姆斯在东部决赛场均得到38.5分、8.3个篮板和8次助攻，他倾其所有，并且在系列赛第二战最后时刻投中绝杀三分，但队友给予的帮助不够多。

小莫在常规赛入选了全明星，可惜到了季后赛表现下滑，没有打出预期的表现。更重要的，还是骑士内线的孱弱，完全被德怀特·霍华德、刘易斯、特科格鲁组成的三高前场所统治。这个赛季，全世界无数球迷期盼科比和詹姆斯会师总决赛，但是当科比连续第二年站上总决赛舞台，詹姆斯失约了，再次品尝无言的结局。

詹姆斯一年又一年冲击冠军失败，而他有权在2010年夏天跳出合同，骑士只能豪赌来挽留詹姆斯。2009年夏天，骑士用大本、帕夫洛维奇和一个二轮签，从太阳换来了奥尼尔。奥尼尔联手詹姆斯，组成了“重量级搭档”，当时被很多球迷戏称为“鲨皇”组合。

从常规赛层面来看，“鲨皇”组合的效果还算不错。骑士队孤注一掷，在赛季中期还引进了贾米森，加上在詹姆斯羽翼下成长的J.J.希克森，以及在赛季中期重新归来的老搭档“大Z”。看起来，骑士组成了一套不错的内线组合。最终，骑士取得了61胜21负的战绩，并且在常规赛中双杀上赛季总冠军湖人，詹姆斯完成了对常规赛MVP的蝉联。这一次他获得116张第一选票，总分达到1205分，力压杜兰特和科比当选。

季后赛首轮，骑士4比1淘汰公牛，詹姆斯场均贡献31.8分、9.2个篮板、8.2次助攻，投篮命中率56.7%，三分命中率54.2%。尽管在赛季之中，外界对于他们的质疑从未消失。但在强势收官的常规赛，加上季后赛首轮轻松晋级之后，骑士冲击总冠军的可能性正变得越来越大。

东部半决赛，等待着詹姆斯的是凯尔特人，又老了一岁的凯尔特人。系

9:34
58
FG%
CELTICS
CAVS
CAVALIERS
23
GARNETT
5

列赛首战，“小皇帝”就带领球队大胜对手。第三战，“小皇帝”和骑士又收获了一场大胜，喧嚣的北岸花园球馆鸦雀无声。谁承想，那场比赛竟是那个赛季骑士的最后一胜。

詹姆斯手肘的伤病，严重影响了他在那轮系列赛的发挥。他接受了注射治疗，但是无法每一场比赛都维持高效。奥尼尔老态尽显，贾米森在“KG”（凯文·加内特的昵称）面前被完全压制，其他球员也无法阻挡绿军排山倒海般的攻势。系列赛第六战，凯尔特人在北岸花园球馆18624名球迷的助威声下晋级。“KG”与詹姆斯相拥，留下了那句经典的话——“别让忠诚伤害了你”。

赛后的新闻发布会上，詹姆斯被追问了夏天如何决定。他选择了守口如瓶：“我会用正确的心态对待这个夏天，我和团队将正确对待。但现在我还没有想法。我还在想这个系列赛哪里不对劲才输掉的。”

再次冲冠失败，詹姆斯内心非常煎熬：“今天一位朋友告诉我，我得经历很多噩梦，才能最终达成美梦，对我来说，现在就是这个感觉。”

在克利夫兰奋战七年的詹姆斯陷入了一个困局，就像蛛网里的虫子，越努力，越徒劳。

爱情有七年之痒，随着他一次次冲冠失败，詹姆斯坚守克城的心也在动摇。

经典战役

季后赛首秀 惊艳砍三双

2006年4月23日

2005/2006赛季季后赛首轮　第一场

骑士97比96奇才

出场时间	命中数	出手数	命中率	三分命中数	三分出手数	三分命中率	罚球命中数	罚球出手数	罚球命中率
48：00	12	27	44.4%	1	4	25%	7	11	63.6%

前场篮板	后场篮板	总篮板	助攻	抢断	封盖	失误	犯规	得分	正负值
3	8	11	11	0	0	4	3	32	+11

迈克尔·乔丹在生涯第一场季后赛19投7中，得到23分、4个篮板、10次助攻，公牛100比109输给雄鹿。科比在生涯第一场季后赛，作为替补后卫上场，打了1分钟得到2分，湖人95比77击败开拓者。詹姆斯在自己的第一场季后赛书写了神迹，轰下32分、11个篮板、11次助攻，成为NBA历史上第三位在季后赛首秀砍下三双的球员。

1960年3月16日，约翰尼·麦卡锡在季后赛首秀中贡献三双。1980年4月8日，“魔术师”约翰逊的季后赛首秀也打出三双。“魔术师”创造神迹之后，过了整整26年，才又迎来一位季后赛首秀就砍三双的球星。

2005/2006赛季，骑士以50胜32负取得东部第四的成绩，奇才以42胜40负的战绩排在东部第五，两队在季后赛相遇。骑士上一次打进季后赛还是1997/1998赛季，当时詹姆斯还在上七年级。

“那时候，我是公牛球迷，全心全意支持迈克尔·乔丹，现在我全心全意支持骑士。”詹姆斯说。乔丹是詹姆斯少年时代的偶像，也是他进入NBA之后的追赶目标。

在骑士获得季后赛资格后，很多人告诉詹姆斯，季后赛和常规赛有很大的区别，需要做哪些准备。NBA不乏在常规赛闪耀，到了季后赛就低迷的球员。真正的巨星就该更喜欢激烈竞争的舞台，更喜欢季后赛的氛围。

乔丹是季后赛表现比常规赛更出色的伟大巨星，詹姆斯身上有同样的特质。

在比赛开始前，詹姆斯做出了自己标志性的动作，将镁粉抛向天空。当年的奇才拥有阿里纳斯、贾米森和卡隆·巴特勒三大球星，实力不容小觑。年仅21岁的詹姆斯一点也不怯场，他一开场就火力全开，持球过掉贾里德·杰弗里斯，杀进内线迎着奇才中锋海伍德上篮得手。紧接着他利用挡拆配合，迫使奇才换防，直面贾米森中距离跳投得分。随后，詹姆斯借掩护晃开杰弗里斯，后撤步三分出手命中。首节末尾，詹姆斯抢到防守篮板，运球快攻一条龙上篮打成2+1。骑士首节31比20领先奇才，詹姆斯打得游刃有余。

第二节比赛，奇才加强对詹姆斯的防守，但是“小皇帝”开始展现传球技艺，他助攻罗纳德·穆雷上篮打2+1，再助攻马绍尔在底角投进三分球。能力全面的詹姆斯让奇才非常头疼，他在上半场结束前稳稳地投进一记中投，骑士50比36领先了14分。

第三节詹姆斯连续持球冲击篮下得分，将奇才防线冲得七零八落。第三节末尾，全场拉开，詹姆斯持球突破后，吸引对手围堵中路，助攻空切的穆雷上篮得分。年轻的詹姆斯轻松掌控了比赛节奏。

末节比赛，奇才在阿里纳斯的率领下苦苦追赶。“小皇帝”大战“总统”渐入佳境，“总统”是阿里纳斯的绰号，两人在这轮系列赛进行了精彩飙分大战。

其中一个回合，詹姆斯面对阿里纳斯的防守，他直接像坦克一样，推进篮下将球放进篮筐。主帅迈克·布朗竟然让詹姆斯在季后赛首秀打满了48分钟，连一分钟休息时间都不给。

21岁的詹姆斯体能非常充沛，在比赛末尾丝毫没有疲倦的样子。詹姆斯全场轰下32分、11个篮板和11次助攻的三双，阿里纳斯得到26分、6个篮板，骑士以97比86获胜。“这真是棒极了！”詹姆斯赛后很开心。

“他所做的一切都不会令我感到惊讶了，”骑士中锋伊尔戈斯卡斯对于詹姆斯季后赛首秀打出三双并不吃惊，“他是一位非常出色的球员，拥有他真是太幸运了，因为我知道他随时都能上场贡献这样的数据。”

全场比赛还剩35.9秒时，詹姆斯抢下了第10个篮板达成了三双，骑士球迷再次齐声高呼“MVP！MVP！”这句口号在比赛初期詹姆斯连续得分时就已经响起。

“一切如我所料，”詹姆斯赛后说，“但我从未想到会拿下三双。”

奇才球星阿里纳斯非常欣赏詹姆斯的球商：“詹姆斯会示意教练迈克·布朗换下伊尔戈斯卡斯，当伊尔戈斯卡斯被换下，我们显然会换下海伍德，这就为詹姆斯创造了得分的机会。他成为场上除了杰弗里斯之外最高大的球员，没有人能阻止他冲击篮筐。”

詹姆斯不仅在季后赛首秀表现神勇，他在整轮系列赛场均得到35.7分、7.5个篮板、5.7次助攻，投篮命中率51%，三分命中率38.2%，罚球命中率74.6%。阿里纳斯在这轮系列赛场均得到34分、5.5个篮板、5.3次助攻。

詹姆斯和阿里纳斯的飙分大战成为2005/2006赛季季后赛的经典对决之一。如果只是一个人独舞，看客会感到无聊，舞者也会寂寞。那种势均力敌的比拼较量，更能激发强者的潜能，缔造永恒的经典。

詹姆斯就是在和阿里纳斯对飙中获得了成长。第三场比赛末节最后时刻，詹姆斯在还剩5.7秒完成上篮绝杀。第五场比赛，打到加时赛，阿里纳斯在还剩3.6秒时两罚全中，奇才120比119领先一分，但詹姆斯随后上篮得分完成反绝杀。

第六场比赛再次打进加时，还剩15秒的时候，阿里纳斯获得罚球机会，他第一罚不中，詹姆斯使用“盘外招”，凑上去小声说了几句话干扰阿里纳斯。阿里纳斯果然中招，第二罚也不中。随后骑士抓住机会，由达蒙·琼斯投进绝杀三分。詹姆斯赛后得意地说：“我告诉他，如果他两罚不中，我们将获得最后的胜利。”

“小皇帝”还是更胜一筹，率领骑士4比2淘汰奇才杀进了第二轮。但骑士赢下的四场比赛，有三场都是一分险胜。英雄惺惺相惜，詹姆斯后来和阿里纳斯相处得很不错。很多年过后，詹姆斯甚至让阿里纳斯指点大儿子布朗尼打球，毕竟两人身材相仿，都是打后卫。显然，詹姆斯非常欣赏阿里纳斯精湛的球技。

阿里纳斯只是詹姆斯在季后赛征服的第一位巨星，前路还有诸多高峰等待着他去攀登，去征服。

经典战役

天神下凡奥本山

2007年5月31日

2006/2007赛季东部决赛　第五场

骑士109比107活塞（双加时）

出场时间	命中数	出手数	命中率	三分命中数	三分出手数	三分命中率	罚球命中数	罚球出手数	罚球命中率
50：18	18	33	54.5%	2	3	66.7%	10	14	71.4%

前场篮板	后场篮板	总篮板	助攻	抢断	封盖	失误	犯规	得分	正负值
3	6	9	7	2	0	2	3	48	+2

20世纪80年代末的活塞发明了“乔丹法则”，采用各种方法死防乔丹，将推、拉、扯、拽等非正规动作用到极致，阻止乔丹得分。从1988年到1990年，活塞连续三年在季后赛淘汰公牛。乔丹在这种严防下破茧成蝶，1991年率领公牛在东部决赛横扫活塞，从而拉开公牛王朝的序幕。

活塞也用类似的防守策略对付“小皇帝”詹姆斯，在2005/2006赛季成功阻击第一次打进季后赛的詹姆斯。但是在2006/2007赛季，活塞对詹姆斯的围剿失效了。詹姆斯率领骑士在东部决赛上演让二追四的好戏，成功翻越活塞这座大山。

其中东部决赛第五场，詹姆斯打出了个人生涯的代表作，全场轰下48分、9个篮板、7次助攻，包办了骑士最后30分中的29分，其中他一人连得25分。詹姆斯还在第二个加时的最后时刻，上演高难度的突破拉杆上篮绝杀。

这一年，活塞是联盟防守最好的球队之一，场均失分只有91.8分，是全联盟失分第二少的球队，只有马刺的失分比活塞还少。这一年，本·华莱士离开了活塞，但是这支球队仍然有拉希德·华莱士、普林斯、比卢普斯等球风强硬的球员。

“只要他（詹姆斯）试图冲击篮下，就会遭到我们的犯规，这一点相信大家已经通过之前的比赛看到了。这种情况只会更加激烈。如果在第一场和第二场比赛，有人不断冲击篮下，你或许还能容忍，但是如果一直到第五场比赛，他们还这样做，你就会变得愤怒，憎恨他们，这就是季后赛。”活塞主帅桑德斯亲自定下了防守詹姆斯的基调。

活塞内线悍将拉希德·华莱士非常强硬地放话，宁愿对詹姆斯犯规，也不会让其轻松出手。“他（詹姆斯）将获得大量的罚球机会，我们就是要让他感受到压力，他可能得到30分，但是必须通过出手30次才能得到。我们必须这样做。”拉希德·华莱士说。

在这轮系列赛，活塞赢下了前两个主场，詹姆斯遭到限制，分别只得到10分和19分。但是回到主场后，詹姆斯带队连赢两场，他分别得到32分和25分。

2007年5月31日，骑士和活塞迎来天王山之战。第四节还剩6分30秒，骑士79比78领先1分，詹姆斯的个人表演就此开启。詹姆斯一记中投命中，但活塞打出10比0的攻击波，使得骑士局势堪忧。

詹姆斯不得不激发更大的能量，他突破上篮得分，投进三分球，并且连续两次突破暴扣得分，将比赛拖进加时赛。第四节后半段，骑士除了古登罚球得到1分，其余全是詹姆斯一人的得分。

更神奇的是，到了加时赛，变成了詹姆斯一人打活塞全队，因为双加时里骑士就詹姆斯一人得分。詹姆斯在第一个加时赛独取9分，帮助骑士一度领先4分，可惜被拉希德和比卢普斯四罚全中扳平比分进入第二个加时赛。

骑士其余球员依然哑火，所以还是詹姆斯一人在进攻端对抗整支活塞。22岁的詹姆斯浑身充满能量，他两记中投，外加一记三分，连得7分，双方战成107比107平。第二个加时赛还剩11.4秒，骑士手握最后一攻的机会。

詹姆斯接球，队友全拉开，活塞用比卢普斯盯防詹姆斯，另外四人收

OFF REBS
DEF REBS
12
27
11
34
07
DAKTRONICS
03.2
BILLUPS
1
PISTONS
54
EASTERN
CONFERENCE
FINALS 2007

107
CAVS
PISTONS
14
14
8
7
PISTONS WIN
26

缩防守。詹姆斯启动运球直冲篮下，利用速度将比卢普斯甩在身后，继而从普林斯和麦克希尔中间穿过，空中拉杆上篮得分。詹姆斯的这一球让奥本山宫球馆的两万多名活塞球迷目瞪口呆。镜头给到现场一位女球迷，她一手抚额，满是无奈的表情。活塞最后2.2秒时间进攻未果，骑士赢下了天王山之战。

詹姆斯从第四节还剩2分16秒开始，一人为骑士连得25分，再加上他在第二个加时拉杆上篮绝杀，让这一战更富有传奇色彩。詹姆斯单场轰下48分，创造他当时的季后赛得分新高。

“我们用尽了所有办法对付他，我们就是拦不住他。”比卢普斯无奈表示。骑士在两个加时赛都靠詹姆斯一人得分，其中一个原因在于，古登在第一个加时赛六次犯满离场，丹尼尔·吉布森和伊尔戈斯卡斯在第二个加时赛先后六次犯满离场。

这一战詹姆斯身边进攻感觉比较好的三个队友都被罚下了，“小皇帝”只好孤军奋战到底。“勒布朗太厉害了，”骑士大前锋古登说，“我犯满离场了，所以只能坐在板凳席上看比赛，但我感觉自己就像在玩电子游戏一样——看着他像在电子游戏中一样掌控比赛。”

活塞或许也会有这种感觉，末节最后时刻和两个加时赛中的詹姆斯简直无可阻挡，用各种方式得分。“勒布朗显然打出了一场精彩的比赛，”骑士队主教练迈克·布朗说，“我的意思是，我们整个赛季都在依赖他。季后赛大部分时间我们在依赖他，今晚他砍下了最后30分中的29分，有人在更衣室里告诉我这件事，简直令人不敢相信。那真是非凡的表现。不仅如此，他还得到了7次助攻和9个篮板，他做到了一切。他总是为我们做到一切。”

不仅是迈克·布朗没在比赛期间意识到詹姆斯连得25分，活塞球员同样如此。活塞全明星后卫汉密尔顿表示，直到赛后在更衣室里，球队才意识到詹姆斯已经连得这么多分。

“我们知道他得分很多，说到很多，我们心里想的只是他连得10分，没想到会连得25分。比赛期间，我们也没想过‘干脆把球从他手里抢过来，让别人得分吧’。当时心想绝对不可能一个人能打败我们。科比和奥尼尔都做不到，我们也不觉得勒布朗能做到。我们很失望，我们错失了一场主场比赛，我们觉得自己是更好的球队。”汉密尔顿说。

后来汉密尔顿进行了总结：“当勒布朗·詹姆斯连砍25分的时候，这让我想起了1991年的迈克尔·乔丹，那些年乔丹一直在和活塞队对抗，而他最终克服困难击败活塞队的那一年，和勒布朗连砍25分击败我们的情况很相似。我们感觉自己有麻烦了——不仅是那一年，而是接下来的几年。”

乔丹迈过活塞这座大山之后开启了公牛王朝。詹姆斯也通过征服活塞，取得了职业生涯的一个飞跃。天王山之战赢球，大大鼓舞了骑士球员的斗志，而活塞将士大受打击。骑士在第六场98比82大胜，以4比2的大比分淘汰活塞。

22岁的詹姆斯踏进了总决赛，虽然结局并不美好，被马刺4比0横扫出局。无论如何，“小皇帝”在其生涯第四个赛季实现了个人能力的大幅跃升，这从他冲破活塞的围剿得到了证明。

经典战役

抢七憾负绿军三巨头

2008年5月19日

2007/2008赛季东部半决赛　第七场

骑士92比97凯尔特人

出场时间	命中数	出手数	命中率	三分命中数	三分出手数	三分命中率	罚球命中数	罚球出手数	罚球命中率
46：48	14	29	48.3%	3	11	27.3%	14	19	73.7%

前场篮板	后场篮板	总篮板	助攻	抢断	封盖	失误	犯规	得分	正负值
1	4	5	6	2	0	2	4	45	0

命运总是推着人们向前走，让你去征服一座又一座山峰。当詹姆斯不再忌惮狠招迭出的活塞，上天又安排了凯尔特人突然崛起，成为詹姆斯在东部新的拦路虎。2007/2008赛季打造了三巨头阵容的凯尔特人，常规赛66胜16负，是头号夺冠热门。骑士在这个赛季打出45胜37负的战绩，排在东部第四。

季后赛首轮，骑士4比2淘汰奇才，挺进东部半决赛，和凯尔特人相遇。尽管骑士的整体实力确实逊色绿军，但是詹姆斯展现了超级巨星的能力，将比赛拖进了抢七大战。

“我知道他们（绿军）整个赛季都在准备一路打到六月份，我也是如此。第七场比赛对双方来说，都是非生即死，大家都会全力以赴，他们那个球馆气氛肯定会热闹无比，我们必须集中注意力，拿下这场比赛。”詹姆斯说道。

抢七大战在凯尔特人主场北岸花园球馆举行。詹姆斯和绿军头号得分手皮尔斯从第一节开始就进行精彩对飙。皮尔斯开局连得9分，率领绿军打出16比4的完美开局。詹姆斯随后连得7分，帮助骑士缩小差距。詹姆斯和皮尔斯在首节各得到9分，可谓平分秋色。詹姆斯在第二节独取14分，皮尔斯在第二节轰下17分。绿军上半场50比40领先10分。詹姆斯在第三节得到9分，还频繁妙传队友得分，骑士打出28比23缩小了差距。皮尔斯前三节得到35分，詹姆斯则得到32分。

“小皇帝”在末节继续率领骑士猛追绿军，他连续命中两记三分球，再杀到篮下得分。全场比赛还剩2分24秒，詹姆斯抢断皮尔斯，快攻暴扣得分，骑士将比分追到88比89只落后1分。詹姆斯看到了逆转绿军的希望。

加内特投篮不中，詹姆斯奋力抢下篮板，不过绿军的战术素养非常高，迅速退防，并部署好了防线，没有给詹姆斯快攻机会。詹姆斯出手三分球不中，绿军老将P.J.布朗抢下篮板。

这位38岁的老将成为绿军此役的奇兵。绿军随后的一次进攻，老布朗用标志性的中投得分，迫使骑士叫了暂停。老布朗在这场比赛四投全中，外加两次罚球，得到10分和6个篮板。

值得一提的是，P.J.布朗原本在2006/2007赛季结束后已经宣布退役，他回到了新奥尔良的家中陪伴家人，生活很惬意。但是，凯尔特人希望补强内线，皮尔斯和雷·阿伦趁着参加新奥尔良全明星赛的机会，特意到了布朗家中请他出山。

老布朗选择了复出，并且在季后赛发光发热。在对阵骑士的抢七大战，要不是老布朗贡献了10分，绿军还真有可能被詹姆斯率领的骑士掀翻。

全场比赛还剩58.1秒，皮尔斯也为绿军立功。伊尔戈斯卡斯和波西争球，“大Z”利用身高优势将球拨向骑士球员，但是皮尔斯已经预判了“大Z”会争到球，非常机敏地启动冲向篮球，伸手一捅，紧接着扑上去，抢到球然后叫暂停。

裁判吹暂停之后，皮尔斯躺在地上紧紧抱着球大吼。关键时刻拿到球权，意味着胜利的天平已经偏向绿军。皮尔斯还在最后时刻两罚全中，全场得到41分。詹姆斯贡献45分、5个篮板和6次助攻。但是，绿军的阵容深度更

NBA
PIERCE
34
23
11
5

强，最终拿下比赛。

比赛最后几秒过去后，绿军后卫埃迪·豪斯将球抛向空中。皮尔斯得意地举起双臂，迈着胜利的步伐离开了球场。他有些跛行，这是上半场他在底线猛烈撞到摄影师造成的。这一战的皮尔斯不仅仅砍下高分，更展现了勇猛的拼搏精神。在他的率领下，绿军取得了2007/2008赛季的季后赛第八个主场胜利，继续保持主场不败。

詹姆斯和皮尔斯的飙分大战也在赛后被人们津津乐道。“我状态火热，勒布朗状态同样火热，我俩都不希望自己的球队在今晚输球，”皮尔斯赛后说，“两位重量级人物对决，互有攻守。”加内特在赛后称赞了皮尔斯：“今晚的比赛基本上就是把球传给保罗·皮尔斯，然后赶紧跑开，我不需要你们问我任何问题。这就是比赛计划。我们也确实做到了。”

对于自己为何在这一战打出精彩表现，皮尔斯说：“我觉得是奥尔巴赫的灵魂在注视着我们，我希望他今天能在这里，和我们在一起。我觉得他当时就在注视着我们，引导着球进篮筐。我觉得他把球投向了正确的方向，球最终进了篮筐。”

奥尔巴赫是凯尔特人的传奇教练，执教绿军夺得了9个总冠军，后来当总经理又帮助绿军夺得多个冠军。奥尔巴赫堪称绿军篮球教父，他在2006年10月29日去世，没能看到绿军打造三巨头再次崛起。

骑士将绿军逼到了抢七大战，而且在生死战差点逆转绿军。皮尔斯对詹姆斯和骑士充满了敬重：“骑士是一支非常强大的球队，他们可是一年前的东部冠军，我们知道这不会轻松，但我们克服了。”

皮尔斯在系列赛的大部分时间里都负责防守詹姆斯，终于击败骑士，告别了詹姆斯，让皮尔斯松了一口气。“整个系列赛对我来说都是一种体力上的折磨，真的把我身体里的能量消耗殆尽了。”皮尔斯赛后坦言。

不过，皮尔斯身边有波西这位防守高手协防“小皇帝”，多少减轻了他的一些负担。英雄惺惺相惜，詹姆斯对于皮尔斯也很是敬佩。“对我而言，总是想防守最好的球员。如果我想成为最好的球员，就必须去防守最好的球员。皮尔斯就是我面前的一个挑战，他总能投进一些高难度的球，我也必须对他保持尊重。我还是想说说，他是我在联盟中遇到过最好的球员之一。他打得真的很好，这也是他们得以晋级下一轮的关键所在。”詹姆斯说。

没能从东部半决赛突围，詹姆斯赛后的情绪有些低落，而主帅迈克·布朗在失落之余，称赞了詹姆斯面对强大的绿军，仍然打出优异表现。“勒布朗，在我心中，他永远都是伟大的，他今晚打得非常出色，努力带领我们走向巅峰。”迈克·布朗说。

凯尔特人主帅道格·里弗斯则在赛后面带笑容表示：“我们正处于应有的位置。”显然，他觉得绿军的实力强于骑士一筹，理应赢下这轮系列赛。詹姆斯拼到了最后一刻，还是遗憾出局。骑士这一战只有詹姆斯和德隆蒂·韦斯特两人得分上双。詹姆斯缺少好帮手的问题进一步凸显。

经典战役

三分绝杀彰显大心脏

2009年5月23日
2008/2009赛季东部决赛　第二场
骑士96比95魔术

出场时间	命中数	出手数	命中率	三分命中数	三分出手数	三分命中率	罚球命中数	罚球出手数	罚球命中率
42：32	12	23	52.2%	1	3	33.3%	10	12	83.3%

前场篮板	后场篮板	总篮板	助攻	抢断	封盖	失误	犯规	得分	正负值
2	2	4	5	1	0	6	3	35	-7

一秒钟，可能只是秒针嘀嗒一下；一秒钟，可能只是你眨了一下眼睛；一秒钟，蜂鸟可以振翅55次；一秒钟，地球能绕太阳转动29.8千米；一秒钟，全世界约有4.3个婴儿诞生，1.8个人死亡；一秒钟，可以是天堂与地狱的距离，也可以是比赛胜负的分割线。就这一秒钟，詹姆斯足以创造一个奇迹。詹姆斯生涯有过很多次绝杀，但2008/2009赛季东部决赛第二场面对魔术的一秒钟压哨绝杀，绝对是经典中的经典。

2008/2009赛季，詹姆斯率领骑士打出66胜16负的常规赛战绩，排在东部第一。魔术的战绩为59胜23负，排在东部第三。詹姆斯在这个赛季生涯首次获得常规赛MVP，并且率领骑士在首轮4比0横扫活塞，第二轮4比0横扫老鹰。但是在东部决赛，骑士遭到了魔术阻击。东部决赛第一场，骑士在最多领先16分的情况下被魔术逆转，而且是在比赛还剩14.7秒时被魔术前锋刘易斯投进三分球绝杀。詹姆斯轰下49分、6个篮板、8次助攻仍然输球。

东部决赛第二场，成为骑士必须守住的一个主场。骑士首节30比16，开局很顺利，但是魔术拥有霍华德、刘易斯、特科格鲁三大明星球员，他们一路猛追，在末节比赛追了上来，双方杀得难解难分，尤其最后一分钟的比赛，令人窒息。

詹姆斯在还剩59秒的时候上篮被皮特鲁斯封盖，逃过一劫的魔术，随后由特科格鲁投进一记三分，将比分追到93比93平。莫·威廉姆斯的跳投被“魔兽”霍华德封盖。特科格鲁再次为魔术挺身而出，他持球进攻，面对帕夫洛维奇的防守，先消耗了一些时间，然后运球杀到罚球线附近，在詹姆斯协防包夹过来的情况下，急停跳投命中。魔术95比93反超，只留给骑士一秒钟的进攻时间。

速贷球馆的骑士球迷个个满脸沮丧，难道要重演第一场被逆转并绝杀的戏码么？骑士球员脸色凝重，他们很清楚，球队陷入了绝境。一秒钟的时间，意味着执行进攻的球员根本没有调整的时间，必须在接球的瞬间立即出手。

骑士主帅迈克·布朗安排了一个绝妙的战术。莫·威廉姆斯发边线球，帕夫洛维奇、伊尔戈斯卡斯和德隆蒂·韦斯特跑动为詹姆斯腾出中路的空间。帕夫洛维奇跑到三分线外左侧，伊尔戈斯卡斯去了左侧底角，韦斯特在罚球线左侧。詹姆斯佯装要冲进内线进行空接，特科格鲁在篮下挡住了他。没想到，詹姆斯立马后撤，跑到了三分线外。小莫及时将球传了过来，詹姆斯在接球的一刹那起跳出手。球在空中飞行的时候，红灯亮起，最终球落进了篮筐。詹姆斯完成了压哨绝杀！

速贷球馆顿时一片喧嚣，詹姆斯兴奋大吼着冲向场边的队友。巴西球员瓦莱乔冲进了场内，詹姆斯像个孩子一样跃进了他的怀抱。骑士其他球员全围了上来，拥抱绝杀英雄，尽情呐喊着。詹姆斯的发带不知被谁扯掉了，他浑然不觉。“这球太棒了，伙计，”詹姆斯在赛后激动说道，“我们不能承受0比2落后奥兰多魔术队的后果。这球太棒了。”

关键时刻没防住詹姆斯的特科格鲁无奈表示：“詹姆斯试图去空接，我挡在了他面前，他后撤投进了一个关键球。我对此束手无策，那一球真的很伤人。比赛最后一秒，我们掌握了主动权，可是一转身，他却投进了一个疯狂的球。”

这个球不怪特科格鲁，因为他确实努力防守了。魔术主帅斯坦·范甘迪赛后表示：“特科格鲁的那个防守非常完美，他阻止了切入进攻，阻止了第一个（骑士）可以扳平比分的选择，让詹姆斯选择了赢得比赛的选择。”

依靠詹姆斯的压哨绝杀，骑士死里逃生，将比分扳成1比1，主帅迈克·布朗在离开球场的时候，兴奋地冲着现场球迷挥拳庆祝。新闻发布会上，布朗难掩激动的情绪说：“我的天呀，他真是个了不起的球员，拥有这样的能力，拥有这样的自信。他终结了比赛，没多少人能做到这一点。一位了不起的球员投出了一记精彩的球。”

骑士最后一攻的计划就是安排詹姆斯来执行，詹姆斯赛后透露了战术安排：“我告诉小莫，不管发生什么，不管我面前是什么情况，我都会跑过来接那个球。不管是第一、第二、第三，就算所有的计划都行不通，我还是要接到那个球，然后投进去。”

现场有记者询问：“还有其他选择吗？”“B计划是勒布朗，C计划是勒布朗，D计划……”小莫特意停顿了一下，“是Big Game James（大场面詹姆斯），你们看到的，就是D计划。”

“大场面詹姆斯”是传奇球星詹姆斯·沃西的绰号，形容他擅长打重要比赛，投进关键球。关于一秒钟投进这记压哨绝杀球，詹姆斯还透露了一个秘密，他从小到大训练过无数次投关键球。“在我小时候，如果投不进那个‘最后一投’，我绝对不会离开球馆。我会做‘5、4、3、2、1’那种倒数时间的投篮。”詹姆斯说。

那时候，如果詹姆斯投进了压哨球，他就会自封为“迈克尔·乔丹”。“因为在我长大的那个年代，乔丹总是投进压哨球的那个人，当时我每次投那种球，心里就想着要成为乔丹。”

詹姆斯同样穿着23号球衣，他在书写属于自己的神迹，他在向迈克尔·乔丹靠近，追寻着“飞人”的伟大足迹前进。

詹姆斯一秒钟时间将骑士从悬崖边上拉了回来。他在这一战得到35分、4个篮板、5次助攻，23投12中，三分球3中1，罚球12中10。这一战，他就

SHOT
0.6
QTR.
4
95
FG% 48
Cub Cadet
0:5
PAVLOVIC
3
PIETRUS
20
EASTERN
CONFERENCE
FINALS 2009

投进了那一记三分球，却完成了终极救赎。

非常遗憾的是，詹姆斯救了骑士这一场，却还是没能在这轮系列赛突围。东部决赛第三场，詹姆斯轰下41分、7个篮板和9次助攻，骑士89比98落败。东部决赛第四场，詹姆斯轰下44分、12个篮板、7次助攻，骑士历经加时赛114比116落败。詹姆斯在第五场贡献37分、14个篮板和12次助攻的三双表现，率领骑士112比102取胜。但在第六场，骑士被魔术103比90击败，从而以大比分2比4出局。

詹姆斯在东部决赛场均得到38.5分、8.3个篮板、8次助攻，这是詹姆斯生涯数据最华丽的一轮系列赛之一，却没能突围成功，留下黯淡的结局。

第二章 圆梦巅峰

5 决定

迈克尔·乔丹在第七个赛季圆了总冠军梦想，詹姆斯在克利夫兰奋斗了七年还是无缘总冠军戒指，他不愿再继续等待下去了。尤其凯尔特人打造三巨头成功夺得总冠军，湖人引进加索尔完成了两连冠，对詹姆斯的想法产生了巨大冲击。

2010年夏天，骑士有一段时间联系不到詹姆斯。詹姆斯特意屏蔽了外界，他在好好思考未来，整个NBA则掀起了凶猛的詹姆斯争夺战。骑士为了留住詹姆斯，不惜解雇了迈克·布朗，并且声称有意聘请NCAA（全国大学生体育协会）名帅卡里帕里或者汤姆·伊佐当主帅。

在这个夏天，韦德和波什也成为自由球员，“2003一代”的三位代表人物引爆自由球员市场。想要得到詹姆斯的球队有很多，尼克斯早在2008年就开始布局，不断清理薪金空间，终于在2010年夏天腾出了可以签下两位超级巨星的空间。公牛、篮网、快船、热火、火箭等球队，同样对詹姆斯很感兴趣。

时任美国总统奥巴马是忠实的公牛球迷，他特意当起了公牛的说客，在电视台接受采访时公开招募詹姆斯。“我其实并不想管闲事，”奥巴马说，“但我还是要说，罗斯和诺阿组成了公牛很好的核心团队。同时我们也都清楚，詹姆斯非常适合公牛。”

奥巴马很尖锐地指出，詹姆斯和骑士队员之间缺少感觉，很难在克利夫兰夺得总冠军。“只有当你拥有了足够好的球队框架，你才能成为冠军，”奥巴马说，“相同的事情，在科比身上也曾发生过，他先是和奥尼尔一起夺冠，后来则是与加索尔一起。大家都知道，科比跟身边的队友很有感觉，但我觉得詹姆斯现在还没有得到这种默契的感觉，这正是他现在需要去寻找的。”

这个夏天，詹姆斯的商业合作伙伴马弗里克·卡特和ESPN牵头策划了让詹姆斯在ESPN直播中宣布最终决定的节目，节目的所有赞助收入将捐赠给慈善机构。25岁的詹姆斯当时没有觉得不妥，反而觉得这种方式很新颖，便欣然应允。

詹姆斯去哪儿？想得到他的球队太多了，詹姆斯和团队商讨后缩小了选择范围。有意思的是，詹姆斯在当年夏天曾计划举办自由球员峰会，其中包括韦德、波什、乔·约翰逊、斯塔德迈尔、诺维茨基等大牌球星。不过由于媒体的热炒，使得NBA总裁大卫·斯特恩坐不住了，他站出来宣布联盟不会允许詹姆斯等人举办自由球员峰会。“球员之间交流是很有必要的，我们不会对此有任何异议，”斯特恩说，“不过如果涉及反贿赂规则，我们不会坐视不管，但是我想他们不会这么做的。”

自由球员峰会胎死腹中，在人们的期盼中，2010年自由球员市场大门开启。很多人期盼詹姆斯在7月1日就宣布自己的去向，但詹姆斯没在那一天解开谜团，因为他要会面考察有意引进他的球队。

詹姆斯圈定了考察范围，包括骑士、尼克斯、篮网、公牛、热火和快船。另一些想要詹姆斯的球队，比如火箭、猛龙、活塞，第一时间就被詹姆斯排除在外了。

詹姆斯和圈定的球队代表一一见面，然后整个NBA等待他做出选择。

7月8日，詹姆斯通过ESPN宣布了自己的决定：“做出这个决定很艰难，在这个秋天，我将带着我的天赋前往南海岸，加盟迈阿密热火队，这是我今天早晨起床后最终的决定。就像我之前说的那样，我觉得这会给我最好的机会去赢球，而且是连续几年都赢球，不仅仅是常规赛赢球，或者连赢三场或五场，我想要赢得总冠军。”

詹姆斯在上节目宣布决定之前，事先通知了骑士方面，算是给了老东家一个面子，迈阿密热火成了2010年夏天NBA的头号赢家。詹姆斯离开克利夫兰，转投热火引发了骑士方面的不满，同时他在电视节目上公布自己决定的做法也引发了争议。

不过，詹姆斯的这个“决定”得到了大约600万美元的广告赞助，这笔钱被捐赠给了各个慈善机构。

回到“决定”本身，热火究竟如何在詹姆斯争夺战中胜出呢？

那时候，迈阿密热火并不是最热门的球队，公牛、尼克斯和骑士看起来更被外界所看好。有关韦德想回家乡芝加哥打球的说法炒得沸沸扬扬，人们猜测詹姆斯、韦德是否会一起去公牛。尼克斯张开了怀抱，期盼巨星加盟，他们能一下子引进两位顶薪球员。

热火总裁“神算子”帕特·莱利展现了惊人的魄力以及优秀的招募技巧。他将自己的所有总冠军戒指装在了一个袋子里。在和詹姆斯谈判时，他直接将这个袋子扔在了桌上，让当时还没有一枚戒指的詹姆斯怦然心动。莱利特意请了薪资专家布置展板，展示佛罗里达州不用缴纳个人所得州税，能够替詹姆斯省多少钱。

莱利还放出了另一个撒手锏，邀请了热火的2006年夺冠功臣阿隆佐·莫宁当游说大使。莫宁向詹姆斯动情地讲述球队在他肾移植手术康复期间如何给予支持。莱利用同样的招数搞定了波什。

“他把2006年总冠军戒指给了我，然后说‘等你来迈阿密，拿到属于自己的戒指后再还给我吧。’，所以我就拿了，我心里想如果你不想我拿，就别给我。”波什说。其实，这就是“神算子”常用的套路之一。偏偏很多人都吃这一套。多年过后，莱利招募德拉季奇时，还是使用了这一招，将一袋总冠军戒指放在对方面前。只不过，相比当初招募詹姆斯、波什时，袋子里又多了两枚总冠军戒指。

莱利现在手上的戒指达到九枚，球员时代一枚，在湖人当助教时期一枚，在湖人当主帅时期四枚，执教热火一枚，然后是当热火总裁又拿到两枚。

“詹姆斯将会是我们的‘魔术师’约翰逊，韦德就是科比·布莱恩特，而克里斯·波什是凯文·加内特。”莱利对这套豪华阵容充满了期待。

《克利夫兰老实人报》记者布莱恩·文霍斯特在詹姆斯决定加盟热火之后，披露了詹姆斯、韦德和波什联手的内幕。三人联手，早在2006年就埋下了种子。他们一起代表美国男篮征战了2006年男篮世锦赛，加深了彼此的关系。而且他们在2006年7月都选择了和各自球队提前续约三年合同，而不是五年合同，这样在2010年夏天，三人都成为自由球员。

2008年他们在北京奥运会夺得了金牌，度过了一个激动人心的夏天。他们证明了彼此能够高效合作。另一个原因是，CAA经纪公司大举进军篮球经纪业务，收购了詹姆斯、波什和韦德当时的经纪公司，将他们全部纳入同一屋檐下。CAA获得了巨大的市场控制权，并消除了三人在谈判中可能遇到的任何障碍。

詹姆斯、韦德和波什一直在互相交流，而韦德迈出了第一步，尝试招募两位好友到迈阿密。根据文霍斯特的报道，韦德在2010年6月的最后一周，和波什一起飞往阿克伦，去了詹姆斯家中会面。

显然，他们谋划很长一段时间了。波什在随后参加热火球迷见面会的时候一不小心说漏嘴了。他表示和詹姆斯、韦德一起探讨这一时刻已经好几个月了。波什随即意识到表述有问题，立马改口是“好几天”了。

骑士老板吉尔伯特特意花了数十万美元请了调查公司，针对热火招募詹姆斯进行了调查，向联盟递交了申诉材料，认为热火违规招募了。不过，NBA总裁大卫·斯特恩驳回了吉尔伯特的申诉。“球员们有权利探讨关于去向方面的话题，自由球员之间讨论关于未来前途方面的事情很正常，詹姆斯等人并没有受到外界的干扰。这样的讨论我们是允许的，我们也鼓励球员间的交流，这就是正常事情，没有违反任何规则。”斯特恩说道。

木已成舟，吉尔伯特只剩下一肚子怨气。

“通往历史的道路，现在就开始了。”詹姆斯特意在社交媒体上写下了这句话。没错，去往热火的詹姆斯翻开了NBA生涯崭新的一页。

Sharpie
Office DEPOT
HEAT 10▶11
Sharpie
HEAT
6
HEAT
3
HEAT
1

6 大反派

如果一切可以重来，詹姆斯或许不会选择在电视台通过全美直播宣布自己的决定。当年25岁的他没料到，这种方式会引起外界那么大的反感，不仅是骑士球迷憎恨他，一夜之间还平白多出了无数“詹黑”，让他品尝到了成为全民公敌的滋味。

有人在烧毁詹姆斯的球衣，有人痛骂詹姆斯从骑士离开。尤其骑士老板吉尔伯特，发表了一封公开信，大肆贬损詹姆斯，并且诅咒其不得善终：“这位自封的‘国王’将带着这个诅咒南下。直到克利夫兰和俄亥俄对他做了‘正确’的事情，他会一直不幸，遭受报应。等着瞧吧。”

NBA总裁大卫·斯特恩看不过去了，对吉尔伯特处以10万美元罚款。但斯特恩也认为詹姆斯全美直播宣布决定的方式欠妥。

斯特恩表示如果詹姆斯早早告诉他做节目的决定，他会劝其不要这么做。斯特恩表示：“做这个节目的决定真的很糟糕。他这样的想法，证明他很诚实和直接。但我认为，詹姆斯的这个主意还是有欠妥当。”

詹姆斯为自己过于高调的行为付出了代价，此后很长一段时间他都在努力挽回自己的声誉，直到夺得了总冠军。

2010/2011赛季来临，联盟特意安排了热火和凯尔特人进行揭幕战。热火三巨头成色如何呢？凯尔特人的老三巨头给他们浇了一盆冷水。

热火三巨头首秀极为艰涩，首节只得到9分，半场只得到30分，落后凯尔特人15分。尽管詹姆斯在下半场率领热火积极追分，还是以80比88落败。“Overrated！Overrated！”终场前，詹姆斯耳边充斥着这样的喊声，这词儿字面上的意思是“被高估的”。绿军球迷以此来嘲讽热火三巨头是“水货”。

詹姆斯在热火首秀虽然得到31分、4个篮板、3次助攻，但是出现了8次失误，韦德也有6次失误。热火三巨头需要时间磨合。詹姆斯说：“我们在场上同时有多个得分点。对于这个情形我还有些不习惯。这让我想起了在美国队训练的时候，K教练要做的是想方设法找到获胜的模式。”

波什则表示：“我们知道有很多人在关注着这支球队，我们也知道很多人把我们放在显微镜底下，我们料到了会有这种事情发生……但有时候，你只需要把精力集中到场上，打好以后的比赛。”

无数人等着看热火三巨头的笑话，等着看詹姆斯的笑话。克利夫兰当地电台节目主持人在热火与绿军揭幕战开打前几个小时，特意请了一位巫师对詹姆斯下咒，并且进行直播。下咒过程中，巫师选了一件詹姆斯的球衣，把一些骨头和血洒在上面，祈祷詹姆斯在新赛季厄运连连。

热火三巨头的磨合阵痛期比他们预料得更长一些。当初绿军三巨头联手，很快就合拍，带领球队高歌猛进，这是因为皮尔斯、加内特和雷·阿伦可以各司其职，非常适配。

相比之下，热火三巨头主要在于詹姆斯和韦德都是持球核心打法，需要更多时间形成默契。热火三巨头磕磕绊绊起航，打完整整一个月之后只取得9胜8负的战绩，远远低于人们的预期。

热火内部也涌动着一股烦躁的情绪，不断地失利，只会把一些问题放大化。2010年11月27日，热火客场95比106输给独行侠（曾译为“小牛”，2018年中文译名更改为“独行侠”，本书统一为“独行侠”）。第三节还剩8分52秒，热火落后10分，主帅斯波尔斯特拉叫了暂停，一脸愤怒地走进球场，嘴里还说着什么。这时候詹姆斯迎着主帅走了过来，在路过斯波尔斯特拉身边的时候完全没有避让，两人的肩膀狠狠地撞在了一起。

斯波尔斯特拉顿时被撞得一歪，连西装都差点滑落。斯帅诧异地回头看了一眼，随后又扭回头冲着场上的球员嚷嚷着。詹姆斯始终一言不发，回到替补席坐下来休息。

这场比赛结束后，关于“詹姆斯故意撞主帅表示不满”的消息在网上疯

More teamwork
to help each other
CHIPOTLE
DUNKIN' DONUTS

狂传播。当时供职雅虎体育的名记沃纳洛夫斯基将这一事件解读成詹姆斯和斯波尔斯特拉相处方式上存在分歧。始于“撞肩门”，有关两人关系降温到冰点的猜测开始甚嚣尘上。

将帅失和是一支球队的大忌，情况是否真如外界猜测那样？两天之后，热火主场迎战奇才。在比赛开始前，詹姆斯和斯波尔斯特拉进行了一次大约30分钟的谈话，两人重点谈论了球队进攻以及寻找共同点来维护双方的关系。“事情不会总是一帆风顺，早在七月份我刚见到他们，就告诉他们赛季中不可避免会出现如今的情况。当我们遇到伤病，当我们战绩不佳，会有更多的外界压力涌来，但至少我们能看到曙光。”斯波尔斯特拉说。

詹姆斯则说：“我可以把这称为良性的冲突，我相信这对球队有好处，如果我们的关系能够经受这段危机的考验，那么他就会变得更加坚固。”

“撞肩门”的消极影响被詹姆斯和斯帅化解，而热火三巨头也终于找到感觉，他们打出了一波十二连胜，迅速提升战绩排名。2010年12月25日，热火与湖人进行圣诞大战。詹姆斯打出27分、11个篮板、10次助攻的三双数据，帮助热火96比80大胜湖人。湖人在2009年和2010年实现两连冠，热火在圣诞大战中击败湖人，对于三巨头的信心是不小的鼓舞。

最终，热火在2010/2011赛季打出58胜24负的战绩，排在东部第二晋级季后赛。詹姆斯在常规赛MVP评选中排名第三，没能实现MVP三连庄。22岁的公牛球星德里克·罗斯拿到113张第一选票，总分1182分，成为NBA历史上最年轻的常规赛MVP。

热火在季后赛首轮以4比1击败76人。第二轮比赛，詹姆斯碰上了老对手凯尔特人。尽管常规赛，热火和绿军的交锋战绩是1比3，但是到了季后赛，热火三巨头磨合效果有了很大提升，以4比1击败绿军。

詹姆斯在这一轮场均得到28分、8.2个篮板、3.6次助攻、1.8次抢断、1.8个盖帽，投篮命中率47.2%，三分球命中率43.5%，他打出了攻防一体的表现。詹姆斯离开骑士，很大程度上是因为留在克利夫兰，他难以翻越绿军这座大山。加盟热火之后的第一个赛季，他就完成了对于老对手的复仇。

东部决赛对阵公牛，热火82比103输掉首战，但是连赢四场，以4比1淘汰公牛一举杀进总决赛。系列赛第五战最后时刻，詹姆斯与韦德联手统治攻防，热火的冠军相在那一刻尽显无遗。

总决赛对阵诺维茨基领军的独行侠，几乎所有人都认为热火能够轻松击败对手。系列赛第一战他们以92比84取胜，詹姆斯得到24分、9个篮板、5次助攻，蜂鸣器响起的那一刻，詹姆斯和韦德紧紧相拥。“闪电侠”第一时间凑到詹姆斯耳边，祝贺后者取得职业生涯首场总决赛胜利。“是的，韦德跟我说了，他向我道贺。我想说，这感觉很棒，因为这是第一场球。”詹姆斯说道。

詹姆斯在2006/2007赛季杀进总决赛，却被马刺4比0横扫。四年过后，詹姆斯再次杀进总决赛，并且带队赢下了首战，赛后的新闻发布会上，他的脸上挂满笑容。

但是命运之神再次和詹姆斯开了一个玩笑，在他以为距离总冠军非常近的时候，粉碎了他的梦想。独行侠虽然没有豪华三巨头，但是他们有更雄厚的阵容深度，内外实力均衡。诺维茨基更是打出了巅峰表现，率领独行侠抗衡热火三巨头。

总决赛第四场，热火83比86输给独行侠，总比分被扳成2比2。詹姆斯遭遇了类似对阵马刺时的梦魇，他被限制到全场11投3中，只得到8分。比赛结束后，独行侠球迷冲着詹姆斯大喊着：“Lebron，Overrated（勒布朗，被高估的家伙）！”这是詹姆斯季后赛生涯首次得分没有上双。

这支独行侠有很多防守高手，马里昂和斯蒂文森都是侧翼防守高手，老将基德和中锋钱德勒都是防守专家。这时候的詹姆斯也存在技术缺陷，他的低位进攻技术和中远投能力都有待升级。“我需要在进攻端更果断一点，而不是整场比赛都不去主动寻找进攻手感。”詹姆斯说。

独行侠找到了对付热火的办法，那就是掐死詹姆斯这个进攻点，让他失去节奏。第五场比赛，詹姆斯虽然贡献三双，但是只得到17分。第六场比赛，詹姆斯只得到21分，却有6次失误。整个总决赛，詹姆斯场均得到17.8分，场均只获得3.3次罚球。独行侠对他的围剿非常成功，最终，独行侠以4比2的大比分击败热火夺冠。

WADE
3

詹姆斯的第二次总决赛之旅再次以失败告终。詹姆斯陷入了深深的自责："我本应该打得更好，说到底，我想打好，为了队友，我希望每晚都发挥出色。为了不让队友失望，我给自己施加了很多压力。或许有时候做得过了，给自己压力太大了。"

詹姆斯没能夺冠，给了憎恨他的人一个狂欢的理由。在新闻发布会上，有记者特意问了詹姆斯一个问题："现在想想，如果你当初没有离开骑士，结果会不会不一样。"

詹姆斯抬头瞄了一眼那位记者，摇了摇头说道："你没法回到过去，生活不能重来。我现在就在这里，跟你们在一起，跟队友在一起。我只能继续让自己变得更强。场上场下都变得更好，作为球员、父亲、朋友，一切的一切。只要能让我们赢得总冠军，我都会去做的。"

詹姆斯是这么说的，也是这么去做的。2011年冲冠失利激励了他进一步提升球技，丰富自己的武器库。

7 南海岸圆梦

2010/2011赛季总决赛失利后，詹姆斯有一段时间将自己关在家里，哪里也没去。他反思事情是如何出错的，从自身问题开始梳理，并且思考如何从这场玷污了他声誉的挫折中恢复过来。

热火三巨头第一个赛季冲击总冠军失败的症结很明显，那就是詹姆斯和韦德之间并未形成最好的化学反应。两人没有区分谁是大当家，谁是二当家。

詹韦组合的球权分配相差无几。2010/2011赛季常规赛，詹姆斯场均出手18.8次，韦德场均出手18.2次。到了季后赛，詹姆斯和韦德竟然都是场均出手17.8次。

平均主义的做法看似兼顾了詹姆斯和韦德的情绪，却让两人都无法完全释放自己的能量，对于热火整体来说反而是一种伤害。

詹韦组合之间需要有人做出牺牲。就在2011年夏天，韦德做了一个决定，他后退一步，让出球权，让出核心位置。

“我认为我们都必须做出改变，有一次他（韦德）来找我，我不记得是什么时候了。他说：‘听着，为了让我们发挥出最大的潜力，你必须做你自己，领导这支球队。我会退后一步，但我会一直陪着你。’他做到这一点，让我们发挥出全部潜力，他当时看到的比我更多。”詹姆斯说。

韦德清楚地记得告诉詹姆斯自己决定的时间点。那是在输给独行侠几周后，韦德和詹姆斯带着家人一起去度假散心。韦德决定退让，他心中只剩下一个目标，那就是让詹姆斯更舒服地打球，而自己则努力适应二当家的角色。

“我想给他机会，让他根本不用考虑这些无关紧要的琐事，就像我告诉他的那样‘我会找到自己的节奏，你不用管我，无论怎样我都会坚守，但你在场上得成为我们真正需要的那个勒布朗’，”韦德说，“我不想成为他心理上的小障碍，我想减轻他的压力。”

从那以后，韦德接受采访时会主动声称詹姆斯是热火的领袖。詹姆斯很感激韦德的退让，同时他也很清楚，要夺取总冠军，必须做真正的自己。

解决了詹韦组合球权分配的问题，詹姆斯在2011年夏天还攻克了另一个冲冠障碍，那就是提升自己的低位进攻能力。

2010/2011赛季总决赛，詹姆斯的低位进攻技术被人诟病，背打巴里亚都无法成功，这让他痛定思痛，决心向名宿“大梦”奥拉朱旺拜师学艺。奥拉朱旺在球员时代以拥有“梦幻舞步”闻名遐迩。退役之后，奥拉朱旺办起了“梦幻舞步”进修班。科比、斯塔德迈尔和霍华德等巨星都慕名而来接受他的指点。

詹姆斯在进修班如饥似渴地吸收“大梦”传授的各种低位进攻技巧。他怀着沉重的心情来到这里，离开的时候对自己充满了信心。“我可以看到离开训练营时，他非常兴奋，他已经准备好了。我想他已经完成了比赛能力的重塑。他感觉到了，并相信这一点。”奥拉朱旺说道。

詹姆斯带着新添的武器回到了南海滩的家，他找回了强大的自信，将开启盛大的救赎之旅。

2011年夏天，因为劳资矛盾爆发，NBA一度陷入停摆，2011/2012赛季推迟到2011年圣诞节开启。热火在休赛期对阵容进行了微调，其中一个举措是用三年940万美元的迷你中产合同签下3D悍将肖恩·巴蒂尔，收获了一块物美价廉的冲冠拼图。

成为热火真正核心的詹姆斯在常规赛场均得到27.1分、7.9个篮板、6.2次助攻、1.9次抢断，率领热火打出46胜20负战绩，排在东部第二。詹姆斯职业生涯第三次捧起了常规赛MVP奖杯。

颁奖的那天，热火在季后赛已经迈过第一轮，他们4比1淘汰尼克斯，第二轮的对手是步行者。詹姆斯在颁奖仪式上百感交集，他主动提到了夺冠话题："事实上，拿MVP和总冠军是两回事，我宁愿用我的三个MVP去换一个总冠军。我最在乎的是球队，小时候教练就让我知道球队大于个人。从那以后，我牢牢树立了这样的理念，终极目标就是总冠军，这也是我在赛季的最大目标。"

詹姆斯再次表露了对总冠军的渴望，但他也不得不面临当年的"MVP魔咒"。从2003/2004赛季开始到2010/2011赛季，连续八年获得常规赛MVP的球星都无缘总冠军。詹姆斯收获了2011/2012赛季常规赛MVP，能否破除"MVP魔咒"呢？

命运之神又一次考验詹姆斯。热火在东部半决赛首战遭遇打击，波什只打了16分钟就因为腹部肌肉拉伤退赛，尽管热火赢下比赛，但球队前景蒙上了阴影。波什休养多长时间将决定热火的冲冠命运。

热火顶住压力，东部半决赛4比2击败步行者，和凯尔特人会师东部决赛。如果波什不能在东部决赛复出，内线存在大漏洞的热火很难翻过绿军这座大山。热火和绿军前四战打成了2比2，双方的天王山之战，波什紧急复出。他替补打了14分钟，热火还是以90比94落败，从而大比分2比3落后。

重压之下的詹姆斯在第六战迸发出巨大能量，他在客场轰下45分、15个篮板、5次助攻统治了比赛，帮助热火98比79大胜绿军，扳平了总比分。抢七大战，詹姆斯轰下31分、12个篮板率领热火101比88获胜，从而以4比3杀进总决赛。

再次踏进总决赛的詹姆斯远比一年前更加从容，他丰富了自己的武器库，他和韦德的配合更加默契。此外，他的身边还多了巴蒂尔这个好帮手。

总决赛首战，热火客场94比105输给雷霆，全队并没有慌。从总决赛第二场开始，主帅斯波尔斯特拉祭出了终极首发阵容——查尔默斯、韦德、詹姆斯、巴蒂尔和波什。波什打中锋，巴蒂尔顶到大前锋位置，这套首发更能拉开场上空间，给詹姆斯和韦德更多的进攻自由度。

詹姆斯在总决赛稳健发挥，率领热火连赢四场，从而以4比1夺冠。他在总决赛场均得到28.6分、10.2个篮板、7.4次助攻、1.6次抢断，投篮命中率47.2%，远比上一赛季总决赛高效。

CHAMPIONS
HEAT
ESPN

詹姆斯在总决赛第四场末节一度大腿抽筋不得不离场，让现场热火球迷揪心不已。但他进行了一些处理之后上演了“英雄归来”，并且投进了一记关键三分帮助热火再次领先，让所有人看得热血沸腾，帮助热火拿下第四战。

总决赛第五场，詹姆斯打出26分、11个篮板、13次助攻的三双表现，率领球队稳稳掌控局势。比赛时间还剩三分钟，比赛已经失去悬念，詹姆斯被换下场休息。詹姆斯站在了板凳席前观看剩余比赛，他咧开大嘴，像个孩子一样笑个不停，并且手舞足蹈。

所有人都清楚，詹姆斯进入NBA之后，等待了九年时光，终于要摸到总冠军奖杯了。三分钟过去，彩带和纸片从天而降，詹姆斯迫不及待地冲进场内拥抱队友。

詹姆斯不仅拿到了总冠军，还收获了总决赛MVP。颁奖仪式过后，热火将士回到更衣室，喷洒香槟肆意狂欢庆祝。詹姆斯一直死死抱着总冠军奖杯，甚至将总决赛MVP奖杯都忘在了一边。最后是热火工作人员帮他将总决赛MVP奖杯收了起来。

詹姆斯从季后赛开始戒网，没有发一条推特，而在夺冠之夜，他终于更新推特：“哦，我是冠军！！我是冠军！！”

终于圆了冠军梦，詹姆斯兴奋异常，而他的收割冠军之旅才刚刚开始。

8 抢七卫冕

现在人们提到“小球风格”，总会第一时间想到科尔执教的勇士。其实，三巨头时代的热火比库里时代的勇士更早践行“小球风格”，并且取得成功。

波什主打中锋夺得冠军，热火尝到了“小球风格”带来的甜头。2012年夏天，热火总裁帕特·莱利并没有将重心放在引进传统中锋上，而是进一步引进适配“小球风格”的球员。于是，两大顶尖射手雷·阿伦和拉沙德·刘易斯相继加盟。詹姆斯身边又增添了两位好帮手。

有人形容，雷·阿伦加盟热火，就像为迈阿密洒下又一缕阳光。

温暖明媚的南海岸似乎并不缺阳光，2012年夺冠的热火仿佛也不缺射手。但雷·阿伦是历史级别的射手，是拿过总冠军的全明星球员。这一缕阳光，让迈阿密更加绚丽多彩。

“神算子”莱利对雷·阿伦觊觎已久，在2010年就考虑过挖雷·阿伦，但那时候，他的重心放在打造三巨头上，而雷·阿伦和绿军续签了两年2000万美元合同。2012年休赛期来临，莱利将雷·阿伦列为头号引援目标。

与此同时，雷·阿伦在绿军过得不顺心，绿军在2011/2012赛季曾试图用他交易梅奥，不过交易最终流产。绿军主帅里弗斯还一度让雷·阿伦打替补，把布拉德利放进首发。

2012年夏天，尽管绿军为雷·阿伦开出了两年1200万美元的续约合同，但雷·阿伦选择了降薪和热火签下三年950万美元迷你中产合同。

“我很兴奋，很兴奋，他是我们真正想得到的人。又多了一个能为我们拉开空间的球员，一个不仅能自己创造机会，还能为别人创造机会的球员，

HEAT
HEAT
1
HEAT
6
HEAT
34

而且他还是个总冠军成员。”詹姆斯得知雷·阿伦加盟之后非常兴奋。

热火这一举措可谓一箭双雕，既提升了球队实力，还削弱了老对手绿军的战斗力。热火继续招兵买马，将另外一位射手刘易斯也招入麾下。

热火在2012/2013赛季开始时提出了“饥饿游戏”的概念，灵感来自苏珊·科林斯的畅销小说《饥饿游戏》。詹姆斯很喜欢这本书，他在2012年参加中国赛时，谈及了《饥饿游戏》对他心态的启迪——无论何时何地都要有想赢的欲望，不仅仅是运动，生活中也是如此。

在2012/2013赛季揭幕战前，热火更衣室的一块大白板上写着：饥饿游戏=破坏性！饥饿游戏=保护禁区！饥饿游戏=做到位！

另一块大白板上写着：饥饿游戏=攻击！饥饿游戏=团队！饥饿游戏=效率！

热火希望队员们从赛季第一场比赛开始就保持饥渴感，更加凶狠地拼杀。联盟又安排了热火和凯尔特人进行揭幕战，恩怨继续。

詹姆斯在赛前领取了属于自己的总冠军戒指，他可不想自己的荣誉之夜被老对手给毁掉了。詹姆斯在打出了高效的进攻，16投10中，得到26分、

10个篮板、3次助攻。韦德贡献29分，波什得到19分和10个篮板。雷·阿伦面对老东家没有手下留情，得到19分。热火在揭幕战以120比107取胜。“今晚非常重要，也是个美妙的夜晚，这是那种你以后难以忘记的夜晚，不过更好的是，我们没有让当年公牛做过的事情再次发生。”

2005/2006赛季热火第一次夺冠，随后一个赛季的揭幕战，热火在领取总冠军戒指的夜晚，被公牛屠杀，输了整整40分，留下了无尽的尴尬。

2012/2013赛季的热火则保持了足够饥饿感。对于詹姆斯来说，就像是开启“饥饿游戏”第二季，他要追求第二枚总冠军戒指。

热火在这个赛季的常规赛后半程渐入佳境，从2月3日开始，热火掀起了疯狂连胜势头，一路高歌猛进。3月18日，热火客场105比103击败凯尔特人，豪取二十三连胜，一举超越火箭2007/2008赛季的二十二连胜纪录，创造当时的历史第二长连胜纪录，仅次于湖人1971/1972赛季创造的三十三连胜。詹姆斯在这一战轰下37分、7个篮板、12次助攻，在终场前10秒，他投进了制胜球。

曾经的绿军是詹姆斯效力骑士时难以翻越的大山，而到了热火，他反过来屡屡压制绿军。投进制胜球的詹姆斯在赛后非常兴奋：“这意味着很多，我们现在创造了历史第二纪录，回想我们一路上的经历，这真的意义重大。”

凶猛的热火继续赢球，将连胜延续到了27场，直到在3月27日被公牛101比97击败。二十七连胜至今排名NBA历史连胜纪录第二。热火最终在常规赛取得66胜16负的战绩，高居全联盟第一。

詹姆斯整个赛季场均得到26.8分、8个篮板、7.3次助攻、1.7次抢断、0.9个盖帽。他在常规赛MVP评选中获得了120张第一选票，差一票就成为全票MVP。那一张第一选票被安东尼获得，有趣的是投票记者恰好是来自《波士顿环球报》的加里·沃什本。2013年是詹姆斯生涯第四次加冕常规赛MVP。值得一提的是，詹姆斯还在最佳防守球员评选中排名第二，仅次于小加索尔。

然而，小加索尔在最佳防守阵容评选中，只进入了第二阵容，没有进入第一阵容。当年最佳防守球员是权威媒体记者、评论员投票评选，而最佳防守阵容是由主教练评选，难免存在一些分歧。从2014年开始，最佳防守阵容也由权威媒体记者、评论员评选了。

很多年后，詹姆斯谈到2013年错失最佳防守球员奖项时仍然很失望："这就是我的豪宅之中唯一缺少的奖杯，这让我很有点刺痛。那一个赛季我在最佳防守球员排名第二，但是排在第一的那个球员（小加索尔）甚至都没有入选最佳一防。"

热火在常规赛顺风顺水，他们没想到进了季后赛会遭遇那么多磨难。季后赛前两轮，热火4比0横扫雄鹿，4比1击败公牛，东部决赛遭到了步行者的顽强阻击，打到了抢七大战。生死战，詹姆斯轰下32分、8个篮板、4次助攻带队以99比76大胜对手。

詹姆斯时隔六年再次在总决赛面对马刺。"我们连续三年进总决赛，也有了很多经验，我们可不是年轻、没经验的球队，我们知道夺冠机会近在眼前。”詹姆斯说。

但是，詹姆斯在第一场总决赛又体会到了被马刺支配的感觉，尽管他得到18分、18个篮板、10次助攻的三双数据，热火还是以88比92落败。“我们需要在攻防两端更有活力，并且需要找到第四节的解决方案，特别是关键时刻。”詹姆斯说。

热火在第二场比赛以103比84取胜，却在第三场以77比113惨败。詹姆斯21投7中，只得到15分。马刺对詹姆斯的围剿再次奏效。年轻的莱昂纳德对詹姆斯贴身防守，邓肯和斯普利特随时跟进的墙式围堵，丹尼·格林、吉诺比利、尼尔等人的各种骚扰，让詹姆斯不胜其烦。

不过，相比六年前，詹姆斯确实成长了许多，他在第四场迎来爆发，轰下33分和11个篮板，率领热火109比93取胜，一举扳平了比分。马刺在天王山之战以114比104取胜，让热火陷入背水一战的绝境。

总决赛第六场，热火和马刺上演了令人窒息的激烈对决。神奇的雷·阿伦拯救了热火，在詹姆斯在第四节还剩7秒出手三分不中时，波什抢到进攻篮板，并传给雷·阿伦，后者投进续命的绝平三分，将比赛拖进加时赛。在加时赛中，雷·阿伦又得到4分，热火最终103比100险胜马刺。

幸亏热火在2012年夏天引进了雷·阿伦，否则詹姆斯生涯会少拿一个冠军。不过，相较于雷·阿伦的灵光乍现，詹姆斯才是这支热火唯一的基本盘。他在第六战轰下32分、10个篮板、11次助攻，抢七大战，詹姆斯又轰下37分、12个篮板、4次助攻、2次抢断，热火95比88取胜，从而以4比3夺冠。

“感觉太棒了，这支球队太棒了。我决定来这里时的愿景正在变成现实。连续赢得总冠军的感觉真是难以置信。”完成两连冠让詹姆斯欣喜若狂。他也再次获得总决赛MVP，詹姆斯成为历史上第三位背靠背获得常规赛MVP并且夺冠的球员，另外两位是乔丹和比尔·拉塞尔。

詹姆斯并没有满足于两连冠，他渴望冲击三连冠。但2013年夏天，热火受困薪金压力，采用特赦条款裁掉了两冠功臣迈克·米勒。这个做法让詹姆斯心里有些不满，他觉得热火有点见好就收的意思，不是很愿意为了总冠军

WHITE
HOT

加大投入。

2013/2014赛季的热火面临不少的困难。韦德受困膝盖伤势，状态下滑不少，场均得分下降到19.0分。波什也少了一些锐气，场均只得到16.2分和6.6个篮板，篮板则为生涯最低值。热火在常规赛取得54胜28负排名东部第二，季后赛4比0横扫黄蜂，4比1击败篮网，4比2击败步行者，连续第四年杀进总决赛。

詹姆斯在总决赛场均得到28.2分、7.8个篮板、4次助攻，投篮命中率57.1%，三分命中率51.9%。这是詹姆斯三次在总决赛对阵马刺，进攻效率最高的一次。奈何韦德和波什都发挥不佳。韦德场均只得到15.2分、3.8个篮板、2.6次助攻，波什场均只得到14分和5.2个篮板。热火在总决赛1比4落败，无缘三连冠。

而在2014年夏天，许多人的命运发生了改变，热火三巨头时代画上了句号。

经典战役

热火式自热三分钟

2011 年 5 月 26 日

2010/2011 赛季东部决赛　第五场

热火 83 比 80 公牛

出场时间	命中数	出手数	命中率	三分命中数	三分出手数	三分命中率	罚球命中数	罚球出手数	罚球命中率
45：46	8	19	42.1%	3	6	50.0%	9	11	81.8%

前场篮板	后场篮板	总篮板	助攻	抢断	封盖	失误	犯规	得分	正负值
0	11	11	6	3	2	4	2	28	+8

进入21世纪以来，常规赛MVP像是染上了魔咒，从2000年到2024年，25年间的常规赛MVP只有5次在当年夺得总冠军。2003年邓肯以常规赛MVP身份夺冠之后，连续多年的MVP与总冠军无缘。2011年，22岁的罗斯成为NBA历史上最年轻的MVP，率领公牛打出62胜20负的常规赛第一战绩。但是在东部决赛，热火三巨头给这位年轻人上了一课，将他挡在总决赛门外。

公牛在东部决赛首战以103比82获胜，罗斯轰下28分、6个篮板。詹姆斯在这一战状态不佳，15投5中，只得到15分、6个篮板、6次助攻。不过，这一战之后，两大球星的形势完全逆转。詹姆斯找回了状态，率领热火连战连捷，而罗斯遭遇围剿，进攻效率低下。

詹姆斯在第二战得到29分、10个篮板、5次助攻，热火85比75击败公牛。第三战，詹姆斯得到22分、6个篮板、10次助攻，骑士96比85取胜。第四战，詹姆斯轰下35分、6个篮板、6次助攻，热火通过加时赛以101比93获胜。

2011年5月26日，背水一战的公牛坐镇联合中心球馆对决三巨头领军的热火。罗斯进入状态很快，他的带动下，公牛前三节一直保持领先。韦德在这一战的前三节如同梦游，疯狂出现失误，首节2次失误，第二节4次失误，第三节出现3次失误。

热火57比62落后5分进入第四节。全场比赛还剩3分10秒，热火65比77落后12分。在这样一场低比分的比赛，热火看起来很难从联合中心球馆带走胜利晋级总决赛了。

但是，热火三巨头恰恰在此时迎来了爆发，而罗斯领军的公牛连续犯错。“闪电侠”韦德苏醒了，他杀到篮下，抛投打板命中，接着他抢断罗斯，并参与快攻，接到詹姆斯助攻上篮得分。詹姆斯在比赛时间还剩2分06秒投进三分球。

随后，韦德在詹姆斯的助攻下不仅投进三分球，还制造罗斯犯规，他加罚命中，打成3+1。罗斯的突破上篮不进，詹姆斯又扔进一记三分。热火只用了两分多钟的时间打出14比2的进攻高潮，一举将比分追成79平，迫使公牛叫了暂停。

联合中心球馆的气氛变得紧张起来，公牛反而被逼到了悬崖边上。

暂停回来，罗斯继续犯错，詹姆斯抢断成功，在比赛时间只剩29.5秒的时候中投命中，热火81比79反超公牛。公牛主帅锡伯杜无奈再次叫了暂停。现场观战的公牛球迷的心情跌宕起伏，就在几分钟前，他们可能还满心欢喜地准备在赛后庆祝球队赢下关键战。没想到，仅仅不到3分钟，球队便陷入绝境。

罗斯的错误还没犯完，他随后的进攻制造詹姆斯犯规，但是两罚一中，错失扳平机会，篮板还被波什抢到，而这时候只剩25秒的比赛时间。热火采用消耗时间的战术，公牛不得不提前犯规。波什两罚全中，热火83比80领先3分。

公牛仍然有扳平比分的机会，但他们已经用完了暂停，主帅锡伯杜没机会给球员布置战术，一切靠球员在场上自主决策进攻。热火在最后时刻的防守密不透风，在三分线外围堵罗斯和公牛射手科沃尔。

罗斯在时间所剩无几的情况下，强行出手三分，被詹姆斯一巴掌扇飞。

詹姆斯完成了“封杀”。年轻的罗斯在最后3分10秒的时间里，犯下各种错误。热火三巨头在最后3分多钟打出18比3的进攻狂潮，攻陷了联合中心球馆。这场比赛堪称热火三巨头时代最经典的战役之一。

“最后全赖我自己，失误、投篮不中、犯规，系列赛结束了。”罗斯在赛后陷入了深深的自责中。詹姆斯在赛后拥抱了罗斯，安慰了这位年轻的MVP，并且在新闻发布会送上了鼓励：“这样的经历会帮助到你，我也经历过这种情况，就是我也会反问自己，为什么失败的总是我？这种情况下你唯有继续努力训练。在这种经历中反复锤炼，即便失败，也必须做好准备接受下一次的挑战。”

热火三巨头送给了公牛一个“黑色三分钟”。公牛主帅锡伯杜赛后强调，经验上的差距，让球队输掉了比赛。

这一战，詹姆斯得到28分、11个篮板、6次助攻、3次抢断和2个盖帽，填满了数据栏。韦德在前三节出现9次失误的情况下，末节0失误，并且在末节得到10分，全场贡献21分。波什得到20分、10个篮板和4个盖帽。

“我们凭借防守做到了，凭借团结一致做到了。我们以前也遇到过这种情况，知道我们必须全力以赴。”詹姆斯赛后说道。

热火主帅斯波尔斯特拉认同詹姆斯的观点，因为这个赛季的常规赛，热火经历了很多磨难。“我们经历了很多逆境，三月份我们经历了艰难困苦，连输五场，全都是比分接近的比赛，我们在最后时刻没有执行到位，没能锁定胜局，但这对我们帮助很大。尽管那段经历很痛苦，但我们必须共同努力，才能重拾信心，最终在季后赛中取得成功。”斯波尔斯特拉说道。

詹姆斯终于再次踏上总决赛的舞台，他表示：“现在没有轻松的感觉，我们还有很多工作要做。今晚我们会回顾这一刻，明天会有一些时间回顾我们刚刚取得的成就。但我们很快就要为对阵独行侠的比赛做好准备。我们不会把这场胜利视为理所当然，也不会把东部冠军视为理所当然。”

拥有三巨头的热火在季后赛前三轮打出12胜3负的成绩，每一轮都是4比1击败对手，连过76人、凯尔特人和公牛三大关。詹姆斯这时候距离证明他离开克利夫兰的争议性决定是正确的只差4场胜利。“我理解离开克利夫兰后，人们的强烈反对，但我也明白，我做了对自己、对家人以及对我作为一名职业运动员来说最好的选择。”詹姆斯补充道，“我很高兴。”

只是，詹姆斯没想到，他们在随后的总决赛被更为老辣的独行侠上了一课，他的生涯首冠依旧没有到来。

经典战役

死亡之瞳扭转命运轨迹

2012年6月8日

2011/2012赛季东部决赛　第六场

热火98比79凯尔特人

出场时间	命中数	出手数	命中率	三分命中数	三分出手数	三分命中率	罚球命中数	罚球出手数	罚球命中率
44：49	19	26	73.1%	2	4	50.0%	5	9	55.6%

前场篮板	后场篮板	总篮板	助攻	抢断	封盖	失误	犯规	得分	正负值
2	13	15	5	0	0	4	3	45	+22

波士顿北岸花园球馆，曾经多次埋葬詹姆斯冲击冠军的梦想，恰恰是为了摆脱这种命运，他才离开骑士，到了热火组建三巨头豪阵。詹姆斯在2011年已经报了一箭之仇，率领热火在东部半决赛4比1淘汰凯尔特人。但是在2012年，绿军又一次给詹姆斯制造巨大麻烦，将热火逼到了绝境。

热火内线支柱波什在东部半决赛第一场面对步行者的比赛遭遇腹部肌肉拉伤，为此一直休养到东部决赛第五场才复出。但波什久疏战阵，而且是提前复出，只替补打了14分钟，得到9分、7个篮板，热火90比94落败。

热火2比3落后凯尔特人，而第六场比赛要在绿军的主场北岸花园球馆作战。热火主帅斯波尔斯特拉仍然安排波什打替补，首发阵容是查尔默斯、韦德、詹姆斯、巴蒂尔和哈斯勒姆。

詹姆斯从第一节开始就火力全开。他的第一次进攻中距离跳投不中后，使用了各种方式得分，突破暴扣、中距离跳投、突破上篮打2+1、外线三分命中。詹姆斯第一节独取14分，帮助热火26比16单节领先10分。

詹姆斯在第二节延续了出色的手感，连续跳投得分。詹姆斯这一节得到16分。上半场他已经轰下30分，运动战14投12中，进攻效率超高。曾经让詹姆斯吃过苦头的皮尔斯和皮特鲁斯都防不住他。

在第三节比赛，詹姆斯面对皮特鲁斯的防守，一记干拔三分命中，将领先优势扩大到13分，迫使凯尔特人叫了暂停。暂停回来的时候，转播方给了詹姆斯一个特写镜头，他撑着膝盖抬起头，眼神坚定而凶狠，充满了一股杀气。这一幕就是詹姆斯经典的“死亡之瞳”，体现了他在绝境之下必胜的决心。

詹姆斯在第三节单节轰下11分，帮助热火以74比61领先13分进入末节。詹姆斯在末节再添4分，其他队友韦德、巴蒂尔、波什纷纷开火，热火守住了胜利果实。

“我希望现在你们别再谈论勒布朗了，别再说他打不了重要比赛了，”凯尔特人队主教练道格·里弗斯赛后对记者们说，“他今晚打得相当不错。现在，这些都该结束了。”很显然，詹姆斯这一场的表现彻底征服了里弗斯。詹姆斯从一开始就接管比赛，他全场打了45分钟，26投19中，三分球4中2，罚球9中5，得到45分、15个篮板和5次助攻。

詹姆斯不仅砍下高分，还抢到了全场最高的15个篮板。在波什刚复出，尚未恢复最佳状态的情况下，詹姆斯不得不挖掘了所有的潜能。热火这一战篮板44比34占优，詹姆斯无疑是头号功臣。

“他的表现非常出色，为热火奠定了基调。他投进了很多高难度的球，但我仍然认为我们对他的防守力度不够。”里弗斯继续称赞詹姆斯。

在热火赛季岌岌可危，球队最需要他的时候，詹姆斯挺身而出。当热火在第四节将领先优势扩大到25分了，他才有所放松，没有再砍分。他此战的得分定格在了45分。

“他今晚绝对无所畏惧，而且感染力十足，就像他过去48小时的表现一样。这不是世界末日，没人喜欢在临死前被人泼脏水。”热火主帅斯波尔斯特拉说道。

这个赛季，韦德选择了后退一步，成为热火的二当家，詹姆斯担当起了球队真正的领袖。这一战，詹姆斯将球队扛在了自己肩上。“他打得太棒了，他从比赛一开始就全神贯注，我从未见过他这样。”韦德称赞道。

韦德在这一战得到17分、8个篮板、4次助攻、3次抢断。“你想不停地给他传球，不停地给他传球，他今晚绝对无所畏惧，而且他的感染力很强。”韦德说道。

詹姆斯完胜了凯尔特人小前锋皮尔斯，后者18投4中，三分球6投0中，罚球2中1，只得到9分、5个篮板，正负值为-20。“从开场跳投开始，我就感觉自己很有侵略性，队友们也一直在努力帮助我，”詹姆斯说，“只要我在场上，我就想在攻防两端都做出贡献，帮助球队取胜。”詹姆斯第十次在季后赛砍下40+，也是他在热火第二次砍下季后赛40+，此前的东部半决赛第四场，詹姆斯得到40分。

这场比赛，对于热火而言就是生死战。詹姆斯无法承受打造三巨头阵容的情况下连续两个赛季冲冠失败的后果。27岁的詹姆斯处在运动员生涯的黄金年龄，他在这一战倾其所有，率领热火攻陷了北岸花园球馆。

“当你感觉自己付出的一切都会有所回报时，那种感觉很棒，但你永远不能放弃，永远不能放松警惕。”詹姆斯说。热火将大比分扳成了3比3，但詹姆斯对凯尔特人这个老对手从来不敢掉以轻心。

凯尔特人后卫隆多则表示：“他整晚都打得很舒服，我们没有到他的进攻区域去阻止。”在自己曾经的梦魇之地，詹姆斯带着一场关键胜利昂首离开。

热火挺过了第六场比赛，而抢七大战在热火主场进行。詹姆斯奋战了接近48分钟，直到还剩28.3秒，热火已经锁定胜利，才换下场休息。他得到31分、12个篮板、2次助攻、1次抢断、1个盖帽，帮助热火101比88击败凯尔特人，从而4比3淘汰对手，一举挺进了总决赛。这是詹姆斯第三次打进总决赛。

在通往总决赛的道路上，很显然东部决赛第六场是热火最关键的一场比赛。赛前外界对热火有一种悲观的论调，正如里弗斯所言，不少人对詹姆斯打硬仗的能力表示质疑。这是因为詹姆斯在2006/2007赛季总决赛和2010/2011赛季总决赛都表现欠佳。

这成了外界批评詹姆斯的重要依据。不过，2011/2012赛季的詹姆斯已经全面提升了自己的能力。通过跟随奥拉朱旺特训，詹姆斯的低位进攻技术有了长足的进步。詹姆斯的中投也有所提升。更关键的是，在确立自己是热火的真正核心之后，他更加敢于接管比赛，在比赛中更具侵略性。

这些都是热火主帅斯波尔斯特拉所希望看到的，也是韦德所希望看到的。为了夺得总冠军，必须有人做出牺牲，而韦德的牺牲，成就了詹姆斯更进一步，从常规赛MVP，变成总决赛MVP。

有些球星擅长在常规赛爆发，到了季后赛就状态下滑。詹姆斯在2006/2007赛季总决赛和2010/2011赛季总决赛表现不佳，让他承受了不小的非议。但詹姆斯在2011/2012赛季东部决赛，面对老对手凯尔特人，打出了巅峰之作。他在这轮系列赛场均得到33.6分、11个篮板、3.9次助攻、1.1次抢断、1.3个盖帽，投篮命中率52.7%。詹姆斯一举摘掉了不擅长打硬仗的帽子，迈进2011/2012赛季总决赛，他变得更加自信。

经典战役

英雄归来定乾坤

2012年6月20日

2011/2012赛季总决赛 第四场

热火104比98雷霆

出场时间	命中数	出手数	命中率	三分命中数	三分出手数	三分命中率	罚球命中数	罚球出手数	罚球命中率
44：21	10	20	50.0%	1	4	25.0%	5	8	62.5%

前场篮板	后场篮板	总篮板	助攻	抢断	封盖	失误	犯规	得分	正负值
3	6	9	12	2	0	3	2	26	+8

1969/1970赛季总决赛第七场，威利斯·里德拖着一条伤腿，打了止痛针复出，上演悲壮的“花园保卫战”，帮助尼克斯赢下抢七大战夺冠。这一幕“英雄归来”被后世无数人传颂。

保罗·皮尔斯在2007/2008赛季总决赛第一场，一度膝盖受伤离场，接受紧急治疗，随后回到球场连进三分，单节独取15分，帮助凯尔特人旗开得胜。绿军的铁血精神在皮尔斯身上传承和诠释。

2011/2012赛季总决赛第四场，詹姆斯也上演了“英雄归来”的一幕。

詹姆斯在东部决赛和绿军鏖战七场，场均出战45.9分钟，其中三场打满48分钟。总决赛与雷霆交手，前三场出场时间都超过40分钟。在詹姆斯神勇无敌的背后，他的身体拉响了警报。

年轻的雷霆天赋满满，初生牛犊不怕虎。总决赛第四场打响，杜兰特、威少、哈登纷纷开火。首节还剩21秒，雷霆33比16领先热火17分。这也是总决赛四场以来，热火落后雷霆最多的一次。慢热的热火为自己挖了一个大坑。

身为热火领袖的詹姆斯必须站出来。首节热火最后一攻，詹姆斯弧顶持球，助攻左侧底角的诺里斯·科尔投进大空位三分球。热火吹响了反攻号角。第二节开始，詹姆斯持球背打，吸引雷霆球员包夹，助攻诺里斯·科尔再次投进三分球。随后一个回合，詹姆斯持球单打，利用脚步突破塞弗洛沙挑篮得分。紧接着詹姆斯抢断哈登，长传韦德上篮得分，上演经典“詹韦连线”，打停了雷霆。

暂停回来，雷霆进攻未果。詹姆斯继续持球背打，吸引包夹后妙传詹姆斯·琼斯投进三分球。詹姆斯导演了热火13比0的攻击波，一下子将比分差距缩小到4分。

和一年前相比，詹姆斯低位进攻的威胁性大大提升。他接受“大梦”奥拉朱旺的低位进攻特训取得了极好的效果。雷霆用塞弗洛沙主防詹姆斯，但是他的身材相对瘦小，会被詹姆斯很轻松利用身体和脚步硬吃。

对于雷霆来说，这就像是两瓶毒药摆在面前，选择不包夹，那么詹姆斯可能硬吃塞弗洛沙，而选择包夹的话，詹姆斯会将球传给出现空位的投手。

上半场结束时，热火用詹姆斯持球背打策动进攻这一招蚕食了雷霆的领先优势，只落后雷霆3分。

一年前的詹姆斯因为背打巴里亚失败被全网嘲笑。仅仅过了一年，詹姆斯的背打成了热火的大杀招，在总决赛的舞台上屡试不爽。

下半场比赛，雷霆改变防守詹姆斯策略，不再进行包夹。但是詹姆斯错位背打威少，轻松转身打板得分，接着两次背打制造哈登犯规站上罚球线。雷霆无奈换了杜兰特来防守詹姆斯，但詹姆斯直接中投命中。面对进攻手段全面的詹姆斯，雷霆毫无办法。

在詹姆斯的带动下，热火领先4分进入末节，看起来胜利的天平偏向了热火。但此时，詹姆斯的体能已经严重消耗。雷霆在威少的率领下紧咬比分。这一战，威少如有神助，连他那整个职业生涯一直被诟病的“僵尸跳投”也神准无比。

这一战威少32投20中，罚球3中3，轰下43分，其中投进了10记中投。

这是威少生涯中投最准的一个夜晚，率领雷霆和热火撕咬到最后时刻。

末节还剩6分钟，詹姆斯持球面对杜兰特的防守，在体能透支的情况下持球杀向篮下，却出现滑倒丢球。詹姆斯的体能问题在这一刻爆发。雷霆后卫费舍尔发动快攻被韦德封盖。查尔默斯抢到篮板，直接长传还在前场的詹姆斯，让后者轻松上篮得分。

詹姆斯退防时走路已经一瘸一拐。坚韧的詹姆斯依然在下一回合成功干扰威少的中投，波什收下篮板。詹姆斯站在原地示意暂停，他再也支撑不住了。

要到暂停之后，詹姆斯直接坐在地板上，他的大腿抽筋了。朱旺·霍华德和热火队医一起将詹姆斯抬离球场治疗。这时候，美航球馆的球迷寂静一片，他们揪心不已。如果詹姆斯受伤严重，热火的冲冠梦想可能再次破灭。现场有的球迷用手捂着嘴巴，有的球迷双手抱头，眼中充满绝望。

替补席上，御用训练师曼西亚斯争分夺秒对詹姆斯的右大腿进行紧急治疗。詹姆斯疼得龇牙咧嘴，忍不住怒骂。热火陷入了最危险的时刻，球队关键时刻不能没有詹姆斯。

“感觉怎么样？我也说不清，你必须参加运动并抽筋才能理解这种感觉，”詹姆斯说，“这基本上就像你的身体突然断电，腿停止了运转，你真的无能为力。”

经过一番治疗，詹姆斯的情况有所好转。他走到场边的换人区，准备替换上场，表情严肃，眼神坚定。现场爆发了雷鸣般的欢呼声，向这位热火英雄致敬。

比赛时间还剩4分05秒，詹姆斯回到场上，这时候热火92比94落后2分。詹姆斯的回归对于热火将士而言犹如打了一针强心剂，他们备受鼓舞。

不过，詹姆斯仍然受到抽筋影响，跑动并不利落，他只能拼了。波什上篮得分，扳平比分。全场还剩2分50秒，詹姆斯在弧顶接球，果断出手三分命中。

热火再次反超比分，美航球馆一片沸腾。这一球太关键了，紧接着韦德抢断杜兰特快攻得分，热火掌握了主动权。比赛时间还剩55.5秒，詹姆斯再次支撑不住了，请求了暂停，在朱旺·霍华德的搀扶下走到替补席。剩余的时间，他只能在替补席为队友助威。所幸，热火将士守住了胜果，艰难拿下这一战。

詹姆斯全场出战44分钟，得到26分、9个篮板、12次助攻和2次抢断。这不是他总决赛数据最华丽的一战，却是最体现他坚韧品质的比赛之一。

显然，如果他能继续坚持，绝对不会走下球场。赛后，热火主帅斯波尔斯特拉大赞詹姆斯："那记三分球是意志和竞争力的体现。"雷霆主帅布鲁克斯形容那记三分是"令人惊叹"的投篮。

当事人当时内心是怎么想的呢？詹姆斯说："我就想挺身而出，完成那么一次进攻。我觉得自己可以投进那一球，帮助球队走出困境。"

那记三分命中改变了热火的命运，也改变了詹姆斯的命运，让他离第一个总冠军更近了。

经典战役

终极绝境！见证传奇逆转

2013年6月18日

2012/2013赛季总决赛　第六场

热火103比100马刺（加时）

出场时间	命中数	出手数	命中率	三分命中数	三分出手数	三分命中率	罚球命中数	罚球出手数	罚球命中率
49：46	11	26	42.3%	1	5	20.0%	9	12	75.0%

前场篮板	后场篮板	总篮板	助攻	抢断	封盖	失误	犯规	得分	正负值
4	6	10	11	3	1	6	3	32	-1

2013年6月20日

2012/2013赛季总决赛　第七场

热火95比88马刺

出场时间	命中数	出手数	命中率	三分命中数	三分出手数	三分命中率	罚球命中数	罚球出手数	罚球命中率
45：00	12	23	52.2%	5	10	50.0%	8	8	100.0%

前场篮板	后场篮板	总篮板	助攻	抢断	封盖	失误	犯规	得分	正负值
3	9	12	4	2	0	2	2	37	+8

生死关头，一道“惊雷”拯救了詹姆斯，拯救了热火。命运是如此奇妙，热火总裁帕特·莱利从凯尔特人挖来了“神射手”雷·阿伦，而恰恰是他在2012/2013赛季总决赛成为扭转命运的关键人物。如果没有雷·阿伦，詹姆斯生涯会少一个总冠军。而雷·阿伦也缔造了NBA总决赛历史上的一个经典时刻，他的传奇故事注定被后世广为传唱。

“作为对手，我曾见过他投进三分球后下蹲，伸出两根手指庆祝的傻样。现在他成了队友，这个动作就没那么傻了。那一球给了我们第二条命。”詹姆斯由衷感激雷·阿伦。

2013年6月18日，2012/2013赛季总决赛第六场，2比3落后的热火只许胜不许败。但是，韦德的膝盖顶不住了，他的一个膝盖患有关节炎，另一个膝盖遭遇了骨挫伤，这导致他状态不佳。韦德全场15投6中，只得到14分。波什在这一战的进攻端也表现一般，只得到10分。

主场作战的热火落后10分进入末节比赛。詹姆斯率领热火发动了凶猛反击，他不断冲击马刺内线，上篮得分、暴扣得分、站上罚球线得分。詹姆斯的发带在末节还剩9分多钟的时候被打掉了。他没有重新戴上发带，而不戴发带的詹姆斯看起来更加凶猛。“我不记得发带被打掉了。我只是专注于自己的职责，我只是想办法让球队追上比分。那会儿我才不会考虑发带呢。”詹姆斯说道。

热火在末节反超了马刺。全场比赛还剩2分钟，热火领先3分。但是，马刺队帕克连得5分，将比分改写成91比89。

詹姆斯持球进攻，面对帕克的防守，他没有选择中投，继续往篮下推进。老辣的马刺立刻对詹姆斯进行合围，帕克顶住詹姆斯，邓肯、丹尼·格林和莱昂纳德都围了上来。詹姆斯试图在篮下完成强攻，被眼疾手快的莱昂纳德掏了一把。詹姆斯掉球了，邓肯又将球拨了一下。帕克抢到球，立马发动快攻反击，并将球传给吉诺比利。雷·阿伦不得不对吉诺比利犯规。

吉诺比利站上罚球线两罚全中，马刺93比89领先4分。热火从后场发球，詹姆斯推进到前场，在莱昂纳德的贴身盯防下出手，这一球看起来更像是传球，没有碰到篮筐和篮板，被吉诺比利得到。雷·阿伦再次对吉诺比利犯规。比赛停下来的时候，詹姆斯向裁判抱怨，他出手的时候被犯规，但是裁判没有理会。

吉诺比利两罚一中，马刺领先5分。热火叫了他们在末节最后一个暂停，比赛时间只剩下28.2秒。在斯波尔斯特拉布置战术的时候，詹姆斯脸色凝重。这不到半分钟的时间里，他们如何逃出落后5分的绝境呢？

暂停回来，詹姆斯接球后果断出手三分球没有命中，迈克·米勒抢到进攻篮板，将球传给詹姆斯。这一次，詹姆斯投进了！现场的热火球迷一片欢呼，但热火仍然落后两分。

迈克·米勒对莱昂纳德犯规。莱昂纳德在重压下第一罚没有命中。迈阿密主场球迷疯狂鼓噪，继续给莱昂纳德施加压力。镜头给到马刺替补席，替补后卫麦迪将头低下，紧张到不敢看莱昂纳德罚球。莱昂纳德第二罚命中，马刺手握3分的领先优势。

热火后场发球，查尔默斯运球推进到前场，将球传给在左侧45度角的詹姆斯。詹姆斯此前就是在这个位置投进了一记三分球。这个区域是他最喜欢投射三分球的区域。但是这一次詹姆斯投丢了。

关键时刻，波什在禁区高高跃起，抢下了篮板。雷·阿伦在这时候展现了杀手的本能。他原本也在篮下，看到波什抢到篮板，立马朝三分线后退。波什将球传了过去，“君子雷”在这一刻化身“杀手雷”，他接球快速出手。马刺后卫帕克补防非常快，但雷·阿伦出手更快，他千锤百炼的接球出手三分绝技在这一刻发生了巨大作用。

哪怕雷·阿伦出手慢0.5秒的时间，他也可能被帕克干扰。球在空中划出美妙的弧线，落进了篮筐。热火惊险地将比分扳平，留给马刺5.2秒时间。

雷·阿伦激情大吼，宣泄着激动的情绪。热火挖来雷·阿伦，就是要他在关键时刻贡献力量的。这一球也堪称是雷·阿伦生涯最珍贵的一记三分球。

马刺没有暂停了，但波波维奇第一时间抗议雷·阿伦踩三分线了。电光火石之间，三位裁判也没看清楚雷·阿伦是否踩线，只能去看录像回放。马刺抓紧时间安排最后一攻。录像回放显示，雷·阿伦后退非常及时，一切恰到好处，在接球的一刹那，退到了三分线外，然后立马起跳出手三分命中。这就是伟大射手的天赋和本能！

帕克的随后一攻，抛投不进，双方进入了加时赛。加时赛中，马刺仍然有机会赢球，莱昂纳德连进两球，帕克造犯规，两罚一中，马刺100比97领先3分。不过，马刺在加时赛最后两分半钟没有再得分。热火队雷·阿伦、詹姆斯连进两球反超马刺。雷·阿伦还在最后时刻两罚全中锁定胜局。

“这记投篮我会铭记很久，我的职业生涯里命中过很多记关键投篮，但是这一记因为所处的情况，会排到最前的位置。球正好弹到我们的手里，我又恰好身处那个位置。打了这么多年，我知道有时候你需要一些运气。要想赢得总冠军，也需要一点运气。这个球是幸运之光眷顾了我们。”雷·阿伦说。

雷·阿伦还透露，他能投进这记石破天惊的三分球，源于平时的苦练。作为一位射手，他特意练过关键时刻的高难度三分出手。“你们爱信不信，这种球我经常练，我会在训练中模仿这种情境下的投篮。”雷·阿伦说。

赛后的新闻发布会，有记者提问詹姆斯，是否觉得热火赢下第六场特别走运。詹姆斯淡定地回应："运气当然是比赛的一部分，但归根结底，那一点运气也是我们拼出来的，让我们有机会在主场打第七场。"

詹姆斯在比赛中发带被打掉，然后带领热火完成逆转。他不戴发带打球在赛后引发了热议。当时效力凯尔特人的萨林杰在推特上调侃："马刺球迷现在有一种'勒布朗你快点把发带戴上吧'的念头。"

热火扳平了总比分，抢七大战在6月20日打响。这一战三巨头之一的波什手感冰凉，全场一分未得。所幸韦德的状态复苏，贡献了23分、10个篮板。

詹姆斯将球队扛在了自己肩上，他打出高效的进攻，23投12中，三分球10投5中，罚球8次全中，得到37分、12个篮板、4次助攻和2次抢断。

詹姆斯全场23次出手，其中20次在三秒区外，投进了9球，包括命中5记三分，4记中投。詹姆斯使用了十八般武艺进攻，没有一味地扎进内线强攻。"我告诉自己，一整年坚持做的事情不要放弃。不能放弃中投，不要强迫自己冲进禁区，如果有机会就往里面走，要是没机会就选择跳投。"詹姆斯说。

詹姆斯坦言，在抢七大战前，他看了此前的比赛录像，对自己的总决赛之旅进行了梳理，最终在抢七大战打得更加聪明。

全场比赛还剩27秒，詹姆斯用一记中投帮助热火92比88领先4分，让热火赢面大增。随后他又抢断吉诺比利，被邓肯犯规之后，他两罚全中，为热火基本锁定胜局。

詹姆斯在热火第二次捧起了总冠军奖杯。詹姆斯并不完美，但是他总是不懈努力，哪怕只剩一丝机会也不放弃，这才有了他绝境逢生，成就完美荣耀。

CHAMPIONS

第三章 力挽狂澜

9 皇帝回家

2013/2014赛季总决赛落幕之后，篮球世界的目光不仅聚焦在圣安东尼奥的阿拉莫河畔，也同样关注着勒布朗·詹姆斯的未来动向。

2010年夏天，詹姆斯与热火签下了一份为期6年的合同，其中包含他可以在2013/2014赛季结束后选择跳出合同的条款。总决赛结束后，外界普遍预测詹姆斯将选择跳出合同，试水自由球员市场。事实也的确如外界所预期：詹姆斯于当地时间2014年6月23日，即结束度假返家的次日，便通知球队他将选择跳出合同，进入自由市场。值得注意的是，詹姆斯的决定比截止日期提前了一周，此举在当时被视为对热火、联盟其他球队以及同样面临跳出合同抉择的队友韦德与波什的尊重。

6月25日，三巨头在迈阿密Soho House餐厅的私人包间里进行了一次长时间的午餐会晤。三人均表达了共同规划未来的意愿，并愿意协作设计薪资框架以实现目标。尽管韦德和波什离开时尚未知晓詹姆斯的具体计划，但三巨头在2014年夏天解体，当时仍被视为小概率事件。尤其是当波什在社交媒体晒出环球旅行照片后，越来越多人认为当年的自由市场或许不会掀起太大波澜。

然而，这仅仅是暴风雨前的宁静。詹姆斯及其顾问团队深知，他们必须采取与2010年截然不同的策略。是的，当年在“决定”宣布后，骑士球迷的失望与被拒球队的愤怒仍历历在目。因此这一次，詹姆斯团队决定以更低调的方式度过2014年夏天。

时间来到7月1日午夜，2014年NBA自由市场正式开启。零点刚过，里奇·保罗的电话便响个不停。联盟全部30支球队都向詹姆斯表达了兴趣——这听起来或许有些荒诞，因为部分球队根本无法腾出签下詹姆斯所需的薪金空间，但总经理们仍选择尝试接触。

里奇·保罗对这种大场面早已习以为常。在过去十天里，他与詹姆斯进行了多次深入沟通。那个夏天，詹姆斯团队的核心成员包括里奇·保罗、马弗里克·卡特、兰迪·米姆斯和亚当·孟德尔松。里奇·保罗无须赘述；卡特负责詹姆斯的场外投资；米姆斯常年跟随詹姆斯左右；这三人构成了团队的核心。孟德尔松的角色则相对特殊，自2011年起，他便担任詹姆斯的媒体策略顾问。除了詹姆斯，大名鼎鼎的施瓦辛格也是他的客户。詹姆斯选择与他合作，很大程度上源于2010年“决定”引发的负面舆论风暴。最终，2014年夏天，詹姆斯团队选择以亲笔信形式宣布去向，正是与公关团队达成共识的结果。

截至7月1日下午2点，里奇·保罗已礼貌性地回绝了24支球队，短信内容简洁明了：“谢谢，但詹姆斯不感兴趣。”剩余的六支球队——独行侠、湖人、太阳、公牛、骑士和热火，则进入了下一阶段。里奇·保罗向球队提供了日程安排：自7月3日起，这些球队的代表将前往克利夫兰与詹姆斯团队会面。

此时，詹姆斯本人已飞往加勒比海度假，刻意避开了会面现场。这与2010年高调会面六支球队的“决定”盛况形成鲜明对比。本次克利夫兰的会面在Klutch Sports办公室秘密进行，媒体几乎无从知晓。

启程加勒比海前，詹姆斯与团队约定，本次会面以“保密”为首要原则。各队代表于7月3日起陆续抵达，包括时任湖人总经理米奇·库普切克、太阳队前老板罗伯特·萨沃尔、公牛老板之子迈克尔·莱因斯多夫等。所有人都精心准备了陈述内容，涵盖球队阵容、未来发展方向等。有趣的是，里奇·保罗及其团队成员全程面无表情地聆听，让有意詹姆斯的球队难以揣测其真实想法。

会面过程中传达的唯一有效信息，或许是里奇·保罗向各队明确提出的两条硬性标准：第一，詹姆斯不会像四年前那样接受降薪，他必须得到顶薪合同；第二，球队在未来建设阵容时，不得吝于缴纳奢侈税。

在为热火效力的四年间，球队有三年缴纳了奢侈税。然而，2013/2014赛季热火的种种操作，似乎流露出缩减开支的意图。老板米基·阿里森历来对奢侈税政策持反对态度，换言之，他不愿为球队补强而无限度增加奢侈税支出。

反观骑士，虽为小市场球队，但奢侈税支出对老板丹·吉尔伯特而言从不是障碍。在詹姆斯效力骑士的七年里，球队累计缴纳了4300万美元奢侈税。以现今标准看，这笔金额或许不算惊人，但在2010年以前，4300万美元绝非小数目。

表面看来骑士似乎占据有利位置，但代表骑士前来会面的大卫·格里芬，却并不认为球队有十足把握迎回詹姆斯。一方面，骑士彼时尚未腾出顶薪空间（尽管这并非难事）；更让格里芬心中无底的是，他不清楚詹姆斯与老板吉尔伯特的关系是否真能得到修复。毕竟在2010年夏天，两人的矛盾已闹得沸沸扬扬。虽然里奇・保罗与骑士队保持着联系，吉尔伯特甚至曾到访保罗家中，但许多事情仍扑朔迷离。詹姆斯一方同样存在类似的顾虑。

转机出现在双方会面后。里奇・保罗致电骑士小老板内特・福布斯，希望其安排一次吉尔伯特与詹姆斯的直接会面。7月6日，吉尔伯特登上私人飞机，从底特律飞往迈阿密。媒体嗅觉灵敏，吉尔伯特起飞后不久，其行踪便被曝光。为降低热度并遵守保密原则，吉尔伯特在社交媒体谎称自己尚在自家后院，并指示飞行员改降另一机场。

落地后，吉尔伯特前往里奇・保罗安排的公寓，与詹姆斯进行了会面。没有眼泪，也没有道歉，只有必要的对话。双方谈及2010年的互相伤害，吉尔伯特以“五年美好时光，一个糟糕夜晚”概括过往，并展望未来，承诺围绕詹姆斯打造阵容。最终，两人握手言和。吉尔伯特感觉良好，但双方并未触及最核心的问题。

随着时间的推移，里奇・保罗开始通知其他球队，热火与骑士已成为詹姆斯的最终候选。热火方面并未坐以待毙，他们签下了约什・麦克罗伯茨和丹尼・格兰杰，并在此前交易得到了詹姆斯颇为看好的新科NCAA四强赛MOP（最杰出球员奖）沙巴兹・内皮尔。7月9日，热火与詹姆斯团队在拉斯维加斯（而非克利夫兰）进行了会面。不同之处在于，詹姆斯出席了会谈。

帕特・莱利带着自信而来，期望在拉斯维加斯就敲定签约。然而，詹姆斯和里奇・保罗未向他透露任何信息，这令“神算子”感到不安。据消息人士透露，会谈期间酒店套房内甚至播放着世界杯比赛，莱利认为自己和热火队未受到应有的尊重。

詹姆斯对此却持不同看法，他认为自己给予了莱利最大的尊重——毕竟在此之前，他未曾与任何球队管理层直接面谈，他给了莱利做终极陈述的机会。问题在于，无论莱利如何雄辩，热火的现实困境难以改变：作为一支连续四年闯入总决赛的球队，其未来前景已显黯淡。莱利自信球队能克服困难，但自20世纪60年代以来，尚无球队能连续五年打入总决赛，这是热火必须直面的现实。

几乎与此同时，骑士与篮网、凯尔特人达成一笔三方交易。此举意义重大：骑士成功腾出了签下詹姆斯所需的顶薪空间。渐渐地，詹姆斯心中也有了答案。在与团队的沟通中，他愈发感到在热火的几年里，自己更像一枚棋子；若回归克利夫兰，他则有机会真正成为历史的创造者。当然，这伴随着巨大的未知与挑战。

实际上，在过去的十几个月里，詹姆斯一直在关注骑士。尽管与凯里·欧文并无深厚私交，但他相信自己能与这位天才后卫搭档。从阵容角度看，骑士唯一欠缺的是一位强力内线。他心中的三个候选人是拉马库斯·阿尔德里奇、卡梅隆·安东尼和凯文·乐福。就交易可行性而言，乐福是骑士最可能争取的目标——骑士管理层与森林狼管理层早有沟通，加之当年骑士在乐透抽签中运气十足，安德鲁·维金斯、贾巴里·帕克、乔尔·恩比德等新星的参选，也让2014年被普遍视为选秀大年。

7月10日，詹姆斯再次召集团队在酒店开会。其实，在前一天与热火会面后，他内心已做出决定，但仍希望睡醒后再做最终确认。这次会议持续了约45分钟，詹姆斯宣布了最终决定——他将与克利夫兰骑士签约。

会议结束后，孟德尔松邀请《体育画报》撰稿人李·詹金斯来到詹姆斯房间。詹金斯对詹姆斯进行了简短采访，随后以第一人称撰文，宣布詹姆斯重返克利夫兰的决定。

7月11日中午，这篇文章正式发布：

“在俄亥俄东北部，没有什么是上天馈赠的。若想有所收获，全靠自己耕耘。”

“我准备好接受这个挑战！我要回家了。”

10 绝地七武士

一面十层楼高的巨幅海报，再次高悬于速贷球馆对面的建筑之上——那里正是休伦街与安大略街交汇而成的Y字形路口。

四年前，当克利夫兰的宠儿通过电视直播选择离开，不远处燃起焚烧球衣的烈焰时，它曾被撤下。但随着勒布朗·詹姆斯于2014年夏天离开热火重返骑士，相似的巨幅海报再度高悬。你看不到他的面容，只见23号背影和标志性的抛撒镁粉动作。十层楼高的横幅已然足够恢宏，但依旧无法全面诉说詹姆斯之于这座城市的意义。

新款骑士23号球衣短时间内被一扫而空，此前几年有些滞销的季票也在短时间内售罄。这座城市有关篮球的激情，在2014年夏天被重新点燃。接下来，这座城市只有一个期待——早日捧起NBA总冠军奖杯。

然而，故事的开局总不是那么顺利。

2014年夏天，骑士的变化非常大。早在詹姆斯决心回归之前，他们已经敲定了新的主教练人选，曾经带领俄罗斯男篮拿到奥运会铜牌的大卫·布拉特将在新赛季执掌教鞭。除了詹姆斯之外，凯文·乐福也在那一年加盟骑士，他们两人与欧文组成了骑士三巨头。与上个赛季相比，骑士的阵容可以用“面目全非”来形容。因此，磨合期成了这支球队所需要经历的第一个阵痛。

新赛季的揭幕战，速贷中心球馆座无虚席，见证着詹姆斯时隔四年之后的回归。结果，骑士在主场不敌尼克斯，没能让克利夫兰的球迷们满意而归。随后一段时间，骑士的状态也一直都在经历起伏。截至1月13日与太阳的比赛，骑士队的战绩只有19胜20负，胜率不到50%。

骑士开局糟糕的原因有很多，比如，詹姆斯的身体状态并不算好。从2010/2011赛季起，詹姆斯每一年都打到最后时刻，而且还在2012年出战了伦敦奥运会。到2014年的冬天，他的身体疲劳程度已经快到极限，于是出现了一定的伤病隐忧。再比如，骑士虽然组成了三巨头，但替补阵容的实力的确有限。大卫·格里芬曾经在接受采访时自责地说："球队缺少板凳深度，这是我的问题。"很多比赛骑士的第一阵容能够占据优势，但是随着比赛进入衔接段，骑士就会陷入被动。

当然，最关键的还是詹姆斯与欧文之间的化学反应，两人始终没有真正形成共鸣。二人的比赛方式有很多相似的地方，加上此前几年骑士队整体又养成了一些不好的习惯。于是，"1+1＞2"的情况没有出现，甚至有些比赛还呈现出了"1+1＜2"的尴尬情况。

詹姆斯在接受采访的时候直言不讳："过去几年，这支球队养成了太多的坏习惯。如果坚持那种比赛风格，要花很多时间和精力才能把潜力挖出来。"

"什么东西看到成品时，我们都会享受，"詹姆斯说，"对我来说，这就好比从零开始组建一辆车，这个我之前做过。我也讨厌这个过程，这会让我神经紧张。我把车送回去重新喷漆，喷了100次，结果拿回来的还不是成品。一旦全部完成，我会非常兴奋，这就是磨合的过程。"

为了尽可能缩短磨合的时间，骑士管理层必须有所行动。于是，他们在2015年年初与尼克斯进行了一笔交易，送走了"刺头"韦特斯、阿莱克斯·科克、路易斯·阿蒙德森，以及一个2019年的二轮选秀权，得到了J.R.史密斯和香珀特，以及来自雷霆的一个有条件保护的未来首轮签。不久之后，格里芬又以两个未来首轮选秀权为代价，从掘金换得中锋莫兹戈夫。

送走了韦斯特，换回J.R.史密斯，这笔交易在当时不被任何人看好。但后来的事实证明，大卫·格里芬的这一系列操作，不仅仅在2014/2015赛季成就了骑士的逆袭，更为骑士未来的夺冠埋下了伏笔。在尼克斯，J.R.史密斯多少有些心灰意冷。但在詹姆斯身边，他的价值与作用被无限放大。与此同时，香珀特的加盟，让骑士的侧翼防守有了巨大的提升。而莫兹戈夫所带来的，则是篮板与护框层面的进步。

2015年1月15日，骑士客场对阵湖人。尽管此时“23对决24”已经不再像当年那般针锋相对。可当二人碰面，话题性依旧引人关注。在那个夜晚，詹姆斯砍下36分，带领骑士在客场赢球，终结了此前的连败。

当时，那场胜利并没有得到足够多的关注，可如果我们把视线拉长，到赛季结束那一刻你会发现那是一场分水岭般的较量。从那场比赛开始，骑士真正迈入了正轨，他们以一波34胜9负的战绩结束了2014/2015赛季常规赛的征程。

交易固然很重要，但更重要的是大卫·布拉特在执教层面上的让步与改变。他给了詹姆斯更大的自主权，欧文也调整了自己的打法，不再像赛季初期那样随性。数据统计显示，与湖人交锋之前，詹姆斯的回合占有率只有30.4%。与湖人交锋之后，这一数据提升来到了32.9%。当詹姆斯在场，骑士每百回合可以净胜对手15分以上。

当然，詹姆斯回合占有率提升并不意味着欧文、乐福没有自己的空间。特别是欧文，随着赛季深入，他越来越适应在詹姆斯身边打球。从欧文的技术特点上来看，他与詹姆斯非常互补。作为进攻第一发起人，有时候他反倒是会被对方的协防所迷惑。但是作为弱侧发起者，欧文出色的终结能力则可以得到更大程度上的展示。1月底面对开拓者，欧文曾经单场砍下55分。3月中旬交锋马刺，欧文再度交出单场57分的答卷，打破了由詹姆斯创造的骑士队史单场得分纪录。赛后，詹姆斯笑着说道：“属于我的队史纪录很多，我不在乎借出去一个。”

最终，骑士以东部第二的身份结束常规赛的征程，那年的东部第一是由布登霍尔泽率领的平民版老鹰。因此在季后赛开始之前，更多人相信骑士能够脱颖而出，回到总决赛舞台上。可是，季后赛刚开始之后不久，骑士便收获了一则噩耗。

在首轮与凯尔特人的交锋中，凯文·乐福在一次和奥利尼克的卡位中受伤，提前结束了2014/2015赛季的征程。慢镜头显示，这本是一次可以避免的伤病，但奥利尼克的动作多少有些越界。这个赛季绝大多数时间里，乐福

的发挥并不算出色。不过，随着季后赛开打，乐福刚刚把自己的状态调整过来，可惜只能以如此无奈的方式结束赛季的征程。

少了乐福，骑士在和公牛的交锋中并不被看好。系列赛首战，骑士就在主场输球。第三战，他们又被德里克·罗斯在最后时刻绝杀。第四战，这是决定骑士赛季命运的一场比赛。如果他们带着1比3的落后回到克利夫兰，以当时公牛的阵容深度与整体士气，恐怕很难完成大逆转。这场较量，双方都把防守强度提升到了极致，两队整体命中率都不到40%。公牛凭借着第三节的完美攻势，在联合中心占据了主动，看起来即将拿到赛点。

生死关头，熟悉的故事桥段再度上演。就像2006/2007赛季东部决赛面对活塞时候一样，又是詹姆斯接管了比赛。虽然他没有上演连拿25分带领球队取胜的剧情，但在最关键时刻，他包揽了骑士的最后6分，包括最后1.5秒，在吉米·巴特勒头上命中的那记绝杀。

多年之后，布兰登·海伍德在一档节目中还原了詹姆斯的致命一击。“在比赛的最后一刻，詹姆斯拿起了战术板，他画了一个战术，他说‘我将会这样做，我会从这里走，然后到底角，把球给我，我会投进它’。”海伍德回忆道，“他非常有信心，他总是对最后一投充满信心。”

后面的比赛，詹姆斯没有再给公牛任何机会。天王山之战，他砍下38分、12个篮板外加6次助攻。“我在乎的并不是38分，而是本场比赛我没有失误。”詹姆斯在赛后说道。第六战再度前往芝加哥，骑士只让对手得到73分，顺利晋级东部决赛。

东部决赛和老鹰的较量，詹姆斯用实际行动诠释了为何季后赛被称之为巨星的舞台。尽管老鹰在常规赛赢下了60场胜利，他们的团队篮球看起来无往不利。但在詹姆斯这种级别的超级明星面前，所谓的团队篮球最终变成了一盘散沙。布登霍尔泽的球队完全无法阻止詹姆斯，他只好安排队员们进行夹击。这正是詹姆斯最习惯的比赛模式，“皇家礼炮团”只是小试牛刀，就以4比0的总比分横扫对手，时隔8年之后，骑士重返总决赛的舞台。

骑士总决赛的对手是勇士，勇士从西部脱颖而出。当时勇士的崛起，库里的上位在NBA还属于新鲜概念。因此在总决赛之前，更多人看好相对传统的骑士能够夺冠。系列赛开始阶段的走势，也的确符合这样的预期。但是，尽管骑士在前三战领先，可欧文的伤退赛季报销，为后面的故事埋下了伏笔。当第四战被逼到悬崖边上的勇士变阵，骑士已经拿不出太多应对之策。只有詹姆斯单枪匹马一次次义无反顾地冲锋陷阵，以及剩下几位角色球员的死战不退。绝地七武士的故事足够热血，但热血背后尽是遗憾与悲壮。

系列赛第六战，詹姆斯在主场目睹着勇士登顶。在最终的总决赛MVP投票中，他作为输球的一方，得到了11张选票中的4张。除了场均35.8分、13.3个篮板、8.8次助攻的数据之外，詹姆斯 “无论谁倒下，我依旧坚强”的战斗精神更是令无数人为之感动。

总决赛结束之后，詹姆斯平静地离开球馆。2014/2015赛季的结束，并非终曲的休止符，而是命运齿轮咬合前刺耳的摩擦声。此刻所有未竟的誓言，都将在四百天后化作焚毁奥克兰苍穹的烈火。

11 冠军终归克城

2014/2015赛季总决赛的硝烟散尽，勇士在客场享受着他们的狂欢时刻。勒布朗·詹姆斯独自坐在更衣柜前，像一尊沉默的雕像，久久不愿起身。纵然他倾其所有，用天神下凡般的表现征服了世界，但“败者”的标签，依然灼烧着这位重返故土的王者之心。

“有时我会想，是压根没进季后赛更痛，还是进了总决赛却输掉了呢？”他低语着，答案在空气中飘散。然而，克利夫兰没有时间沉湎。勇士王朝如日中天，马刺、雷霆虎视眈眈，东部暗流涌动。更令管理层大卫·格里芬彻夜难眠的，是悬而未决的续约风暴——詹姆斯、乐福、香珀特、J.R.史密斯、德拉维多瓦、特里斯坦·汤普森都有离队的可能。从过去一个赛季的经历来看，这些球员之于球队都有着不可替代的意义。

休赛期开始前，大卫·格里芬和老板吉尔伯特有过一次会面。老板大方地表示，休赛期预算很充足，让大卫·格里芬放手操作。这是2014年骑士在招募詹姆斯时候，老板给出的承诺：他们会给詹姆斯顶薪，也会在未来几年不吝啬于奢侈税的支出。

于是，詹姆斯完成了续约，香珀特、J.R.史密斯、德拉维多瓦也都以不同的价码留下，大卫·格里芬还搞定了理查德·杰弗森、小莫。乐福的续约废了一点点周折，因为他在2014/2015赛季与布拉特之间的合作并不愉快，而且2015年夏天，包括湖人在内的多支球队向乐福抛出橄榄枝。最终，乐福还是和骑士续签了一份5年的合同。据悉，在与骑士续约之前，乐福特意来到洛杉矶，和詹姆斯进行了一番会面。这次在比弗利山庄的会谈，不仅仅加深了两人之间的友谊，同样也让乐福对于留在骑士有了更多的期待。

最后一位完成续约的核心球员是特里斯坦·汤普森，他在2015年10月22日与骑士正式敲定了一份为期5年，总价值高达8200万美元的合同。早在2014/2015赛季开始之前，大卫·格里芬就曾经和TT（特里斯坦·汤普森的昵称）的经纪团队进行沟通，起初骑士的报价是3年5000万美元。TT与詹姆斯同处一个经纪公司，里奇·保罗果断拒绝了骑士的出价。2014/2015赛季，TT的数据虽然不算出色，但他在场上的作用非常显著，特别是在和勇士的交锋中。TT既是出色的掩护人，又能完成换防。更重要的一点是，他拥有联盟顶级的前场篮板能力，这是骑士在面对勇士时候的关键。

从2014年秋天到2015年秋天，骑士管理层和TT的经纪团队之间进行了多轮谈判。骑士队不断提升报价，一直都没有达到TT团队的预期。直到新赛季开始之前，大卫·格里芬给出那份5年8200万的全额保障合同，这场闹剧才算真正终结。

那年夏天，骑士管理层合计给詹姆斯、乐福、TT和香珀特2亿9000万美元的保障合同，这还是建立在詹姆斯是1+1短约续签的基础上。而奢侈税层面，历史第二高的6000万美元的支出，彰显了骑士管理层和老板吉尔伯特的决心。

“我给了格里芬无限的预算，但他们还是在夏天花超了。”吉尔伯特在新赛季开始之前半开玩笑说道。换言之也就是，既然球队在2015年夏天有如此大的投入，新赛季老板希望能够看到不一样的结局——赢下总冠军。

新赛季开始之前，在夺冠赔率榜单上，骑士是最被看好赢下总冠军的球队。赛季开始之后，骑士也的确打出了比2014/2015赛季更出色的开局。只不过，他们的星光，或者说联盟所有球队的星光，都在2015年的冬天被勇士所盖过。新科冠军以24胜0负的战绩开局，NBA历史上从未有过常规赛统治力如此恐怖的球队。

这波开局24连胜就包括圣诞大战与骑士的交锋，这是总决赛之后双方的第一次碰面，乐福和欧文都已经复出，全队上下都把这场比赛看作是复仇的最佳机会。大卫·布拉特也是以季后赛的思维来思考这场特殊的常规赛，他缩短了球队的轮转，尽可能把更高大的阵容留在场上。勇士同样也减少了轮转人数，双方在甲骨文球馆展开了一场肉搏战。最终，勇士还是笑到了最后，他们以89比83击败了骑士。

纵观那段时间勇士的表现，圣诞大战已经是他们发挥相对糟糕的一场比赛，特别是进攻端。在此之前，勇士在主场已经连续47场比赛得分破百。不过，输球对于骑士来说总是很难接受的，特别是在时隔几个月之后再度输给总决赛中的对手。

圣诞大战之后，骑士背靠背迎战开拓者，他们在波特兰惨败对手。后续虽然骑士迎来了一波连胜，但队内的氛围却开始变得有些微妙，这份微妙来自布拉特与球员们之间的关系。

说起布拉特，其实从他加盟骑士那一刻起，多少就存在着一些争议。毕竟，骑士是先确定布拉特担任球队主帅，其后才搞定了詹姆斯的回归。从骑士角度出发，这并不难以理解，毕竟在那个时候，谁也没有把握搞定詹姆斯的签约。但是，对于詹姆斯团队来说，早早确定主教练，没有让詹姆斯参与意见，多少还是令他们有些意外，或者说有些失望。

因此在詹姆斯签约骑士完成之后，他并没有显示出对于和布拉特会面有多大兴趣。几周过去后，詹姆斯才在纽约拍摄电影的短暂休息期间，与新教练进行了一次面对面的交谈。虽然布拉特是美国人，但他常年在欧洲执教，并且在FIBA（国际篮球联合会）体系中成就斐然。治军严明、无上权威，这是布拉特的标签，也是骑士与他签约，希望他调教年轻人的原因。因此对于布拉特来说，执教詹姆斯也是一个突如其来的挑战。“大卫被聘请来执教的是一支发展中的球队和一群渴望取悦他的年轻球员，”一位球队消息人士说。“结果他执教了一支成型的球队，球员们期望大卫来取悦他们。”

早在2014/2015赛季骑士赢下首场比赛后，隐患就已埋下。赛后，球员们在更衣室等待布拉特，当他走出办公室时，大家一拥而上弄乱他的头发，大声欢呼，并赠送比赛用球。布拉特微笑着接受，但内心感到恼火。

“你们中并非所有人都很了解我，”布拉特告诉媒体，“我的职业生涯中大概已经赢了700多场比赛。”

这件小事，恰恰折射了将帅矛盾的核心：布拉特视自己为在欧洲赢得多次冠军、拥有奥运奖牌、执教20余年的功勋老帅；而骑士球员，尤其是老将们，则视他为菜鸟。

布拉特和他的球员们，特别是勒布朗·詹姆斯，都曾做出让步以应对这种认知鸿沟。这样的礼让本可能继续下去，因为詹姆斯做出了引人注目的努力，在公开场合支持布拉特。但布拉特与球员之间的裂痕早已无法修复，并且这种情况已持续多时。

布拉特与乐福存在矛盾，与欧文之间的关系也不算融洽。而那些加入骑士的老将，与布拉特之间同样没有真正形成化学反应。理查德·杰弗森就是其中之一，他很不理解为什么自己会在圣诞大战被DNP（Did Not Play，指球员不能上场比赛的情况）。随着时间的推移，队内将帅之间的矛盾，逐渐被公开化，甚至出现了运动员们频繁在训练中迟到的情况。

尽管骑士一直在赢球，赛季的前41场比赛他们就赢下了30场，胜率远超去年此时。但大卫·格里芬嗅到了异样——球员们并不将高胜率归功于教练。例如某场比赛，球队在比赛中调整策略并获胜，但赛后乐福接受采访时，却将调整归功于欧文而非布拉特。相反，当球队出现问题，布拉特更容易被质疑。虽然无人公开表态，但微妙的氛围已在更衣室蔓延。

外界并不能感知这一切，直到骑士和勇士的那场二番战。在那之前，骑士赢下了10场比赛之中的9场，比赛状态正佳。库里在接受采访时，略带挑衅意味地说：“不知道去年夺冠的香槟味道，如今是否还在骑士的更衣室里面。”就当所有人都认为，骑士会用自己的方式来回应库里时，他们却交出了一份惨淡的答卷。

与勇士的第二回合交锋，骑士自比赛第一分钟开始就被对手完全压制。最多的时候，勇士一度领先骑士超过40分。“今晚就是一个活生生的例子，我们距离真正的冠军水平还相差很远。”詹姆斯说道。

那场比赛之后，大卫·格里芬意识到了，自己必须干点什么。这个赛季老板完全放权给他，但格里芬意识到解雇布拉特这件事情，他需要与吉尔伯特进行商量。老板听闻格里芬的想法，也有些拿不定主意。毕竟，上个赛季

Cavaliers
23
SPALDING

骑士刚刚杀入总决赛，本赛季球队的战绩在东部也是一骑绝尘。

“我当时跟大卫说，‘我们现在是东部第一，然后我们要解雇教练，别人会觉得我们疯了’。但是，问题归根结底在于，现在的教练（布拉特）究竟能不能带领我们拿到冠军，我的潜意识告诉我似乎是不能。”吉尔伯特说道。

与老板达成一致后，大卫·格里芬开启了换帅的流程。首先，他确定泰伦·卢会成为大卫·布拉特的接替者。后来在一场背靠背比赛之后，他把全体球员召集在了一起。

当球员们被召集起来时，一些球员以为是有队友被交易了，消息人士说。有几位球员猜测他们将被告知乐福被交易了，但结果是布拉特被解雇了。

事实上，解雇布拉特并非因为詹姆斯、欧文、乐福或任何人说了什么。消息人士称，如果真由詹姆斯决定，布拉特可能一年前就被解雇了。“这应该是一个以结果为导向的职业，看看他（布拉特）取得的成绩，”一位接近布拉特的消息人士说，“这真是令人难以置信。”

解雇的时机令人惊讶，但对骑士队的更衣室来说，线索其实早已堆积如山。

宣布布拉特不再担任骑士主帅的同一时间，格里芬宣布泰伦·卢成为球队的代理主教练。这并不是一个令人意外的结果，这也是一个在骑士队内非常得人心的选择。

其实当年泰伦·卢担任布拉特的助教，多少就有些不太符合常理。泰伦·卢也参与了骑士主教练的竞聘，他是仅次于布拉特，管理层第二满意的教练员。按照常理来说，最终骑士选择布拉特，几乎不可能再和泰伦·卢签订助教合同，但这一切就这样发生了。不仅如此，泰伦·卢显然是一位比布拉特更擅长与詹姆斯、欧文等球星打交道的教练员。他曾经和詹姆斯同场竞技，甚至在一段时间内还被克利夫兰媒体称之为“骑士杀手”。

泰伦·卢上任之后，骑士的绝大多数比赛习惯都没有改变。唯一的变化在于，此前布拉特希望在赛前出场仪式的时候，球员们能够留在教练席听教练做最终的战术布置。而泰伦·卢则希望球员们听到现场喊他们名字的时候，直接冲进场地内。“这是教练的决定，我们得执行，就是这么简单。”詹姆斯说。

这个细节，体现了泰伦·卢的执教风格：相较于布拉特，他更希望球员在场上做自己，而非刻意执行指令。作为身经百战的老将，在任何教练手下打球对詹姆斯区别不大，但对欧文则完全不同。卢原本主管防守，升任主帅后开始将更多精力投入进攻端，尤其致力于释放欧文的潜力。

泰伦·卢给欧文的比赛定了新的基调：投篮第一、传球第二。这是欧文最习惯的节奏，他并非一个糟糕的组织者，但更擅长的显然是得分，他是天生的杀手。在泰伦·卢的鼓励之下，欧文更频繁地接管了球队的进攻，詹姆斯也选择让出了部分球权，让小兄弟能够找到属于自己的最佳状态。

到了2015/2016赛季后半段，欧文逐渐找回了自己受伤之前的状态。甚至，他在球场上的感觉更好了一些，与詹姆斯之间的化学反应也终于出现了“1+1＞2”的趋势。另一位巨头乐福的状态也在好转，这要归功于泰伦·卢在纽约特朗普大厦组织的一次会议，乐福对于自己在球队之中的定位有了更明确的认知。而理查德·杰弗森等老将，也一直都在试图让乐福与整个团队更亲密一些，在这些老兵们看来，兄弟情才是一支球队尝试赢下冠军的基础。

乐福是一位时尚达人，对于自己的穿着格外讲究。有一次骑士打完客场比赛回到克利夫兰，杰弗森在专机上翻看着时尚杂志。一位男模引起了他的注意，因为他的胡子与乐福有几分相似，所以杰弗森把这位男模称之为“小凯文”。飞机上，大家互相传阅这本杂志，机舱内满是欢声笑语。季后赛期间，骑士全队还组织了几次聚餐，杰弗森有时候会亲自开车接送乐福，这些小事让大家的关系更加紧密。对于乐福来说，或许他依旧对自己在场上的角色不那么满意。但私下里大家的关系日渐融洽，因此他越来越愿意为球队做出牺牲，更好地融入球队中。

季后赛前三轮，骑士没有经历波折。面对活塞，他们轻松晋级。再战老鹰，布登霍尔泽依旧还是那些把戏，被詹姆斯看得一清二楚。詹姆斯引领着升级版的“皇家礼炮团”，又是一个4比0将对手淘汰出局。东部决赛面对猛龙，前四场双方战成2比2。天王山之战，骑士仅用一节时间就打崩了对手。詹姆斯在赛后说：“我曾经遇到过真正的困难，但这次（对阵猛龙）显然达不到这个级别。第四战结束之后，我对一切都保持着冷静。”两天之后，骑士在客场大胜晋级。那个夜晚，詹姆斯和欧文都砍下了30分，乐福也有20分进账。

于是，骑士时隔一年之后重新回到了NBA总决赛舞台。这一次，对面站着的依旧是勇士。

与去年相比，这一次詹姆斯不再那么孤独，但勇士也是截然不同的另一支球队。在常规赛之中，他们豪取73胜9负，打破NBA历史纪录。季后赛虽然磕磕绊绊，而且经历了库里受伤这样的惊魂时刻，但勇士还是在1比3落后的情况下逆转击败雷霆，回到了总决赛的舞台上。总决赛前两场，勇士都没有给骑士太多机会。特别是第二战，他们以110比77击溃对手，自2014/2015赛季总决赛第四战以来已经连胜骑士七场。尽管骑士在第三战赢球，但勇士又在第四战还以颜色。库里的38分，帮助勇士取得3比1的领先，看起来总决赛已经失去了悬念。

在此之前，从没有哪支球队在总决赛中完成过1比3落后的翻盘。与此同时，乐福还遭遇了脑震荡的情况，泰伦·卢把杰弗森放在了先发阵容之中。

输掉第四战之后，詹姆斯很晚才回到家中，他的心情很郁闷。但是作为球队的领袖，他知道如果自己在这个时刻选择放弃，队友们自然也会失去斗志。于是，他打开了和队友们之间的群聊，用自己的方式鼓舞球队的斗志。

“反正我们要在第五战结束之后回来，为什么就不能是备战接下来的第六场呢？”詹姆斯在群聊中写道。

第二天，或者说仅仅几个小时之后，詹姆斯第一个来到训练场，他的态度与情绪，感染着其他骑士球员。大卫·格里芬也写了一封亲笔信，鼓舞着球队，希望大家能够战斗到底。

稍晚些时候，骑士队方面收到了一则好消息——“追梦”格林将会被禁赛一场。这源自总决赛第四战最后时刻的小插曲，詹姆斯与格林整场比赛都在缠斗之中。比赛快要结束的时候，格林与库里发起挡拆，他与詹姆斯再一次互相推搡，格林一把推开了詹姆斯，而詹姆斯则反推回去，格林就势倒下，试图制造詹姆斯的犯规。格林的这一行为彻底激怒了詹姆斯，他直接从前者的身上跨了过去。

双方对此表述不一：詹姆斯称只想尽快回防，跨过格林是最快路径；格

林及其队友则认为此举越界，是对格林的侮辱。格林的反应也极为直接——扬手击中了詹姆斯裆部。

联盟在赛后决定对格林进行处罚，补吹了一次一级恶意犯规。然而，“追梦”并不只是因为这一次恶犯而被禁赛。在此之前，他已经对亚当斯、比斯利有过恶意犯规动作，击打詹姆斯裆部是他在季后赛之中的第三次被吹恶意犯规，其恶意犯规积分来到4分，因此才被禁赛一场。

在系列赛的第五战的比赛之中，格林不能出现在球馆内，但联盟允许他在赛后来到场馆庆祝，前提是如果勇士拿下总冠军的话。勇士队方面自然对于联盟的追加吹罚格外不满，库里在第五战前的新闻发布会上说：“我们要为格林拿到总冠军！”

是的，库里依旧信心满满，整个湾区都已经准备好要在第五战结束之后开启庆祝模式。尽管此前四场比赛，格林在防守端的贡献无与伦比。当他作为主要盯防人，詹姆斯、欧文与乐福合计39投14中。

比赛开始之后，勇士气势如虹，似乎要在甲骨文球馆彻底将骑士吞噬。泰伦·卢没有什么变化的空间，他只做了一处调整——让詹姆斯更多地掌握球权。从高中时代开始，詹姆斯都不是一位得分优先的运动员，他更习惯于先带动队友，到比赛最后时刻再进行接管。可今时不同往日，此前四场比赛场均只有21次出手的詹姆斯，在第五战的上半场就出手了18球，砍下了25分。

不过，勇士毕竟是勇士，他们是一支在常规赛所向披靡的球队。即便缺少了格林，库里与汤普森的火力依旧摆在那里。尽管詹姆斯和欧文在上半场合计砍下了43分，两队依旧还处在均势中。下半场，场上的局势又出现了变化。在一次勇士的防守回合中，博格特也出现了受伤的情况，他不仅仅退出了关键的第五战，并且将缺席赛季余下的比赛。

没有格林，又没有博格特，勇士的内线陷入了真空。詹姆斯和欧文一次次突破完成得分，曾经的禁飞区如今似开阔的平原。最终，骑士在客场以15分的优势毁掉了勇士的冠军庆典。在那个夜晚，詹姆斯拿下41分，欧文亦有41分入账，二人成为NBA总决赛历史上第一对双双单场40+的组合。

目睹这一切，泰伦·卢想起了2011/2012赛季东部决赛第六场——同样是背靠悬崖之战，詹姆斯轰下45分。当时，卢还是里弗斯的助手，属于凯尔特人阵营。如今，他很庆幸无须再与詹姆斯为敌。此外，卢的脑海中还浮现出2010年的故事：当时凯尔特人做客湖人主场，时任绿军主帅让每位球员拿出100美元，藏在斯台普斯客队更衣室天花板内，以激励球队总决赛再会湖人。

“我们都互相看了看，在这个时候我们打得并不好，”加内特说，“球员之间都会互相说，‘记得那钱吗？我们需要回来。记住它。’你知道后来我们就进入了总决赛。当时我们到湖人球场更衣室的第一件事就是，‘钱，钱！’更衣室里的气氛太疯狂了。它一直在那里。同时我认为，那是我们将要胜利的一个信号，你有那样的感觉。”

于是在第五战结束之后，泰伦·卢也让球员、教练员、球队的工作人员拿出手中的现金，他把合计5300美元放入了一个信封，其后藏在了甲骨文球馆客队更衣室的天花板上。

“我们会回来的，我们还会在第七场带走总冠军奖杯。”泰伦·卢说。

第六战回到克利夫兰，骑士完全变了一副模样。格林结束禁赛，科尔直接五小先发，但泰伦·卢也找到了克制对手的办法。他选择放空哈里森·巴恩斯，这样一来便可以把中锋留在场上。此外，詹姆斯不停攻击库里。不论库里对位谁，进攻端都会去给詹姆斯做掩护，为詹姆斯制造单打对方核心的机会。第四节最后时刻，库里吃到了个人第六次犯规，他愤怒地将牙套扔出球场。在那之前，詹姆斯刚刚送给库里一个大帽，落地之后嘴中还念念有词。

在那个夜晚，库里的状态不错，砍下了30分。但詹姆斯又一次贡献41分，其中包括一段连得18分表演。詹姆斯兑现了自己的诺言，帮助球队扳平了系列赛总比分。在1比3陷入绝境的时候，他曾经告诉队友们，希望大家能跟上他的脚步。“我会带领大家前进，不论是输还是赢，我都能承受所有的质疑。”

原本勇士是士气占据绝对上风的一方，但在第六战结束之后，情况似乎开始发生着变化。骑士用他们凶狠的防守，肢解了勇士的进攻。勇士在常规赛岁月里那些华丽、优雅的片段，如今彻底不复存在。取而代之的，是骑士的铁血与渴望。

抢七大战，骑士回到了奥克兰。

放眼NBA历史，或许也很难找到太多比赛，能像2015/2016赛季总决赛抢七大战那样精彩与激烈。科尔再度变阵，他把埃泽利放进了先发，避免一上来就亮出五小杀招。骑士没有变化，还是血战到底。但是，这场比赛明显和此前几战不同，即便是身经百战的詹姆斯，依旧也会感到有那么些许的紧张。

或许，他在场上自己没有这种感觉，但失误次数其实能说明很多东西。好在骑士在内线的巨大优势，特别是对于篮筐冲击和篮板球方面。因此即便“追梦”格林在上半场作为X因素迎来大爆发，双方的分差其实一直都没有拉开。

这样的情况一直持续到了比赛的最后时刻，两队都进入了体能的枯竭期。一整个赛季漫长的鏖战，令所有人都已经精疲力竭。甚至，甲骨文球馆的球迷们，都已经无力再进行欢呼或者喊响防守的号角。双方你来我往，有两分多钟没有任何一方完成运动战得分，两边合计连续投丢了9球。

率先觅得机会的依旧是勇士，在欧文单打库里失手后，伊戈达拉抄球反击。他与库里之间进行了一次配合，其后库里精准找到了快下的伊戈达拉。

IGUODALA
9

这时，甲骨文中心的球迷们都站了起来，毕竟骑士后场只有J.R.史密斯一人在保护，整个球队看起来都有些步履蹒跚。

如果伊戈达拉可以完成这一次进攻，勇士不仅仅能够取得91比89的领先，更重要的是他们将占据势头上的主动。看起来，伊戈达拉已经无限接近完成这一次的得分。他已经听不到球馆内的喧嚣，只能听到一阵风声，余光里又闪出了一道黑影。

“詹姆斯完成了封盖，这是一记多么令人难以置信的盖帽！”ABC（美国广播公司）电视台的解说员迈克·布林的声音，随着这记封盖一起被载入了历史。

紧接着，欧文获得了直面库里的机会。这一次，他没有再让机会从自己的手边溜走。右侧45度角三分线外，他的撤步三分球，帮助骑士取得了领先。92比89，胜利就在眼前！

库里希望如法炮制，用他最招牌式的武器追平比分。勇士叫了一次成功的掩护，让乐福换到了库里面前。但是，这一次乐福没有被晃开重心，库里的三分球没能命中。

那一刻，全世界才真正意识到，奇迹或许就要诞生了。

甲骨文体育馆不再喧嚣，即便是当詹姆斯执行两次罚球的时候，这里的声浪也不再像比赛刚刚开始时候那样震耳欲聋。詹姆斯的第一罚没有中，给了勇士队最后一丝希望。但是，第二罚詹姆斯没有再给对手机会。93比89，这一刻胜负其实已经失去了悬念。

库里绝望的最后一投偏出篮筐。时间凝固，紧接着，詹姆斯张开双臂，与乐福紧紧相拥！骑士的将士们如潮水般涌向勇士的篮下，52年的漫长等待、城市挥之不去的魔咒、一路走来的质疑与绝境——伤病折磨、临阵换帅、1比3的万丈深渊，所有的一切，都在此刻化为震耳欲聋的咆哮，撕裂了奥克兰的夜空！

詹姆斯跪倒在地，泪流满面，那句响彻寰宇的呐喊终于得以兑现：

“Cleveland！This is for you！”

12 悲壮的巅峰

2015/2016赛季总决赛抢七大战终场哨响，勒布朗·詹姆斯跪地长泣。那个为家乡夺回的冠军奖杯，将他推至荣耀巅峰。俯瞰联盟，一个更宏大的梦想在他胸中炽烈燃烧——在骑士建立属于自己也属于这座城市的不朽王朝，完成迈阿密时期功败垂成的三连冠伟业。

然而，詹姆斯的王朝蓝图尚未铺展，2016年盛夏的一声惊雷已然炸响。凯文·杜兰特，这位联盟顶尖得分手，做出了震撼篮球世界的决定：离开俄克拉荷马雷霆，投身刚刚在总决赛遭骑士惊天逆转的金州勇士。一支本就创下73胜历史纪录的超级球队，陡然增添了终极武器，瞬间拥有了令全联盟窒息的统治力。

历史的齿轮在2016/2017赛季总决赛轰然转动。骑士与勇士连续第三年狭路相逢，但胜负的天平早已倾斜。杜兰特的无解单打与勇士行云流水的团队风格完美融合，构筑成一道詹姆斯倾其所有也无法撼动的叹息之壁。勇士以摧枯拉朽之势，仅让骑士在系列赛中夺下一胜，最终以16胜1负的季后赛战绩登顶。当金色彩带在甲骨文球馆纷扬落下，勇士实现了甜蜜复仇，杜兰特也如愿捧起生涯首个总冠军与总决赛MVP奖杯。

詹姆斯凝视着对手庆祝的狂潮，三连冠的宏图在杜兰特决绝西行的那一刻已然蒙上深重的阴影。更沉重的打击紧随其后：2017年夏天，凯里·欧文突然提出交易申请，这令骑士措手不及。颇具讽刺意味的是，就在总决赛结束之后，詹姆斯和欧文还曾约定“我们会回来的”。仅仅几周，誓言便化作泡影。

最终，新任总经理科比·奥尔特曼无奈送走了欧文。骑士虽从小托马斯的交易中得到了克劳德、日日奇和一个2018年的首轮签，但所有人都明白，这些筹码远不足以填补欧文离去留下的巨大空洞。

转眼间，2017/2018赛季揭幕。揭幕战击败凯尔特人的骑士，并未能平息外界的疑虑。随着赛季深入，越来越多声音认为，绿军才是更有机会在2017/2018赛季从东部突围的球队。尽管海沃德因伤赛季报销，但欧文、霍福德领衔，塔图姆、杰伦·布朗、莫里斯、罗齐尔等悍将在侧，绿军阵容依旧竞争力十足。连斯蒂芬·库里都公开看好他们取代骑士，成为东部新王。

“我听说，波士顿六月份的气候很不错。”库里在勇士与绿军交手后说道。

彼时，库里的预言并非空穴来风。绿军在开局不利后强势反弹，连胜不止，俨然一副东部新王的姿态。反观骑士，则深陷泥潭：小托马斯因伤高挂免战牌，罗斯在赛季中期一度“失踪”，被寄予厚望的“詹韦连线”早已不复当年之勇。尽管詹姆斯扛起更多球权，屡屡在第四节力挽狂澜，但这支骑士，确实不像一支真正的冠军竞争者。

交易截止日临近，骑士内部氛围微妙，管理层深知必须求变。于是，奥尔特曼导演了一场近30年来罕见的阵容大换血，一夜之间送走六位球员：

与湖人交易：送出小托马斯、钱宁·弗莱以及2018年受保护首轮签，换回乔丹·克拉克森和小拉里·南斯，为后场注入活力与运动能力；

与爵士、国王达成三方交易：送出德里克·罗斯、克劳德和香珀特，得到乔治·希尔与罗德尼·胡德，补强控卫并提升外线火力；

与热火交易：将韦德送回迈阿密，换取一个受保护次轮签，助其落叶归根。

如此大规模的赛季中期换血，在NBA历史上实属罕见。一支刚经历大换血的球队想要冲击总决赛吗？当时几乎无人看好骑士。巧合的是，交易截止日后的首战，骑士的对手正是凯尔特人。这场比赛的意义远超普通对决——绿军特意将保罗·皮尔斯的球衣退役仪式安排在了赛后。

面对缺兵少将的骑士，绿军上下志在必得。然而，如同过往无数次上演的剧本，詹姆斯又一次统治了北岸花园球馆。这是一场宣言式的胜利，詹姆斯更是亲手粉碎了老冤家皮尔斯的完美庆典之夜。尽管詹姆斯此役得分不

RVING
11

多，但骑士仅用三节便让胜负悬念消失。皮尔斯瘫坐场边，就像是目睹了一场属于自己的“葬礼”。

常规赛落幕，骑士以50胜32负位列东部第四，季后赛首轮对阵步行者。纵使骑士常规赛表现起伏，但拥有詹姆斯的球队仍被看好能够轻松过关。未曾想，奥拉迪波领军的步行者爆发出惊人战斗力，将骑士拖入苦战。

首战骑士主场沦陷，对于习惯性慢热的骑士而言，尚可接受。但当步行者赢下第三战，并在第四战始终紧咬比分时，担忧开始蔓延。生死关头，詹姆斯与科沃尔在第四战末节接管比赛，顽强扳平总比分。天王山之战，詹姆斯再度挺身而出，用一记绝杀三分扼杀了对手提前拿到赛点的希望。第六战步行者主场扳回一城，但抢七大战的舞台，注定只属于詹姆斯一人。

45分、8个篮板、7次助攻！一场不朽的个人表演，正式拉开了詹姆斯2017/2018赛季传奇季后赛的序幕。

艰难淘汰步行者后，骑士迎来老对手多伦多猛龙。此前几年，猛龙始终被詹姆斯所在的球队压制，德罗赞与洛瑞也因此被称之为“垃圾兄弟”。2018年是二人搭档的最后一年，当时也被看作他们最有机会击败詹姆斯的一年。结果，这一年的猛龙输得更干脆，也输得心服口服。

系列赛结束，德罗赞对记者坦言：“这三年，对我们来说太艰难了。如果猛龙队中有勒布朗·詹姆斯，我相信赢球的会是我们。”

最令德罗赞崩溃的，莫过于第三战最后时刻——詹姆斯闲庭信步般杀入猛龙腹地，用一记高难度抛投完成绝杀。多年后，德罗赞回忆此球仍心有余悸：“当詹姆斯投中那一球时，我就知道我在多伦多的日子结束了。”

詹姆斯看似游刃有余，骑士也以4比0横扫晋级。但这轮系列赛的含金量远超想象：猛龙当赛季豪取59胜23负，常规赛曾34分狂胜骑士；德罗赞和洛瑞渴望在季后赛正名；而骑士首轮鏖战7场，13天内高强度作战。詹姆斯身边帮手有限，赛后甚至需要输液恢复。然而，正是在这种极致的消耗下，詹姆斯依旧带领球队完成了对东部第一的横扫。

“你可能正在见证一位将青史留名的伟大球员，他对任何人来说都是对位噩梦，”时任猛龙主帅凯西感叹，“我们在迈克尔·乔丹身上见过这种统治力，在科比·布莱恩特身上也见过……但不知为何，我们每年都倒霉要和他对阵。”

接下来，轮到布拉德·史蒂文斯体会凯西的无奈。与猛龙相比，凯尔特人阵容深度更佳。尽管海沃德和欧文伤缺影响了球队上限，但塔图姆、杰伦·布朗、斯马特、莫里斯、霍福德组成的核心，已经连续淘汰雄鹿和76人。绿军最大的优势在于锋线深度，莫里斯、塔图姆、布朗和斯马特可以轮番消耗詹姆斯，维持防守强度。

系列赛伊始，绿军势头强劲。然而，随着战局深入，故事走向令人始料未及。尽管凯尔特人一度取得2比0领先，而且在队史辉煌长卷中，他们从未在这样的优势下被翻盘。但2017/2018赛季，他们遇上了个人能力臻于化境的勒布朗·詹姆斯。

这份“极致”体现在摧枯拉朽的得分能力上，体现在无孔不入的比赛影响力上，更体现在对一轮系列赛全局的绝对掌控力上。

0比2落后，骑士已退至悬崖边缘。詹姆斯却并未慌乱，他洞悉年轻的绿军主客场表现差异巨大。回到克利夫兰，他首先从防守端奠定基调，压制对手气势，两战均让绿军首节得分不足20分，骑士从开局领先直至终场。

2比2战平，天王山之战至关重要。此役詹姆斯高效攻下26分，但并未如前两场般在攻防两端倾其所有。一方面，回到主场的绿军气势如虹；另一方面，詹姆斯深谙漫长系列赛的节奏之道——既然对手此役状态巅峰，不如蓄力以待第六战。

养精蓄锐的詹姆斯回到主场，没给凯尔特人任何机会。第六战末节，绿军看似触到希望之光，实则远隔重山。詹姆斯在凯尔特人不同防守者的头顶，轮番命中关键三分。濒临绝境，他再次轰下46分，生生将系列赛拖入抢七大战。

回到北岸花园球馆，抢七大战彻底成为詹姆斯的舞台。凯尔特人长时间占据领先，施加着巨大压力。但詹姆斯如外界所期待，又一次完全掌控了比赛。他将球权紧握手中，一个回合一个回合地与对手绞杀。最终，在这场87比79的防守肉搏战中，他砍下35分，并摘下15个篮板，送出9次助攻。即便在抢七最后时刻，他仍能“背着”莫里斯强硬打进2+1！

SPALDING
23
CAVS

狮王的怒吼，再次让喧嚣的北岸花园球馆陷入死寂。

赛后发布会，史蒂文斯看着詹姆斯的技术统计，无奈苦笑："我觉得这是一场无与伦比的防守大战，结果詹姆斯在这样一场比赛里砍下35分、15个篮板、9次助攻……"他摇着头，"太扯了！这简直太扯了！"

颁发东部冠军奖杯时，詹姆斯已累到无法站立。那一刻，世人才恍然他并非超人，只是以凡人之躯淬炼出了钢铁般的灵魂。时至今日，2017/2018赛季东部决赛仍被视为詹姆斯职业生涯最难以置信的系列赛之一。不仅因其逆天的数据，更在于他对这七场鏖战的绝对掌控——何时发力，何时调整，如何精准分配能量以最大化影响力。一项团队运动，竟被詹姆斯演绎成个人英雄主义的孤胆传奇，如此统治力，堪称前无古人，后亦难有来者。尽管最终骑士不敌勇士，但詹姆斯能带领这样一支动荡之师连续第八年杀入总决赛，本身已是震撼世界的壮举。

或许，勒布朗·詹姆斯的职业生涯注定无法拥有如迈克尔·乔丹那般完美无瑕的履历——两个无可争议的三连冠王朝，将胜利的荣光均匀铺满整个巅峰岁月。命运的齿轮在2016年盛夏杜兰特西行之时便已悄然转向，王朝的宏图尚未展开便已蒙上深重的阴影。欧文的骤然离去，更让克利夫兰的冠军骨架于巅峰之后瞬间分崩离析。

然而，正是这看似断裂的轨迹，铸就了2018年那前无古人、后亦难有来者的孤胆传奇。当阵容动荡、伤病缠身、质疑四起，当所有人认定骑士的东部霸权行将落幕，詹姆斯以血肉之躯，扛起整支球队乃至一座城市的重量，踏上了荆棘遍布的征途。他不再是坐拥三巨头的联盟至尊，而是化身为一柄孤悬于绝壁之上的利刃，以超越极限的个人英雄主义，书写了"一人对抗世界"的史诗篇章。

金州彩带纷扬落下，勇士众将庆祝着属于他们的又一个冠军。而与此同时，属于勒布朗·詹姆斯的孤胆史诗，也在此刻轰然定格，化作篮球史上最悲壮也最辉煌的注脚。

经典战役

英雄盖世 大战千军万马

2015年6月10日

2014/2015赛季总决赛 第三场

骑士96比91勇士

出场时间	命中数	出手数	命中率	三分命中数	三分出手数	三分命中率	罚球命中数	罚球出手数	罚球命中率
46：00	14	34	41.2%	2	6	33.3%	10	12	83.3%

前场篮板	后场篮板	总篮板	助攻	抢断	封盖	失误	犯规	得分	正负值
1	11	12	8	4	2	4	1	40	+7

彼时无声处埋下的种子，终在惊雷中破土成林。

如今回望过去，2014/2015赛季总决赛似乎就诉说着这样的故事。那一年，骑士与勇士第一次在总决赛碰面，为后面的骑勇时代拉开了序幕。彼时恐怕谁也想不到，这两支球队竟然会在未来四年连续相逢，合著了一卷又一卷惊鸿之作。

在骑勇大战绝大多数的比赛里，詹姆斯一己之力对抗勇士千军万马似乎都是故事的主旋律。而2014/2015赛季那轮六场大战，更是把这一剧情演绎到了极致。

那年季后赛开始不久，凯文·乐福便因伤赛季报销。总决赛第一战，欧文在最后时刻因伤离场，缺席了剩余所有场次。即便是在这样的情况下，骑士依旧顽强地在总决赛第二战取胜。那个夜晚，詹姆斯贡献了39分。比赛最后时刻，当终场哨响起他狠狠拍着篮球，宣泄着自己的不服。而后，总决赛第三战回到克利夫兰，篮球世界又一次见证了属于詹姆斯的金蛇独舞。

这已经不是克利夫兰第一次迎来NBA总决赛，但在2007年他们未尝胜绩。尽管骑士赢下了系列赛的第二战，由于欧文和乐福的伤病，他们依旧不被看好。詹姆斯在赛前表示，自己并不关注舆论的走向，他和队友们都对取胜有着足够多的动力。而对于詹姆斯来说，他内心当中还有一重特殊动力。“我现在不想讲出来，希望在我们赢下总冠军的时候，我可以公开这个秘密。”

无论究竟是什么特殊动力在推动着詹姆斯，或者就是简单的一种心理暗示，至少从比赛中来看，他的确是斗志满满。越是不被看好，越是伤病不断，越能激发他的斗志。第三战开始后，骑士的第一攻便是交到詹姆斯手中，他背身转面框，走左手从容突破了巴恩斯，为骑士拿到第一次得分。回到头来在防守端，詹姆斯找准时机放掉自己的对位人，协防到篮下干扰了勇士的进攻，造成对手的失误，为这场比赛奠定了基调！

尽管彼时詹姆斯身边已经失去了欧文和乐福，只有莫兹戈夫、香珀特、德拉维多瓦和特里斯坦·汤普森，但他依旧有自己的破局之法。勇士在常规赛赢下67场胜利，华丽的进攻是他们身上最显著的标签。既然如此，骑士就从限制勇士的进攻入手。而限制勇士的进攻，最关键的核心就是控制比赛的节奏，这正是詹姆斯最擅长的。

系列赛第一战，双方48分钟只打了87.7个回合。第二战骑士赢球，48分钟回合数来到93.2个。第三战，双方的节奏再度变慢，48分钟回合数只有91.9个。而在常规赛之中，勇士的每48分钟回合数在100个以上。骑士降低比赛节奏的方式也很简单，一方面自然是詹姆斯对于大局的掌控，另一方面便是疯狂的拼抢前场篮板。于是在第三战的整个上半场，勇士都陷入到了他们最别扭的节奏中，合计只有37分入账。

当勇士在慢节奏的比赛中陷入挣扎，詹姆斯则如鱼得水了起来。如此一场老派、慢节奏、充满对抗的绞杀，正是詹姆斯所期待的。他一个人掌控着一切，回合占有率突破40%水平。1993年公牛和太阳的总决赛，迈克尔·乔丹38.9%的回合占有率已经令不少人瞠目结舌。22年之后，詹姆斯在总决赛之中的表现更极致，总决赛第三战这一数据接近45%。或许，命中率不够高会成为外界认为的槽点。但在这种类型的比赛之中，命中率恐怕是最不重要的数据。

因为当比赛真正来到关键时刻，詹姆斯总能想办法帮助骑士延续优势。更何况，那个夜晚蝙蝠侠的身边还站着罗宾。欧文和乐福只能因伤缺阵，德

拉维多瓦抓住了机会。整场比赛，他都像幽灵一样与库里亦步亦趋。除了在防守端给对方核心压力，德拉维多瓦在进攻端同样也有建树。

比赛第四节，当勇士重新找到进攻手感，他们逐渐开始缩小分差。最多的时候，骑士一度领先到20分。但在第四节还剩下2分45秒时，当库里接格林传球命中三分，双方的分差被缩小到只有1分。喧嚣了一整场的速贷中心渐渐安静了下来，球迷们的内心也有所不安。骑士从优势走向被动，这正是需要英雄的时刻。

德拉维多瓦站了出来，他在外线与詹姆斯发起挡拆。库里不希望换防回到詹姆斯身边，于是选择挤掩护追防。这位澳洲后卫的体能在那一刻其实也已经到了极限，但他还是用尽最后一点力气，在胳膊完全被库里拉住的情况之下强行出手。篮球打板入筐，并且造成了库里的犯规，用2+1的方式帮助骑士止血。

防守回合，依旧是德拉维多瓦建功。科尔叫出了一个双掩护的战术，德拉维多瓦判断到了勇士的战术意图，挤过掩护保持在库里身前，不惜放掉当时投篮能力相对一般的格林，后者强杀内线无功而返。虽然勇士拿到了二次

进攻的机会，但这一次詹姆斯又出现在了库里身前。“走投无路”的库里只得选择背传队友，勇士在关键时刻出现失误。

那几个回合，骑士的策略很明确。谁对位库里，谁就上提给詹姆斯打挡拆，制造错位面对库里的机会。这一策略在2015/2016赛季总决赛中发挥了关键的作用，其实在2014/2015赛季总决赛里面已经成了骑士的杀招。比赛进入到最后两分钟，詹姆斯和德拉维多瓦如法炮制，库里迅速回位不给换防，伊戈达拉的防守衔接就慢了分毫，詹姆斯抓住机会在三分线外拔中三分球。

87比80！速贷中心重新喧嚣了起来！

其后，尽管库里还有神奇的三分球入账，但德拉维多瓦和詹姆斯联手拿下的那6分，无疑为比赛奠定了基调。赛后，德拉维多瓦没有参加新闻发布会，他已经拼到脱水需要去医院打点滴，詹姆斯在接受采访时给了队友非常高的评价。

而谈及自己的表现，詹姆斯多少显得云淡风轻。“我只是倾其所有，助球队取胜，”他说，“总决赛舞台，本就该在所不惜。这完全是截然不同的挑战。”

当我们翻开数据单，上面赫然罗列着40分、12个篮板、8次助攻的数据表现。如果说把系列赛前三战都算上，骑士合计拿下291分，其中竟然有200

分与詹姆斯有关。虽说从小到大，詹姆斯早已经习惯了以一己之力对抗千军万马，但2014/2015赛季总决赛依旧是截然不同的故事。即便是放眼NBA历史，恐怕都很难寻觅相似的孤胆英雄剧情。

若干年之后，当詹姆斯再提起2014/2015赛季总决赛的经历，豪情万丈的言语背后，尽是遗憾。在赢下第三战之后，勇士连赢三场，拿到了最终的总冠军。勇士连胜的秘诀在于，他们撤下中锋博格特，用伊戈达拉主打五小阵容。但是，骑士方面并没有办法进行匹配，毕竟他们板凳席上能够给予球队帮助的球员实在有限。相较于勇士的阵容，骑士的绝地七武士能够啃下系列赛的第二战与第三战，已经是堪称奇迹。若不是詹姆斯如超人般的发挥，一切自然都无从谈起。

也正是这轮系列赛，给詹姆斯和骑士注入了无限的信心，为一年之后的故事埋下了伏笔。在詹姆斯的身上，一切皆有可能。

经典战役

Cleveland! This is for you!

2016年6月19日

2015/2016 赛季总决赛　第七场

骑士 93 比 89 勇士

出场时间	命中数	出手数	命中率	三分命中数	三分出手数	三分命中率	罚球命中数	罚球出手数	罚球命中率
46：49	9	24	37.5%	1	5	20.0%	8	10	80.0%

前场篮板	后场篮板	总篮板	助攻	抢断	封盖	失误	犯规	得分	正负值
1	10	11	11	2	3	5	1	27	+4

当计时器无情地嘀嗒，世界屏息；当汗珠沉重地砸在球场，每一滴都仿佛在灼烧着命运；当观众席上千万道目光凝滞如冰——这便是NBA抢七大战的终极炼狱。

在这里，所有华丽的数据都如纸片一样被撕碎，天赋的光芒亦被碾入尘埃。这狭窄战场之上，唯剩赤裸裸的灵魂在搏杀：绝望与希望，怯懦与无畏，崩裂与坚持，在每一寸木地板上激烈撞击。

2016年，NBA总决赛舞台上爆发了第19次，也是迄今为止最激动人心的抢七大战。勇士与骑士在甲骨文球馆相逢，用48分钟的时间，定义了这个时代伟大的标准。

系列赛前六场，双方战成3比3平。系列赛的过程，并不像比分体现的那样胶着。勇士在前四场比赛之中取得了3比1的领先，但骑士并没有放弃，在第五战、第六战连胜两场，把上赛季总冠军拖入了抢七决战。

2016年6月19日，甲骨文球馆座无虚席。那个夜晚，总决赛抢七大战的全美平均收视人数突破3000万。全世界范围内，更是有数以亿计的球迷通过各种方式观看了这场抢七大战。

经过系列赛第六战之后，科尔决定在抢七大战再度变阵。他放弃了直接用五小阵容和骑士决一死战的想法，在博格特因伤赛季报销的情况之下，把埃泽利放进了先发。但是，这样的变阵并没有带来特别好的效果。在总决赛抢七大战这样级别的舞台上，埃泽利显得还是有些稚嫩。

尽管勇士从比赛一开始，就展现了自己在三分线外不错的手感。但骑士完全统治了比赛的内线，特别是在篮板方面。他们的命中率并不高，但是抢出了更多进攻机会，第一节结束还领先勇士1分。可是，第二节比赛格局发生了变化。“追梦”格林异军突起，这令骑士感到意外，格林在这一节投中了4记三分球，单节砍下15分，帮助勇士带着7分优势回到更衣室。

詹姆斯在上半场的状态确实不算好，但他还是砍下了全队最高的12分。回到更衣室之后，詹姆斯有些闷闷不乐。在第二节后半段的一次暂停过程中，他与泰伦·卢之间发生了一些不愉快。与其说是不愉快，更多是詹姆斯内心的不解。

“勒布朗，你的肢体语言怎么回事？你的肢体语言糟透了。”卢回忆当时詹姆斯的表情似乎在说，“开什么玩笑，你还想要我做什么？”卢回应道：“你得去防德雷蒙德（格林）。你得投那些空位球。别再失误了！调整好你的肢体语言，还要我告诉你别的吗？”

在泰伦·卢看来，虽然詹姆斯已经做得很好了，他在得分和助攻两项数据上领跑全队。但他们的对手，毕竟是一支常规赛73胜，且坐镇主场迎接抢七大战的勇士。格林用一连串的三分球重创了他们，更衣室里的每个人都意识到，如果勇士队在下半场打出一波高潮，胜利就可能遥不可及。

回到更衣室内，泰伦·卢批评着所有人，但他把那个夜晚最尖锐的批评留给了詹姆斯。“勒布朗，你得打得更好！如果我们想赢，你必须打得更好！”

詹姆斯一头雾水，他的保镖在一旁也惊呆了。这位从热火时期就为詹姆斯工作的彪形大汉，从没有见过谁这样对詹姆斯说话。詹姆斯找到达蒙·琼斯，那一年他在骑士阵中担任特别助理。詹姆斯很不解的与自己曾经的队友沟通，但是没有得到自己想得到的答案。他又转头去找到另一位琼斯，可詹姆斯·琼斯的话也没有让詹姆斯开心起来。“哥们，泰伦·卢胡说八道了吗？”詹姆斯·琼斯的反问把詹姆斯钉在了原地，“你知道他想要什么答案。”

詹姆斯不再寻找共识，他选择摔门而出，并且留下了一句“去你们的！”很显然，泰伦·卢所做的一切的都是为了激发出更好的詹姆斯，显然他达到了自己的目的。

第三节，勇士一度领先到8分，甲骨文中心已经做好庆祝冠军的准备。詹姆斯没有让势头继续留在勇士那边，他比上半场更专注，同时也更有侵略性。詹姆斯没有继续出现失误，在防守端也开始给对方施加足够多的压力。欧文开启了得分模式，J.R.史密斯也在这个夜晚展现出了自己大心脏的一面。分差逐渐缩小，双方也进入了最终的决战时刻。

系列赛的前六战，双方各有大胜对手的比赛。但在抢七鏖战中，没有哪一方真正拉开比分。到第四节中段，双方的系列赛总比分一度打成699比699，接下来是漫长的得分荒。82场常规赛，三轮季后赛，再加上六场总决赛，骑士和勇士的球员们都已经筋疲力尽。库里无法命中三分球，格林也没有了上半场的神奇，巴恩斯还是打铁不断。骑士方面的情况也好不到哪里去，欧文、乐福、JR都出现了投篮不中的情况。就连詹姆斯，似乎也已经快要接近体能的极限。

在双方合计连续投丢9球之后，勇士率先觅得了机会。欧文单打库里不中，伊戈达拉抄球反击，他与库里之间形成配合，伊戈达拉直奔骑士篮下而去。甲骨文球馆的球迷们都已经站了起来，他们迫不及待想要看到勇士队打破僵局。所有人都明白，在这个时刻的得分对于总决赛格局意味着什么。

伊戈达拉面前只有J.R.史密斯，他做了一个拉杆，篮筐已经近在咫尺。可就当伊戈达拉准备完成上篮动作的时候，他先是听到了一阵风声，然后余光扫见一道黑影。再紧接着，便是甲骨文球馆全场球迷们的叹息。

多年之后，当詹姆斯再度回忆起这次封盖，他的内心依旧无法真正平静下来。“我当时就在他们（勇士）板凳席旁边的角落里，”詹姆斯说，“我心里想，我必须拼命回防。伊戈达拉会冲刺，斯蒂芬也会冲刺，我们在人数上处

于劣势。”

“伊戈达拉有机会得分，我必须追上去！”

“我不知道我是如何冲到那个位置盖帽的，但我很庆幸，因为我做到了。”

1989年，迈克尔·乔丹面对骑士那次绝杀，后来被人们称之为“THE SHOT”。那是NBA历史上第一次季后赛舞台上“胜利或者回家”的绝杀球，骑士队因此被钉上了耻辱柱很长很长时间。27年之后，詹姆斯把相似的苦涩送给了勇士，“THE BLOCK”成为这次封盖的专属定义。

不过，骑士若想真正摆脱往昔的耻辱，还需要再有一次得分。泰伦·卢叫了暂停，他把目光投向欧文，整个下半场骑士手感最出色的球员。泰伦·卢画了一个“Horns战术”，JR把主防欧文的克莱带走，让欧文与库里一打一。右侧三分线外的45度，那正是欧文去年受伤的地方。

欧文接近三分线，库里后退防守。欧文左右运球试探，脚步先突左再转突右，这让习惯左运右投的库里略感惊讶。欧文在右侧突破后，反常地将球保持在右手而非换左手。这虽显别扭，却是他苦练的窍门，只为赢得关键的一两英尺（约30—60厘米）空间，这微小的空间已足够欧文在三分线外完成

标准的投篮动作。

92比89！甲骨文球馆沉默了，这时距离比赛结束还剩下53秒。尽管此前骑士已经连胜两场，本场比赛也曾经取得过领先。但直到这一刻，全世界似乎才真正预感到，骑士有机会掀翻强大的勇士，终结克利夫兰52年无冠的尴尬历史。

下一个回合，库里面对乐福的挡拆后换防。过去两个赛季都有些郁郁寡欢的乐福，在这一刻迎来了人生中最大的挑战。他并不以防守挡拆而见长，但在这个时候他必须挡下库里的得分。库里的第一波调动，没能晃开乐福的重心。随后，库里再度与格林进行配合，乐福欣然接受了挑战，跟到了12米之外，即三分线一步远的地方。他依旧死死盯着库里，没给全票MVP任何投篮空间。

甲骨文球馆的空气都有些凝固，但最后回荡在球馆内的却是又一声叹息。

詹姆斯抢下了篮板，他们很接近拿到冠军了。欧文快攻来到前场，险些出现失误。有些混乱的回合之后，欧文重新拿到球。勇士的防守其实已经有些慌乱，詹姆斯找准时机空切，欧文迅速把球给到了他手中。詹姆斯用尽了自己最后一丝力气，接球想要用一记暴扣终结悬念。那一刻，他跳得甚至比此前那次封盖还要高。格林也使出了全部力气，把詹姆斯掀翻在地，詹姆斯有些痛苦地捂着自己的右手腕，那是他曾经受过伤的部位。

虽然这次扣篮没能命中，但詹姆斯还是获得了两次罚球的机会。

第一罚，勇士主场的球迷们似乎看到了曙光。第二罚，詹姆斯让一切悬念终结。

当库里面对香珀特投出的那颗撤步三分球，在空中划出一道绝望的弧线，最终重重砸在篮筐侧沿弹飞时，勒布朗·詹姆斯紧绷了整整48分钟乃至整个系列赛、整个赛季，甚至整个回归克利夫兰征程的神经，终于彻底松弛下来。球的弹道清晰无误地宣告了结局，詹姆斯甚至放弃了争抢篮板，他只是站在原地，任由巨大的、难以置信的狂喜瞬间吞噬了他——结束了！漫长的等待，刻骨的质疑，1比3落后的绝境，52年的诅咒……一切，都结束了！

凯文·乐福，这位前一个回合被换下、背负着无数质疑却在几分钟前完成了职业生涯最重要防守之一的球星，第一个冲破替补席的束缚，像一颗炮弹般冲向詹姆斯。紧接着，是欧文，是JR，是特里斯坦·汤普森，是所有身着幸运黑金战袍的骑士将士。他们如同汹涌的潮水，瞬间将那个跪倒在地、双手掩面的男人淹没。甲骨文球馆震耳欲聋的喧嚣仿佛被按下了静音键，只剩下骑士队忘情的嘶吼、咆哮和滚烫的泪水在肆意流淌。欢笑与哭泣交织，释放与宣泄共存，这不再仅仅是夺冠的庆祝，而是一段沉重历史的彻底粉碎，是灵魂深处最强烈情感的喷薄而出。场边，见惯风云的ESPN首席记者多丽丝·伯克目睹此情此景，也不禁眼眶湿润，哽咽难言——这不仅是一场史诗级的逆转，更是一部由血泪、坚忍与救赎写就的传奇篇章。

在这片由汗水浸透、被信念点亮的木地板上，勒布朗·詹姆斯站起身来。他环顾四周，勇士球迷的失落、球馆穹顶的灯光、脚下这片曾带给他无数苦涩回忆的客场……所有景象都模糊了，只剩下内心深处那个燃烧了多年的承诺。他猛地挣脱拥抱，踉跄着向前冲了几步，胸膛剧烈起伏，积蓄已久的情感如同火山般喷发。他仰天长啸，用尽全身的力气，将积压了半个多世纪的克利夫兰期盼、将自己背负的千斤重担、将这一刻无与伦比的荣耀与解脱，化作一声响彻云霄、足以撕裂历史阴霾的呐喊：

“Cleveland! This is for you!”

这声怒吼，穿透了甲骨文球馆的穹顶，回荡在克利夫兰空旷了52年的冠军殿堂上空，成为这座城市体育史上最震撼、最深情、也最永恒的绝响。

经典战役

“灭霸詹”定义终极伟大

2018年5月28日

2017/2018赛季东部决赛　第七场

骑士87比79凯尔特人

出场时间	命中数	出手数	命中率	三分命中数	三分出手数	三分命中率	罚球命中数	罚球出手数	罚球命中率
48：00	12	24	50.0%	3	8	37.5%	8	11	72.7%

前场篮板	后场篮板	总篮板	助攻	抢断	封盖	失误	犯规	得分	正负值
0	15	15	9	0	2	8	4	35	+8

波士顿北岸花园球馆的穹顶下，近两万名球迷疯狂舞动，汇成一片沸腾而充满敌意的熔岩之海。空气浓稠如固体，每一次呼吸都带着灼烧感。

当勒布朗·詹姆斯的身影踏入这片承载着17面冠军旗的镶木地板球馆时，山崩海啸般的嘘声以超过100分贝的强度，如同实质的音波炮，狠狠撞击他的耳膜，冲击着他的神经。绿色激光束在穹顶切割，冰冷地扫过拉塞尔、伯德等绿军名宿的球衣号码，仿佛历史的亡魂正无声地为这座嗜血的角斗场加冕。季后赛十战全胜的主场，木质缝隙里浸透了对手的绝望——今夜，它是为吞噬骑士国王而生的绞肉机。

自2008年起，詹姆斯与凯尔特人之间便横亘着一条荆棘之路，浸染着失败的血泪与征服的火焰。他曾孤立无援地品尝过三巨头的滋味，也曾在北岸花园球馆的生死战中砍下45分、15个篮板。那著名的“死亡之瞳”下，是亲手撕裂绿军三巨头王朝的宣言，也是向这座球馆掷出的复仇檄文。

然而，波士顿如同不死的九头蛇，倒下的巨头躯干上，迅速生长出由史蒂文斯打造、以铁血防守和团队韧性为标志的新生代绿军。尽管欧文、海沃德因伤缺席季后赛，这支球队依旧杀入东部决赛，并在系列赛前六战中始终领先。他们渴望用一场胜利了结这段横跨十年的恩怨。

这一夜的北岸花园，弥漫的不仅是敌意，更是十年恩怨浓缩成的、近乎实质的压迫感——这是他与一座城市、一种传统、一个不死不休的篮球图腾之间的永恒角力。

跳球点燃了积压的炸药桶。杰森·塔图姆，20岁天才少年的瞳孔里燃烧着初生牛犊的野火，也映照着皮尔斯的影子。一记中投，空心入网。轰！看台跺脚的地震波让骑士替补席的椅子嗡嗡作响。艾尔·霍福德，这堵曾在亚特兰大、如今披上绿衫的移动城墙，再次将特里斯坦·汤普森死死堵在身后——一如他过去无数次在季后赛里阻挡詹姆斯的步伐。鬼魅般的特里·罗齐尔闪电切入、急停、跳投！

上半场，凯尔特人多数时间保持领先，但骑士并未掉队。詹姆斯依旧用最熟悉的方式掌控比赛。有球员如此评价詹姆斯在抢七大战的统治力："他会把比赛节奏牢牢把握在自己手中，让回合数变少，但在一场双方80比80的较量中，勒布朗依旧能砍下40分。"

然而，2017/2018赛季东部决赛的抢七大战，情况比以往更为极端。乐福因伤缺阵，替补贡献有限，先发角色球员也被波士顿的主场氛围所慑。一切重担尽数压向詹姆斯，他打满了全部48分钟，在球队得分荒时挺身而出，当对手有人爆发势头，他还需兼顾防守。第三节，罗齐尔试图挑战詹姆斯，"小皇帝"高高跃起在空中等候，一记大帽扼杀了绿军后卫点燃主场气氛的企图。

进入第四节，双方陷入绞杀。詹姆斯体能濒临极限，但他却必须坚持上场。"我被要求打满全场，所以我就是想办法坚持下去。"生死时刻，泰伦·卢甚至连续喊出两个暂停，只为给詹姆斯争取宝贵的"充电时间"。

抢七大战的最高潮，出现在第四节还剩6分41秒。双方在体能和精神上都已接近极限。越是这样，越能定义球星级别。凯尔特人沉寂许久，罗齐尔、杰伦·布朗、斯马特频频打铁，但塔图姆站了出来。这位几个月前才进入联盟的年轻锋线，三分线外接球后如利箭直刺篮下，面对补防的勒布朗·詹姆斯毫无惧色，腾空跃起完成一记石破天惊的隔人暴扣！扣篮瞬间球砸框的巨响未落，他已用胸膛撞向詹姆斯。紧接着，塔图姆又在右侧45度接球，晃出机会三分命中，花园球馆的顶棚几乎被他掀翻。

这场交锋的核心主题，被许多人诠释为东部是否已到改朝换代时。当塔图姆连取5分，当凯尔特人重夺优势，胜利天平似乎向年轻一代倾斜。难道詹姆斯对东部长达7年的统治，此刻终将落幕？而打破统治的，竟又是凯尔特人，宿命感拉满。

类似的故事，每天都在非洲大草原上演。雄狮总有老去之日，却从不会轻易将地盘拱手相让。越是如此，越能激发雄狮内心最深处的潜能，正如2017/2018赛季东部决赛抢七大战最后时刻的詹姆斯。

他先是利用挡拆调动霍福德，打乱绿军防线，最终由杰夫·格林命中三分夺回优势。其后如法炮制，他助攻TT完成扣篮。此后的每一回合，詹姆斯几乎都拖到24秒计时仅剩三四秒才出手：或挡拆调动霍福德考验其换防，或背身强攻塔图姆争取杀伤。回到防守端，骑士全队逢掩护即换，詹姆斯在底线伺机协防。

一次又一次，凯尔特人的进攻无功而返，时间流逝，他们愈发急躁。詹姆斯却稳坐钓鱼台，以自己的方式持续施压。塔图姆连得5分后，绿军竟被骑士反打一波15比2。抢七大战末节如此攻势，对凯尔特人无疑是致命的。

在这波高潮中，最令人难忘、真正升华了这场抢七大战的镜头，莫过于詹姆斯那次长途奔袭的2+1。马库斯·莫里斯，整轮系列赛都在与詹姆斯缠斗。那一刻，他仍未放弃防守。但詹姆斯如一辆重型坦克直杀绿军腹地，莫里斯双手按在詹姆斯肩上，却无济于事。2+1！那一刻，莫里斯不仅沦为背景板，更化作了超人身后的斗篷。

球进哨响的刹那，莫里斯如同被抽空灵魂。整个北岸花园球馆，那持续整晚，足以焚毁一切的绿色熔岩声浪，仿佛被一只无形而冰冷的大手瞬间扼住咽喉——陷入一片令人窒息的、绝对的死寂。唯有微微颤动的篮网，证明着刚才发生的一切并非幻觉。

詹姆斯从地板上猛然弹起，紧握双拳，仰天发出震彻球馆、宣泄一切的咆哮！这记背负着莫里斯体重、在双人绝命围剿下完成的逆天2+1，如同一柄烧红的利刃，不仅刺穿了记分牌，更彻底洞穿了凯尔特人钢铁般的意志和北岸花园不败的神话。当加罚稳稳命中，87比79的比分，如同刻在凯尔特人棺木上的最后铭文。这一刻，极致的个人英雄主义在北岸花园的地狱熔炉中，淬炼成了不朽的传奇。

多年后，霍福德回忆这场抢七大战，心中既有遗憾，亦饱含对詹姆斯的敬佩，或者说，是对詹姆斯极致个人能力的叹服。

“那是抢七大战，我们已经拼尽了全力。我的身体状况很好，而我因为这场比赛已经感觉非常累了。”霍福德说，“我看向对面，他坐在记分台上，很随意地靠在那里。他打满了比赛的每一分钟，而他看起来很平静，他看起来宠辱不惊。那让我感到心烦意乱，他的身体状态和体能水准，我认为那是人们没有意识到的东西，就是他的身体状态有多么出色。同时还有他进入的那个挡位，没有多少人能做到那一点。他成为历史最佳之一是有原因的。”

又一次征服波士顿花园球馆，又一次杀入总决赛。当时的习以为常，多年后才被惊觉是何等不可思议的成就。

死寂——这是北岸花园献给征服者最崇高也最不甘的礼赞。詹姆斯的咆哮撕裂了沉寂，也彻底斩断了缠绕十年的宿命荆棘。莫里斯颓然的身影，塔图姆眼中熄灭的野火，霍福德沉默的壁垒……都成了这场伟大征服的注脚。他打光最后一颗子弹，榨干最后一滴汗水，将个人英雄主义的孤勇推向极致。当年轻的狮群以为王座已然松动，年迈的雄狮用一次雷霆万钧的扑杀宣告：东部的王座，依旧滚烫，依旧只容得下一个名字——勒布朗·詹姆斯。波士顿的熔炉未能将他焚毁，反而铸就了又一座通向不朽的丰碑。

经典战役

孤胆英雄的极致表演

2018 年 6 月 1 日

2017/2018 赛季总决赛　第一场

骑士 114 比 124 勇士（加时）

出场时间	命中数	出手数	命中率	三分命中数	三分出手数	三分命中率	罚球命中数	罚球出手数	罚球命中率
47：32	19	32	59.4%	3	7	42.9%	10	11	90.9%

前场篮板	后场篮板	总篮板	助攻	抢断	封盖	失误	犯规	得分	正负值
4	4	8	8	1	1	5	2	51	-13

金色穹顶下的甲骨文球馆弥漫着山雨欲来的压迫感。

2017/2018年总决赛，当勒布朗·詹姆斯踏上这片见证过无数传奇的战场时，他即将迎来一场不对等的交锋。在詹姆斯身后，是一支星光略显暗淡的骑士，除了他之外只有乐福在季后赛征程中场均得分上双。而在他的对面，则矗立着或许是篮球历史上最强大的球队之一——库里、杜兰特、汤普森、格林构筑的四巨头，搭配伊戈达拉、利文斯顿等悍将。悬殊的对比近乎荒谬，但詹姆斯眼中只有沉静的火焰。

比赛开局，勇士的防守绞杀便如影随形。伊戈达拉的贴身缠绕、杜兰特的长臂干扰、格林的强硬对抗形成三重牢笼，更致命的是第二节格林在一次争抢中手指直插詹姆斯右眼，瞬间血红弥漫视野。“（眼睛）看起来并没有好转，”詹姆斯赛后坦言视线一度模糊，医生只能开些眼药水和抗生素，“不能像身体其他部位那样去做冰敷。”剧痛与视线模糊中，他反而进入一种超越感官的竞技状态——每个回合都完美阅读比赛，攻防一体。32投19中，三分7中3，罚球11中10，狂砍51分、

8个篮板、8次助攻，数据无法完全诠释这场演出的震撼。面对勇士历史级的无限换防体系，他篮下终结命中率71%，真实命中率高达69.2%，创总决赛历史级效率值。勇士尝试了所有策略：单防被生吞活剥，夹击则被他精准分球洞穿防线。当库里命中超远三分将比分迫近时，詹姆斯立刻以同样距离的三分球予以回应，转身对场边目瞪口呆的勇士替补库克投去一瞥，仿佛在说："我早就已经告诉过你。"

骑士的生死完全系于他一身。数据显示：当詹姆斯在场，骑士进攻效率百回合121.8分；当他下场休息，效率值骤降至百回合89.3分。这种极端依赖在总决赛舞台上被极致放大：他既要破解勇士的防守密码，又要以血肉之躯对抗杜兰特的死神镰刀，还要在队友进攻停滞时强行凿开缺口。第三节一次快攻中，他扛开杜兰特完成劈扣，落地时膝盖微颤却面无表情——那是意志力强行压制生理极限的写照。甲骨文球馆的声浪时起时伏，金色海洋中唯有那抹黑金色的身影如孤岛般屹立。每一次突破都像撞向防波堤的怒涛，每一次分球都如精密制导的导弹，汗水浸透的23号球衣在空调冷气中蒸腾出白雾。

终场前4.7秒，命运的天平终于向骑士倾斜。希尔造成犯规站上罚球线，骑士落后1分。第一罚命中，第二罚砸筐弹出——篮球滑出的弧度成为整晚的转折点。混乱中J.R.史密斯奇迹般从杜兰特和格林夹缝中拨到进攻篮板，詹姆斯已启动冲刺准备终结比赛。但史密斯的认知仿佛凝固在另一个时空，这位神经刀射手甚至想抬手做出"稳住节奏"的手势，将球牢牢抱在怀中后朝中场运去。"投篮！！"詹姆斯嘶吼的音浪撞碎在1.8万人的声波里，他疯狂指向

篮筐的手臂化作残影，却无法穿透史密斯错乱的认知屏障。直到泰伦·卢喊出绝望的暂停，计时器归零的嗡鸣声宣告加时赛不可避免。

另一把刺穿骑士心脏的利刃早在30秒前出鞘。当时骑士领先2分，杜兰特持球从左翼突破直冲篮下。勒布朗·詹姆斯提前横移补防，用血肉之躯堵住进攻路线。两人猛烈相撞后詹姆斯应声倒地，41号裁判肯·毛尔鸣哨瞬间果断指向杜兰特——进攻犯规！詹姆斯躺在地上，杜兰特一脸不可置信，甲骨文球馆的球迷们也明白这一吹罚意味着什么。但剧情反转的速度，远超所有人想象。远端裁判布拉泽斯提出异议，认为詹姆斯阻挡犯规。三位裁判聚首商议后，以“需确认詹姆斯是否踩合理冲撞区线”为由启动录像回放。慢镜头清晰显示詹姆斯双脚立于禁区外，但裁判进一步审查防守站位时，捕捉到致命细节：身体接触刹那，詹姆斯右肩微侧，左腿仍向杜兰特突破路径滑动。裁判以“未建立合法防守位置”为由，推翻原判，杜兰特因此获得两次罚球机会！

杜兰特走上罚球线两罚全中扳平比分，久经沙场的詹姆斯在那一刻有些情绪失控。他不敢相信在如此关键的时刻，裁判竟然会做出如此吹罚。即便是到了多年之后，詹姆斯依旧对这一次判罚有些意难平。“我从未回看过2017/2018赛季总决赛的第一场，这是我职业生涯最令人心碎的失利之一。”下一个回合，詹姆斯迅速再度取得领先，可库里的关键2+1，以及史密斯最后时刻的短路操作，让此前的努力全部葬送。

加时赛的5分钟，詹姆斯的意志已经焚尽沦为灰烬。精疲力竭的他拖着灌铅双腿勉强命中一记跳投，随后三次进攻皆偏筐而出——身体透支的警报终于压垮了钢铁之躯。终场哨响时，他怔立原地凝视记分牌上124比114的刺目数字，任由汗水浸透的23号球衣黏在背上，仿佛一件浸满血泪的战袍。更衣室那拳挥向战术板的闷响，成为51分史诗最残酷的注脚。右手骨裂的剧痛远不及心死之殇，骑士球员卡尔德隆回忆：“他再没参加训练，远投命中率急剧下滑……你能从他的比赛中看到区别。”而勇士球员直到系列赛结束都未察觉他右手重伤的事实，一名球员坦言：“他受伤后我们并未看到他右手缠着绷带，这太不可思议了。”

那一夜的失眠成为骑士全队的共同创伤。乔治·希尔反复观看罚球不中的录像，“根本没法睡着”。詹姆斯则独自咀嚼着“职业生涯最惨痛失利”的滋味：“过去的这24个小时很难熬……因为我们一度距离成功如此之近。”更讽刺的是，他拼到血肉模糊的表现，反而让横扫他的对手集体折服。勇士主帅科尔在多年后仍强调：“我从未见过有人打出如此出色的比赛……我从不会说我们击败了勒布朗。”伊戈达拉在节目中坦言这是“亲眼见过的最强个人表现”，即使忘记具体数据，也记得“每个回合都完美阅读比赛”的震撼。多位勇士工作人员更将这场比赛称为“NBA史上最佳一役”。当胜负的喧嚣散尽，唯有极致英雄主义能跨越立场的鸿沟。

历史最终以“灭霸詹”为这场征程加冕。整个2017/2018赛季季后赛，他场均轰下34分、9.1个篮板、9次助攻，总出场时间922分钟高居历史第四。从首轮对步行者压哨三分绝杀，到东部决赛抢七大战挂着莫里斯打成2+1终结绿军，他几乎以一己之力将一支阵容动荡（赛季中期交易6人）、防守效率联盟倒数（常规赛第29名）的球队拖进总决赛。这场51分遗恨的伟大，正在于将篮球运动中个体力量的边界推向极致。当杜兰特只需“把该死的球投进”，詹姆斯却要同时扮演骑士的得分箭头（占全队得分34%）、组织核心（助攻率45.1%）和防守支柱（主防杜兰特）。这种三重负荷下维持的效率，在历届总决赛中几乎找不到模板。

更深层的悲情在于：他打光了所有子弹，却倒在队友扣动扳机的瞬间。若无希尔罚丢、史密斯短路、裁判改判的连环意外，骑士极可能拿下首胜重写系列赛走向，正如有评论所言：“如果骑士赢下第一场，系列赛结果将完全不同。”但竞技体育没有如果，这恰恰是英雄叙事最动人的矛盾：超神表现可以战胜战术、天赋甚至伤病，却无法填补团队篮球本质的鸿沟。

终场哨响之后，当汗水浸透的23号球衣静卧地板的身影与记分牌上刺眼的124比114并置于时光长廊，这场51分的遗恨早已超越胜负的狭隘范畴。血丝浸透的右眼模糊了篮筐，却让一个男人的轮廓在历史天幕上愈发清晰——当他挂着库里，顶开卢尼将球砸进篮筐时，甲骨文球馆的惊呼是对神迹的本能反应；当他骨裂的右手捶向白墙时，无声的痛楚写尽一己之力的局限。勇士带走了奥布莱恩杯，但篮球历史上永远铭刻了那个夜晚：勒布朗·詹姆斯燃尽一切，却依然不敌命运齿轮转动的孤胆神话。这滴混入眼眶的血泪，最终在时光长河中结晶成最璀璨的遗珠——真正的伟大，有时恰恰镌刻在遗憾的裂缝深处。

JAMES
23

第四章

紫金回声

13 天使之城

2018年夏天一个再平常不过的上午，里奇·保罗在湖人总部外闲逛，他一边在车里看电影《教父》，一边等着当时在湖人效力的考德威尔·波普从球队训练馆出来。那一天洛杉矶历史上最炎热的日子之一，气温逼近43℃，保罗把空调和音量都开到最大。“我正看到汤姆·海根去洛杉矶帮约翰尼·方丹争取电影角色那一幕，”保罗说，“你记得那一段吗？方丹长得帅——头发油亮，西装讲究。但电影制片人杰克·沃尔兹是个有钱的老头，他拒绝让方丹参演，因为他一直没原谅方丹曾惹过他手下一个女演员。这就是为什么沃尔兹第二天醒来时，床上放着马头。”

保罗是考德威尔·波普的经纪人，后者当天早些时候刚与湖人签下一份一年1200万美元的合同。但保罗更是勒布朗·詹姆斯的经纪人和私人顾问，两人是多年的密友。2018年6月30日晚，保罗、詹姆斯和时任湖人总裁的“魔术师”约翰逊在詹姆斯位于布伦特伍德的豪宅客厅中进行了一场会谈。那晚没有食物或美酒，没有视频集锦，也没有PPT演示。

“‘魔术师’就是‘魔术师’，但他同时也用自己的身份在跟我们对话，”保罗回忆道，“那不是一次游说，只是一次谈话，他跟我们说：‘这就是我，这是我们做的事，这就是我们的文化，我们的目标，我们怎么看你，我们怎么重视你。’”

里奇·保罗21岁时在阿克伦·坎顿机场遇见了詹姆斯，当时他正准备飞往亚特兰大。保罗靠卖复古球衣谋生，那些球衣就装在他车后备厢里。而詹姆斯当时是圣文森特·圣玛丽高中的篮球明星。在机场候机厅里，詹姆斯注意到保罗穿着一件沃伦·穆恩的复古球衣，问他是从哪儿弄来的。就这样，保罗意外地得到了一个客户。尽管在那次偶遇之后他与这个世界上最伟大的篮球运动员关系日益亲密，在某些层面上，他始终无法感同身受。他坐在那里，听着詹姆斯和“魔术师”你来我往，从中看到了他们在篮球和生活方式上的相似之处。

“就像在看两条鱼在鱼缸里说一种全世界都听不懂的语言，”保罗说，“‘魔术师’懂得成为勒布朗意味着什么。他本人就是个身高2.06米的控球后卫，拿过MVP。但他也曾是被称为‘悲剧约翰逊’的一位球员。”给不熟悉那段历史的读者朋友科普一下，“魔术师”在1984年总决赛对阵凯尔特人时的失误，和詹姆斯在2011年对小牛的表现一样糟糕。

里奇·保罗不愿夸大那次会面的重要性，因为并非某个人的某一句话就让詹姆斯决定加盟洛杉矶。作为詹姆斯的经纪人，保罗甚至连明确指出詹姆斯这第三次自由球员决定背后的主因都很困难。“2010年他去迈阿密，是为了总冠军，”保罗继续说，“2014年他回到克利夫兰，是为了兑现承诺。而2018年，这一次，他只是做了自己想做的事。”

詹姆斯在做出最终决定前几天就已倾向于洛杉矶，而据圈外人士透露，甚至几个月前他就已经有这个想法。不过，里奇·保罗否认外界普遍流传的两种说法——一是詹姆斯此行是为了拓展自己的好莱坞商业版图；二是为了迅速组建一支超级强队。在詹姆斯宣布加盟后的几个小时里，湖人分别与后卫兰斯·史蒂芬森和中锋贾维尔·麦基达成协议——这可不是当时转会市场上超级热门的卡瓦伊·莱昂纳德或保罗·乔治。看到当时的阵容就能明白，湖人想立刻构建出一支能正面对抗勇士的超级球队的希望已经破灭了。

在骑士的第二段生涯，詹姆斯在四年内三次败给金州勇士期间，他多次强调球场智商的重要性。“想赢球，你得有天赋，但你也必须非常聪明，”詹姆斯说，“我们都是NBA球员，大家都知道怎么把球投进篮筐。但关键在于，谁能在比赛全过程中保持思考。”

在这段描述的过程中，詹姆斯曾点名提到隆多，以强调2008年那支凯尔特人的集体篮球智商。而就在詹姆斯宣布将与湖人签下一份4年总值1.533亿美元的合同的第二天，湖人便以一年900万美元的合同签下隆多。

湖人签下隆多的目标非常明确，就是在球队阵容里安排一位可以分担詹姆斯指挥压力的老将。当时，湖人的首发控卫是20岁的朗佐·鲍尔，锋线球员布兰登·英格拉姆和凯尔·库兹马分别是20岁和22岁，以自由球员身份加盟的麦基和史蒂芬森年纪稍大，但正如詹姆斯亲身经历的那样，年纪并不一定意味着经验丰富——比如2018年总决赛第一场，打了14年球的老将J.R.史密斯在抢下进攻篮板后竟忘记比分，留下了总决赛中经典的一幕。

隆多、史蒂芬森和麦基的加盟，立刻就展现出湖人乃至詹姆斯本人都在发生重大转变。詹姆斯来之前，湖人尽可能给予年轻球员足够的自由空间，小心翼翼地确保老将不会威胁到他们的自信和出场时间。但詹姆斯加盟后，湖人引进隆多来挑战鲍尔，引进史蒂芬森来激励锋线球员，目的是逼出这些年轻人真正的实力。

“你把任何一组球员放在勒布朗·詹姆斯身边，他都能连续八年进总决赛。我的期待也是这样，”隆多说，“我就是来赢球的。”詹姆斯能够欣赏隆多的头脑、麦基的臂展和史蒂芬森的强硬，尽管过去他曾和他们每一个人都发生过冲突。他们的存在，就像考辛斯之于勇士，最后证明不过只是昙花一现，直到后来安东尼·戴维斯的到来，湖人才真正迎来了蜕变。隆多、麦基和史蒂芬森都只签了一年合同，是配角而非核心。虽然隆多在2019年夏天与湖人又续约一年，并在后面与球队走到了最后，但他在球队中的角色早已不像当年在凯尔特人一样。

至于湖人当时那一众年轻人，球迷们的确非常喜欢库兹马，也依旧不愿交易英格拉姆，同时对鲍尔投入巨大的培养精力。但没人会签下詹姆斯，是为了陪一群年轻人慢慢成长。詹姆斯的耐心，通常撑不过赛季的二月交易截止日前。

在加盟湖人之前，詹姆斯刚刚度过了一个“标准”的赛季，他在常规赛中场均可以得到27.5分、9.1次助攻和8.6个篮板。而在季后赛，詹姆斯则是打出了足以载入史册的一次季后赛征途。他有八场比赛得分超过40分，四场

LAKERS
2
wish
LAKERS
23
wish
LAKERS
0
wish
LAKERS
SPALDING

打出三双，两次命中压哨绝杀。但当他在总决赛最后一战结束时，目睹勇士又一次在客队更衣室庆祝夺冠时，他看起来就像一个不停拿头撞墙的人。虽然詹姆斯到了洛杉矶，也并不能保证耳边的质疑声会减少。他本可以在费城或休斯敦提高夺冠概率。而如果输球注定无法避免，他也至少可以继续留在克利夫兰，获得一份永恒的爱。

但詹姆斯，就像任何一个有志成为好莱坞制片人的人一样，心怀大局地走到了舞台中央。他曾在南海滩打造过一支超级战队，也曾上演过回归克城的动人篇章。而在2018年夏天，他选择了与洛杉矶“明星联姻”——NBA最具代表性的球员与最具代表性的球队走到了一起。詹姆斯与湖人，这是商业帝国中注定的结合。正如许多一线明星情侣可以证明的那样，两者结合所产生的影响力，不是简单的加法，而是成倍的放大。

詹姆斯在克利夫兰带来的总冠军将永载史册，但他当初回归所带来的温情早已消退。詹姆斯加盟洛杉矶湖人，带给整个篮球世界以全新的期待。篮球世界里最大的那条鱼，已经游进了那个最大的鱼缸中。

只不过，在湖人的第一个赛季，詹姆斯并未立刻取得成功。在跟老对手勇士的圣诞大战中，湖人虽然带着胜利离开，但詹姆斯却在那场比赛中拉伤了腹股沟。职业生涯几乎没有遭遇严重伤病的詹姆斯，却在来到洛杉矶的第一个赛季遭遇了这次意外。加上湖人确定无缘季后赛，詹姆斯也提前告别了这个赛季剩余的几场比赛。但这次短暂的后退，让詹姆斯和湖人在下个赛季拥有了更大的前进空间。而且，安东尼·戴维斯要来了。

14 特殊一冠

2019/2020赛季是詹姆斯职业生涯的第17年，年过35岁的詹姆斯胸前印着“湖人”两个字，这似乎唤起了他的一种转变。

詹姆斯接受了一个他曾经回避的位置——控球后卫。他放弃了以往在赛季前半段慢热甚至略显迟缓的节奏，这种策略是他连续八年闯入总决赛时形成的习惯，但在那一年，他从赛季初就拿出季后赛级别的防守强度。而且他这一切都是在球队的公开、全力支持下完成的，不再像过去那样时不时通过施压推动阵容调整。

如今的詹姆斯，与球队管理层和老板之间的关系，比他职业生涯任何时候都更加紧密。

简单来说，他在那一年变成了一个人们所不熟悉的那个詹姆斯。

拥有湖人的巴斯家族一向与明星球员关系密切。或许没有哪位老板与球星的关系，比杰里·巴斯博士与“魔术师”约翰逊更亲密，即便与科比·布莱恩特之间也经历过一些波折，这段关系依然是长达20年的成功典范。

如今，这份处理人际关系的天赋传到了时任掌控人珍妮·巴斯手中。据詹姆斯身边人透露，他与珍妮·巴斯及其核心高管琳达·兰比斯的关系，是他整个职业生涯中与老板层之间最紧密的。他加盟湖人的头两年，球队和他本人一起经历了很多意外的动荡，但这也让他们走得更近，这与詹姆斯过去在其他球队的经历截然不同。

2019年10月，湖人到中国打季前赛，彼时因为某NBA球队高管的不当言论，整个联盟都陷入风波中。彼时身处漩涡中心的湖人，球队高层和詹姆斯互相倚重。在上海酒店里，他不仅是队友们依赖的主心骨，也在NBA总裁亚当·萧华抵达时充当了桥梁。在一次与球员和萧华的重要会议中，詹姆斯主张应保护球员，不必在如此敏感的问题上代表联盟发声，同时也推动保住了湖人与篮网之间的两场中国赛。

2020年1月，在科比去世的那段悲痛时日里，詹姆斯也与珍妮·巴斯和总经理罗伯·佩林卡并肩合作，帮助安抚球队。在巴斯和佩林卡专注于支持科比家人时，詹姆斯则与队友保持联系，并直接与萧华沟通，要求推迟与快船的比赛，因为他认为球队在情绪上根本没有准备好出战。

还有2020年8月，当NBA终于在迪士尼的“泡泡”园区里恢复比赛进行后，詹姆斯又与管理层通力合作，始终保持着球队精神上的高度集中。这不仅为他本人带来了职业生涯的第四冠和第四个总决赛MVP，也宣告他和湖人合作的共同成功。直到最近，詹姆斯还强调2019/2020赛季总冠军是“最纯粹”的一次。

这种高度协同的关系，可以追溯到2018/2019赛季，当时“魔术师”约翰逊突然宣布辞掉球队总裁的职务，给湖人队带来了一些震动。随后，在主教练卢克·沃顿离开后，湖人未能成功聘请他们的首选主教练，特别是没能与泰伦·卢达成协议，让球队上下颇为失望。而詹姆斯后来表示，若能再度为卢效力，他会“欣喜若狂”。而在此之前，“魔术师”约翰逊还曾在全国电视节目上公开抨击总经理佩林卡，这一切就发生在关键的自由球员市场开启前几天。

在湖人陷入这一系列自找的闹剧时，詹姆斯始终保持沉默，甚至连社交媒体上的“被动式抱怨”都没有。他选择给予球队空间，让他们自行应对这场风波。要知道，过去面对比这小得多的管理层失误，詹姆斯都曾公开表达不满。据消息人士透露，这一系列事件确实让他感到沮丧甚至愤怒，但他的支持从未动摇。詹姆斯团队在整个过程中传递出的信息始终是：坚定支持珍妮·巴斯和罗伯·佩林卡。

而詹姆斯的信任，也得到了回报。2019年夏天，湖人完成了安东尼·戴维斯的交易，由此开启了一段逆转之旅，将球队带到了西部榜首。

“对珍妮、罗伯以及所有高层来说，我从头到尾都支持他们做出的每一个决定。”詹姆斯在2019年的9月时打破数月沉默，如此表示。

詹姆斯上一次经历如此动荡的休赛期，是2017年在克利夫兰。当时总经理大卫·格里芬离任，紧接着凯里·欧文提出交易请求。那一年，詹姆斯在社交媒体上公开支持格里芬，并在私下里明确表达了他与管理层意见不合，也不希望欧文被交易。

格里芬离职的同月，詹姆斯拒绝给予骑士长期承诺，为他最终离队埋下伏笔。但两年后，詹姆斯对湖人表现出的支持，为他与球队如今所享受的稳定与舒适打下了基础。

佩林卡拥有与明星球员打交道的丰富经验。他作为经纪人工作了二十多年，很早就学会了如何与要求极高的球员建立并维系关系。正是在这样的理念下，接替“魔术师”成为湖人管理层一把手的佩林卡决定，让詹姆斯以及后来加入的戴维斯积极参与球队阵容的打造过程。

“无论是安东尼还是勒布朗，他们的意见对我都极其宝贵，”佩林卡在2019年夏天签下七名新援、续约四名球员后表示，“我们将与明星球员之间的关系视为一种合作伙伴关系。”

当然，佩林卡并不是第一个采用这种方式与詹姆斯合作的高管。早在詹姆斯进入联盟的第二个赛季起，绰号“小皇帝”的他就开始被征询阵容决策意见。而在湖人的第二年，詹姆斯已经认同了这个角色，也认可了佩林卡。

2019/2020赛季，詹姆斯两次公开为佩林卡投下信任票：第一次是表达对佩林卡晋升和续约的支持；第二次是在交易截止日前主动表示“我们现在的阵容已经足够争冠”，从而为管理层减轻运作压力。

尽管如此，湖人仍尝试进行补强。消息人士透露，他们曾与底特律活塞就德里克·罗斯的交易进行过探讨，也积极参与了买断市场。但詹姆斯公开支持现有阵容，这标志着他与过去的做法出现了明显不同。

2017年，詹姆斯曾怒斥骑士的阵容“头重脚轻得要命”，并希望“球队不要就此满足”，试图逼迫管理层在交易截止日前做出调整。要知道，那支骑士刚刚拿到总冠军，而他们的管理层也一再展现出极强的运作能力。就在詹姆斯说出这番言论的三周前，他们才刚交易来神射手凯尔·科沃尔。

除了管理层，还有主教练。弗兰克·沃格尔被聘为湖人主帅的那一天，球队为他召开了一场颇为尴尬的新闻发布会。詹姆斯亲自到场以示支持，而佩林卡则不得不应对有关“魔术师”约翰逊的问题。

相比之下，2010年詹姆斯刚加盟热火，开始在主帅埃里克·斯波尔斯特拉执教下打球时，他曾因失望而询问帕特·莱利是否愿意重出江湖执教球队。2014年回到骑士时，他与新任主帅大卫·布拉特一个多月都没有见面，还在第一天训练时就中断训练，召开球员内部会议，自行分配角色，甚至不让布拉特发言。尽管2018/2019赛季与卢克·沃顿的合作并不算那么动荡，但消息人士透露，他们始终没有达成真正的默契。

而到了2019/2020赛季，詹姆斯不仅全力支持沃格尔，还支持了一个几乎整个赛季都让他打控卫的计划。要知道，他离开克利夫兰时其实是坚决反对再打控卫的，因为这个角色在漫长赛季中对他身体负荷太大。

“我爱教练，也认可教练组正在做的事，”詹姆斯在沃格尔赢得2019年11月“月最佳教练”之后说道，“我认为他做的是对球队最好的事情，而我显然尊重这一点。”

这背后当然有现实考量。2018/2019赛季，詹姆斯曾请求管理层为阵容增加更多控球者，以减轻自己的负担，结果却是一个仅获37胜的失败赛季。因此，这一次他有充分理由支持一个更激进的方案，亲自承担更多控卫责任。

与珍妮·巴斯和佩林卡保持紧密关系，也能确保詹姆斯继续留在湖人。虽然如今他被交易的可能性几乎可以忽略不计，但他在洛杉矶的控制力，已无法与他在克利夫兰时相提并论——那时他通过一年一年地续短约，牢牢掌控球队。而在湖人，他在2020年结束后还有两年合同，外加第三年的球员选项，而且合同中并没有交易否决权。

不过，在这一切战略背后，最关键的因素可能还是詹姆斯对自己的信念。他和经纪人里奇·保罗是促成安东尼·戴维斯加盟湖人的主导力量。在说服戴维斯加入保罗的经纪公司后，保罗推动戴维斯向鹈鹕提出交易申请，并公开警告其他追求者，比如波士顿凯尔特人，即便其他球队交易得到戴维斯，他大概率也不会续约，最终助力他如愿来到洛杉矶。

詹姆斯同样确信自己能在2018/2019赛季因伤只打了55场之后，可以重返MVP状态，而这正是湖人实现逆转的最大因素。除了球队氛围改善和积极情绪外，湖人展现出的信任——通过一笔全力押注当下的交易，把戴维斯这个詹姆斯心仪的二当家带来，这也是2019/2020赛季湖人成功的关键铺垫。

终于，在所有场内场外的铺垫都做好之后，詹姆斯与湖人在迪士尼“泡泡”园区里，展开了他们对那个终极目标的追求。复赛后的第一场比赛，湖人面对的对手就是当年同样非常有冠军相、拥有莱昂纳德和保罗·乔治的快船，而湖人用一场103比101的胜利，取得了复赛之后的首场胜利。詹姆斯在那一战中拿到了16分、11个篮板和7次助攻的准三双，继续扮演着球队大脑和指挥官的角色。

进入季后赛之后，詹姆斯也在用自己熟悉的节奏，掌控着球队前进的缓急。前两轮面对开拓者和火箭，詹姆斯和湖人都打得不疾不徐，而且都是在

CHAMPIONS
Champions
NATIONAL BASKETBALL ASSOCIATION
LOS ANGELES
LAKERS
CHAMPIONS
20
20
LAKERS
LOS ANGELES

先输一场的情况下连赢四场。詹姆斯更多时候还是以指挥官的角色稳坐中军帐，只有在球队必须他站出来得分时才会回到过去熟悉的角色中。比如与开拓者的收官战，詹姆斯就单场贡献了36分、10个篮板和10次助攻的三双，直接收获了那一轮系列赛的胜利。

整个季后赛的征途中，詹姆斯就一直延续着如此的比赛方式。与掘金的系列赛，他也是在最后收官一战中砍下三双；到了总决赛第六战，他不仅自己主动请缨去防守吉米·巴特勒，也在最终交出28分、14个篮板和10次助攻的数据。那一年的季后赛征途，詹姆斯拿到过5次三双。不管外界对那年复赛的评价如何，但飘扬在湖人球馆上空的那面冠军旗帜，以及詹姆斯手里的总决赛MVP奖杯已经说明了一切。

“那是延续了96天的巅峰，只有我们能够坚持到最后，捧起奥布莱恩奖杯。”如今的詹姆斯在回望2019/2020赛季总冠军时说，“那种感觉，真的感慨万千。当时你可以看到安东尼·戴维斯哭了，在我们赢球的时候哭了……那感觉真的很酷。显然，那是我永远不会忘记的。作为在‘泡泡’园区中的一员，我们在那里赢了比赛，和那群人一起度过了那么长时间。这绝对是一件非常自豪的事情。”

15 历史得分王

迈克·曼西亚斯收到了一条来自克利夫兰骑士队高层的明确指令:“别搞砸了。”

这句话在他脑海里反复回响，那是2006年10月的一个傍晚，他正驾车从克利夫兰沿着77号州际公路向南行驶，前往勒布朗·詹姆斯在阿克伦的家。

在那个年代，这几乎成了克利夫兰所有人心中的座右铭：这支球队幸运地拥有了一位本地出生的超级天才，他不仅是有史以来最具天赋的篮球运动员之一，还是承载着整个城市命运的希望。他们的任务，就是帮助他实现自己的命运。

当曼西亚斯驾车穿过带有篮球图案的铁门，驶入那座城中最大的宅邸之一的弯曲车道时，他被眼前的一排车吓了一跳。第二天是詹姆斯第四个赛季的揭幕战，这却是他第一次邀请球队训练师、或任何非队友的人来到家中。

过去两个赛季里，曼西亚斯作为骑士的助理体能训练师，一点点赢得了詹姆斯的信任。詹姆斯喜欢每次训练和拉伸后的身体状态。而这却是他们第一次私下单独训练，曼西亚斯深吸一口气，按下了门铃。

门开了，开门的是……“蝙蝠侠”。

原来，詹姆斯虽然特意叫曼西亚斯来做一次重要的训练，但他忘了那天晚上自己还在举办一场万圣节派对。

派对上大概有15人，都是詹姆斯的家人和身边的密友，他们对曼西亚斯显得颇为戒备。除了当时刚满2岁、只穿着尿布的布朗尼·詹姆斯。

“他们都围着我，眼神很明确‘别把我们家人的身体搞坏了’。”曼西亚斯回忆说，“但他们后来都离开了，训练结束后，我和萨瓦娜（詹姆斯的妻子）、勒布朗，还有坐在宝宝餐椅上的布朗尼一起吃了晚饭。”

显然，曼西亚斯并没有“搞砸”那次训练，反而成了这段职业关系的起点。此后近二十年的时间里，他一直在帮助詹姆斯保持着惊人的身体状态。他们已经共同训练了数百次，从克利夫兰到迈阿密，再回克利夫兰，最后到洛杉矶。几乎每场比赛前的夜晚，詹姆斯无论在主场的家中，还是在客场的酒店，都会与曼西亚斯进行训练。

时间已久，久到当年坐在宝宝餐椅里的婴儿，如今已进入NBA，成为父亲的队友。而这段旅程，也见证了詹姆斯完成一项历史性的成就——打破贾巴尔保持数十年的纪录，成为NBA历史得分王，生涯得分超过38390分。

但对詹姆斯来说，这一路上的得分，也许只是这段非凡旅程的美好副产品。

超过贾巴尔的NBA常规赛历史总得分时，詹姆斯已经38岁。但要说他在NBA生涯里始终专注的事情，那必定不会是得分，而是发挥最大的潜能。

除了将他与生俱来的身体天赋发挥到极致外，他也要最大化为家人创造财富、为慈善筹集资金的能力，更要最大化自己赢球的可能性。

随着而来的那些得分，包括后撤步三分、超过2000次的扣篮、1400多次“打三分”的强硬上篮，所有的这些全都是詹姆斯竭尽所能去开发和实现自己职业生涯潜力的自然产物。

所以，这个得分纪录，是詹姆斯在身体与意志上的持久胜利。即使他职业生涯走过了如此不寻常的旅程，他也从未忘记这份初心。

“只要我脑子还在状态，我就能保持这样的竞技水平。这取决于我的意志，”詹姆斯在2022年12月在回顾自己职业生涯时说，“身体没问题，因为只要我心里还想拼，我就会照顾好自己的身体，并继续坚持投入训练。”

作为人也好、作为球员也好，贾巴尔与詹姆斯存在很多差异。

前者是身材瘦长的巨人，用或许是篮球史上最无解的投篮动作——勾手投篮，在各个层级革新了比赛方式；后者是身体与技术的奇迹，他的篮球天赋不仅在球场上统治联盟，也彻底改变了NBA的商业格局。

38,38
ALL-STAR
CAPTAIN

在场外，两人也在社会正义、政治立场与公共发声等方面存在诸多不同。贾巴尔曾对詹姆斯的部分立场提出批评，詹姆斯也坦言两人并无私交。但就在这个打破纪录的周期里，詹姆斯主动选择淡化过去的摩擦。

“没什么问题，一切都好。归根结底，我们都是这个充满历史感的篮球豪门的一部分，这支球队不仅对洛杉矶的人意义重大，对全世界的球迷都一样重要。”詹姆斯曾说，“这就像是命运的安排，星辰仿佛恰好排列到了该有的位置。”

两人的共同点远不止于都在湖人效力，都名列NBA历史得分榜榜首。他们真正的共通之处，是在这个联盟里都用数十年如一日的自律与专注的精神，维持了身心双重的巅峰状态。

“在贾巴尔打球时，他看起来完全不显老，”已经过世的杰里·韦斯特曾说，“我现在看勒布朗，他看上去还能再打五六年。他今年看着比去年还年轻。这就是他们两人共同拥有的东西——持久性和统治力。”

那些既熟悉贾巴尔也了解詹姆斯的人，比如帕特·莱利——他曾是贾巴尔在湖人四次夺冠时的队友兼教练，也是热火总裁，在迈阿密帮助詹姆斯拿下两个总冠军，莱利总会反复提到两人在比赛思维和身体保养上的相似之处。

“那些真正伟大的球员，他们在比赛中展现出的智商、经验以及对比赛的深刻理解，往往最终会超越纯粹的身体能力，”莱利说，“（詹姆斯）真的对这项运动了如指掌，也清楚整个联盟的运作环境。所以他在打了20年之后还能做到现在这样，真的令人难以置信。”

在与训练师迈克·曼西亚斯进行第一次晚间训练的第二天，詹姆斯就在2006/2007赛季的揭幕战中拿下26分、10个篮板和5次助攻，带领骑士队险胜劲敌华盛顿奇才。这场比赛，成了他开启长期职业规划旅程的第一步。

詹姆斯在2003年刚进NBA时，甚至常常不缠护踝，只穿护踝支撑器，赛后更谈不上什么冰敷恢复。但一切都在2006年，在他21岁、刚与骑士签下第一份顶薪合约后发生了转变。

当时，每场骑士比赛结束后，资深全明星中锋“大Z”伊尔戈斯卡斯总是

更衣室里最后一个离开的人。由于脚部受过多次严重伤病，“大Z”非常注重恢复与预防伤病，每场比赛后他都会坐在桶里冰敷双脚，膝盖、肩膀甚至背部也会用冰袋包裹，长达20至30分钟。

而詹姆斯离开更衣室时，“大Z”总是还在冰桶里坐着。慢慢地，另一位中锋安德森·瓦莱乔也加入了这个“冰桶小队”。而这两人，也正是詹姆斯职业生涯出场次数最多的两位队友。

不久之后，詹姆斯就开始主动对曼西亚斯说：“不准让我走之前不冰敷膝盖，哪怕就5到10分钟。”

最终，“大Z”和瓦莱乔的冰桶旁，多了一个新的“常驻成员”——勒布朗·詹姆斯。

“他做了几次之后，感觉好多了。”曼西亚斯说，“后来就变成了每场比赛后都要冰敷脚和膝盖。他以前是冰敷赶着吃晚饭，现在是晚饭得等他冰敷完。”

随着时间推移，曼西亚斯不断将更多项目加入詹姆斯的身体维护“菜单”：按摩、冷冻治疗舱、高压氧舱、腿部加压治疗……他劝詹姆斯给自家健身房添置了登山机，接着又说服他在家中安装冷水浴缸，再配一个热水浴缸，全天候随时可用。再后来，是普拉提。

如果你在21世纪头十年末期住过骑士的球队酒店，早上路过泳池时，可能会被眼前的一幕震惊：勒布朗·詹姆斯正在倒立做瑜伽动作。

这个动作，也是曼西亚斯带给詹姆斯的训练方法。而早在20世纪70年代时，贾巴尔就已在NBA推广——在那个时代，像这样另类的身体训练方式几乎没人能接受。

“当年，我们球队的拉伸就是让15个人围一圈，然后边聊故事边互相打趣，基本没几个真正认真拉伸的。”帕特·莱利回忆道。

詹姆斯也常引用莱利的一句话来解释自己的自律与专注：“把最重要的事情，始终放在最重要的位置。”

对他来说，这个“最重要的事情”就是篮球，以及如何在篮球职业生涯中发挥到极致、延长职业寿命。

这些年来，詹姆斯也曾与许多不同领域的专家合作，比如，他一度雇用了一位全职生物力学专家来处理背部问题，帮助他提升运动表现并延长职业寿命。

“他在很年轻的时候就遇到了那些教他如何照顾身体、如何在这个联盟里长久生存的人，”曾带领骑士和詹姆斯在2016年夺冠的主教练泰伦·卢说，“他按照那些准则去做了，现在你看看他取得了什么成就。”

所以，对詹姆斯来说，成为NBA历史得分王或许真的就是一件顺理成章的事情。

16 四十而已

2024年12月30日，勒布朗·詹姆斯在湖人队训练结束后接受采访，那天正好是他40岁的生日。在这特别的一天，他胡子里的灰白色毛发显得更为明显。

“我度过了完整的30多岁的十年，现在一觉醒来就会想，‘哦，天呀，我40岁了？’”詹姆斯说。在过生日的前两天，詹姆斯因病缺席了对阵萨克拉门托国王的比赛，如今重新归队。“这其实挺让人发笑的。看看我现在还在做什么，还能以很高的水准打球，依然年轻，但从我在这个行业打了多少年来说，又算是一个‘老人’了。”詹姆斯补充说。

詹姆斯是NBA历史上最年轻达成从1000分到40000分一系列得分里程碑的球员。随着他度过40岁的生日，他也成为史上第二位征战22个赛季的球员，追平了名人堂成员文斯·卡特的纪录。

而据数据统计，当他12月31日在对阵老东家克利夫兰骑士的比赛中登场时，他成为NBA历史上第32位在40岁之后仍出战比赛的球员。

尽管詹姆斯坦言，如今他“当然”比以往更常思考退役的问题，但这位四届总冠军得主，以及在2024年夏天代表美国队在巴黎奥运会上赢得金牌并获得赛事MVP的老将表示，只要他愿意，他还能打很多年。

“老实说，如果我真的想，我大概还能以高水平打——这听起来有点奇怪，但可能还能打个五到七年，”詹姆斯说，“不过我不会那样做。”

从他本赛季的表现来看，这话并不夸张。在他说出这番话时，詹姆斯的场均数据是23.5分，投篮命中率49.6%，另有9次助攻和7.9个篮板，并出战了湖人31场比赛中的28场。而在整个2024/2025赛季结束时，詹姆斯的数据定格在24.4分、8.2次助攻和7.8个篮板，命中率则是51.3%。

在2022/2023赛季接近打破卡里姆·阿卜杜尔-贾巴尔的得分纪录时，詹姆斯就曾表态，他在成为历史得分王后，最后一个愿望就是能和儿子布朗尼·詹姆斯一起在NBA赛场上并肩作战。

而这个愿望，他在2024/2025赛季的揭幕战中就实现了。湖人在那一战中战胜明尼苏达森林狼，詹姆斯和布朗尼一起打完了第二节的最后时段。“你以18岁的年纪进入联盟，如今你已经是一个40岁，征战22年的老将，而你的儿子也成了一名NBA球员，”詹姆斯说，“这真的很棒。”

詹姆斯后来又说，实现了与儿子同队出战的壮举后，他如今最后的动力，就是争取拿下第五个总冠军。那么，如果詹姆斯在短时间内真的夺冠了，那是否会激励他继续追逐下一个总冠军，还是说会让他选择功成身退、体面离开？

“你问这个问题时，我脑子里第一个想到的是贾森·凯尔斯，”詹姆斯说，他指的凯尔斯是前费城老鹰队球员、现担任NFL（美国国家橄榄球联盟）评论员，“今年早些时候，他和（老鹰队四分卫）贾伦·赫茨有一场对谈，谈的就是类似的问题，比如说球队本赛季打得这么好，你有没有想过回来再打一年、不退役？当然有过。但他对自己的决定非常满意。”

虽然湖人在后续的大交易中得到了东契奇，一度燃起夺冠的希望，但他们并未突破森林狼在首轮设下的关卡。尽管詹姆斯对湖人未来争冠的可能性不太确定，但他对于是否会为其他球队效力的态度则更加坚定。

“这就是计划，”詹姆斯说，“我希望我的职业生涯能在这里画上句号，这就是我的打算。我来到这里，就是为了打完职业生涯的最后阶段，并在这里结束。但我也不傻……我了解NBA的生意本质。但我和这家球队的关系不言自明，希望我不需要在退役前离开这里。”

就在度过40岁生日后不久，詹姆斯迎来了又一个属于他，并且和40这个数字相关的纪念日。2025年2月7日，在湖人以120比112击败金州勇士的比赛中，詹姆斯成为NBA历史上最年长的单场砍下40+得分的球员。他拿下42分、17个篮板和8次助攻，用25投14中的高效率表现帮助湖人击败了勇士，也帮助球队拿到了近12场比赛中的第10场胜利

赛后，他对这一成就的反应非常直接。“你问我怎么想？我觉得我老了，”詹姆斯说，“这就是我的感受。我现在只想来一杯红酒，再睡一觉。这是我第一个想到的。”

数据不会撒谎，詹姆斯在40岁零38天时砍下40+的得分，比迈克尔·乔丹在2003年2月22日为华盛顿奇才砍下43分时（当时乔丹为40岁零4天）年长一个月。

当被问及又一次在统计数据上与儿时偶像乔丹并列时，詹姆斯说：“最重要的是我们赢球了，这显然是最关键的。但在我的职业生涯中，每当我被提及，或者与任何一位伟大球员出现在同一类别里，哪怕只是擦肩而过，那总是让我感到谦卑。因为我知道我来自哪里，我真的太热爱这项运动了。所以，这感觉很酷。”

面对老对手斯蒂芬·库里，詹姆斯在这个晚上的三分手感火热。他前五次三分出手全部命中，其中在第二节38秒内连续投进三记三分——最后一记更是从湖人主场中圈标志位置出手，距离篮筐达34英尺（约10.36米）。

这一记“月球轨迹”般的三分将比分拉开至45比23，比赛进行到第二节还剩9分09秒，勇士主帅史蒂夫·科尔只能叫出暂停，而詹姆斯则高举双臂，带动主场观众欢呼。

在2024/2025赛季，詹姆斯已将练习这种超远三分纳入赛前热身内容之一，“我一直在练习比赛中会出手的动作，或者我会打的战术，”詹姆斯说，“所以这绝对是值得的。”

值得一提的是，詹姆斯同时也是NBA历史上最年轻的40分先生——2004年3月27日，他在为克利夫兰骑士出战时砍下41分，那时他年仅19岁零88天。

“我觉得，对勒布朗来说，我们已经用尽了语言、形容词和各种赞美，来描述他在这个年龄、这个职业阶段还能做到的事情，”湖人主帅J.J.雷迪克

说，“他依然令人惊叹，真的。而今晚他完全主导了比赛。”

但谁能想到，40岁的詹姆斯觉得仅仅打出一次得分40+还不够。两周之后，他在客场面对波特兰开拓者队的比赛中又来了一次让人瞠目结舌的表演。

那场比赛开始前，在2月19日晚上结束与夏洛特黄蜂比赛后，湖人离开洛杉矶飞往波特兰，直到20日凌晨近3点才抵达酒店。在背靠背第二晚的比赛中客场挑战开拓者，加盟湖人不久的东契奇因左小腿伤势轮休，詹姆斯又因左脚与脚踝伤势出战成疑，对雷迪克来说无疑是个不小的挑战。

或许，雷迪克本该早就习惯詹姆斯会挺身而出。这位40岁的湖人球星砍下40分，带领球队以110比102击败开拓者，延续了他22年来如一日的稳定表现。

“他真的打破了一切关于‘正常’的定义，”雷迪克说，“不仅是身体上的那些表现或高光时刻，更是他的心态。他是个亿万富翁，却在40岁、打了22个赛季之后，仍在背靠背第二场比赛里出场——而且是打满、打好，手握几乎所有纪录和荣誉……他是那种，身为教练会觉得无比惊喜的球员。他树立了这个行业应有的职业态度标准。”

那么在已几乎成就一切之后，詹姆斯为何还愿意继续承受NBA的高强度赛程和身体挑战呢？面对这个问题，詹姆斯将动机指向了对自己的儿子、同时也是湖人新秀布朗尼·詹姆斯的影响。

“我仍然热爱这项运动，我仍然有很多东西可以贡献——无论是给我的队友，还是给这个联盟，”詹姆斯说，“我知道自己留在这个赛场上的时间已经不多了。所以趁我还在，趁我还可以站在场上，我就会尽我所能，把我拥有的都奉献出来。”

“所以，为什么还要坚持？”詹姆斯继续说道，“是因为我对篮球的热爱，而且我现在有机会向儿子展示如何成为一名真正的职业球员。每天都能和他在一起，这对我来说是一种奖赏。”

这是詹姆斯自40岁生日过后第二次单场砍下40分，他也因此成为NBA历史上唯一在40岁或更大年纪时多次砍下40+得分的球员，而湖人在这两场比赛中战绩为2胜0负。尽管湖人队在季后赛之中的表现并不算出色，但詹姆斯依旧保持着巅峰水准。2025/2026赛季将会是他职业生涯的第23个赛季，与他传奇般的背号遥相辉映。

我们并不知道詹姆斯何时会结束自己的职业生涯，或许这一天已经越来越近，但从另一层面来思考。未来的每一场比赛，每一次踏上球场，他都在重新定义职业运动员的极限，挑战岁月对巅峰状态的固有认知。对詹姆斯而言，这个令无数运动员望而却步的年龄，不过是“四十而已”——一个崭新的起点，一段继续攀登的征程。勒布朗·詹姆斯的传奇仍在书写，他的每一步前进，不仅是在突破个人的边界，更是在丈量人类运动潜能的全新疆域。

LAKERS
28
LAKERS
23
bibigo
bibigo
Coca-Cola

经典战役

征服赛点遥望荣耀曙光

2020 年 9 月 27 日

2019/2020 赛季西部决赛　第五场

湖人 117 比 107 掘金

出场时间	命中数	出手数	命中率	三分命中数	三分出手数	三分命中率	罚球命中数	罚球出手数	罚球命中率
40：01	15	25	60.0%	1	4	25.0%	7	8	87.5%

前场篮板	后场篮板	总篮板	助攻	抢断	封盖	失误	犯规	得分	正负值
3	13	16	10	1	0	2	2	38	+12

刚到洛杉矶时，摆在勒布朗·詹姆斯和湖人面前最艰难的任务，是重振这支曾经辉煌却已经连续六个赛季无缘季后赛的球队。在2019年9月27日的媒体日上，当新赛季拉开帷幕时，没人能预料到这支球队，乃至整个世界将经历怎样的动荡。

没人会想到，仅仅四个月后，湖人传奇科比·布莱恩特会在一次直升机事故中罹难，同行的还有他的一个女儿和另外七人。没人会想到，一场席卷全球的疫情在2020年3月让NBA赛季和整个世界都陷入停摆。

当赛季在迪士尼园区恢复时，一切都是未知数。而距离2019/2020赛季的媒体日几乎正好一年过去，湖人在西部决赛第五场以117比107击败丹佛掘金，队史第32次闯入总决赛。

经历了这一切，也深切感受了这一切，詹姆斯在挺进个人第十次总决赛时的反应，显得如此真实，如此人性。

他坐在球场上，双手交叉搭在膝盖上，望着飘落的五彩纸屑，在这个没有球迷观赛的球馆中，眼神中透露出千言万语。

“今晚我们会好好享受，因为这是不被保证的。”詹姆斯说，“我们不能把这一切视作理所当然，因为不是每年都会有这种机会，谁都不会。”

为了这短暂的享受时光，詹姆斯在第五战打出了绝佳的表现。

比赛首节进行得十分胶着，双方交替领先九次，最终湖人以33比30领先结束第一节。替补出场的亚历克斯·卡鲁索在节末接到詹姆斯助攻上篮得手，帮助湖人扩大领先优势。

第二节还有九分钟时，约基奇领到第三次犯规被迫下场休息。湖人趁势打出一波11比2的高潮，詹姆斯一人包办其中8分，单节砍下14分。詹姆斯在上半场结束时就已交出16分、6次助攻和7个篮板的“准三双”数据，展现出要在这一战结束系列赛的态势。

但掘金依旧具备非凡的韧性，在那一年的季后赛中，掘金九场比赛中第八次在中场落后，后程发力几乎是常规操作。尽管约基奇因为第四次犯规坐在替补席上，但掘金仍在第三节末段追平比分，杰拉米·格兰特在这一节独得14分，状态火热。

第三节末，安东尼·戴维斯在仅剩1秒时命中三分，帮助湖人以87比84领先进入末节。不过掘金仍然气势正盛，他们以一波17比7的攻势结束第三节，占据心理优势。

第四节比赛，詹姆斯挺身而出，主宰了比赛。他不断要球，强攻掘金防线。在连续两次进攻打成“2+1”后，詹姆斯又命中罚球，将湖人领先优势扩大到95比88，比赛此时还剩9分33秒。

而这还没完，詹姆斯随后又在关键时刻连得9分，其中包括一记杀死比赛的三分球，将比分拉开至115比103。只是，比赛只剩1分57秒，掘金深知回天乏术。

据统计，詹姆斯在第四节的最后六次投篮全部是个人单打完成的，没有来自队友的助攻。他包揽了湖人最后14分中的9分，其中就包括终场前1分57秒的一记三分球。

“我不知道我是否曾亲眼见过一个人像今晚第四节他那样接管比赛，”湖人主帅弗兰克·沃格尔这样评价詹姆斯，“这位已是第十次打进总决赛的超级巨星——却是第一次以湖人球员身份，太不可思议了。”

掘金核心约基奇则表示，他和队友们永远不会忘记“泡泡”园区的这段经历。“我们球队的化学反应很好，”约基奇说，“我们展现了很多韧性，一共经历了6场淘汰赛。今天，他们比我们更出色，赢下了比赛。勒布朗太出色了。”

最终，詹姆斯砍下38分、16个篮板和10次助攻，打出季后赛生涯第27次三双，率队以117比107战胜丹佛掘金，从而以总比分4比1晋级总决赛。他也成为历史上第四位10次闯进NBA总决赛的球员。

“队友对我说：‘带我们回家’，我知道我有责任在场上做出正确的决策，帮助我们赢下比赛，”詹姆斯在颁奖仪式上说。同时，这也是湖人队史上第32次闯入NBA总决赛，仍为联盟最多。他们上一次打进总决赛，还要追溯到2009/2010赛季战胜凯尔特人，夺得队史第16冠。

掘金在之前两轮系列赛中都在1比3落后的情况下逆转取胜，但这一次，湖人没有给他们机会，詹姆斯不再给他们翻盘机会。丹佛主帅迈克尔·马龙表示，球队经验不足，而詹姆斯则是经验丰富的老将——他如今已与贾巴尔并列历史第三，多达10次打进总决赛。

“我们面对的是一个把总决赛当作常规流程的人，”马龙说，“我对球队的挑战是，我们要争取卷土重来。”

其实，掘金在比赛中还是给湖人制造了很多麻烦，杰拉米·格兰特贡献了20分和9个篮板，出战46分钟；控卫贾马尔·穆雷右腿带伤仍拼出19分和8次助攻，出战43分钟；当时还没有成为MVP的全明星中锋尼古拉·约基奇整场陷入犯规麻烦，但仍在比赛还剩4分35秒时打成一个“2+1”，将比分差距缩小到只有4分。

但这场他们面对的是要结束系列赛的詹姆斯。就像前面提到的一样，詹姆斯最后时刻的发挥，将掘金的反扑消弭于无形，并带队最终拿到了胜利。

“能带着第三支球队打进总决赛，这是一个巨大的成就，”湖人主教练弗兰克·沃格尔谈到詹姆斯时说，“他完全支持了我们制订的计划。他认可我们

wish
23

本赛季想要的打法，并带动整个团队跟着一起相信。”

除了詹姆斯的发挥，由他亲手招募来洛杉矶，并且一直在关键时刻表现稳定的搭档安东尼·戴维斯也贡献了27分。“能和兄弟们一起完成这样的事，真的很棒，”戴维斯说，“我们这个赛季经历了太多的困难。我们知道任务还没完成，现在感觉确实很好，但我们还要再赢四场，才能实现终极目标。尽管此刻我们在享受胜利，但我们还有很多工作要做。”

对于戴维斯的表达，詹姆斯也表达了认同。“今晚我们会尽情享受，但我们也知道还有更大的目标等着我们去完成，”詹姆斯在球场上捧着西部冠军奖杯时说，“我们清楚，最终目标更重要。”

经典战役

第四冠铸就紫金荣耀

2020年10月12日

2019/2020赛季总决赛　第六场

湖人106比93热火

出场时间	命中数	出手数	命中率	三分命中数	三分出手数	三分命中率	罚球命中数	罚球出手数	罚球命中率
41：13	13	20	65.0%	1	5	20.0%	1	4	25.0%

前场篮板	后场篮板	总篮板	助攻	抢断	封盖	失误	犯规	得分	正负值
3	11	14	10	1	0	1	3	28	+18

每到总决赛的决胜时刻，勒布朗·詹姆斯总是无比出色。2019/2020赛季总决赛他同样统治全场，场均砍下29.8分、11.8个篮板和8.5次助攻，在这三项主要数据上均为湖人队内第一。他在第六战交出28分、14个篮板、10次助攻的三双数据，继续刷新自己保持的NBA总决赛三双纪录，这是詹姆斯拿到的第11次总决赛三双。

凭借这轮系列赛的表现，詹姆斯毫无悬念地第四次荣膺总决赛MVP，仅次于迈克尔·乔丹（6次），位列NBA历史第二。他也成为史上第一位在三支不同球队赢得该奖项的球员，并与乔丹一同成为仅有的两位至少四次获得常规赛MVP和总决赛MVP的球员。

更重要的是，詹姆斯在生涯第三支不同球队赢得总冠军，并且终于在整个职业生涯中一直被认为更为激烈、竞争更强的西部联盟中完成这一壮举。在NBA历史上共有38名球员赢得过4枚总冠军戒指，但只有3人做到在三支不同球队中夺冠——分别是罗伯特·霍里、约翰·萨利，以及如今的勒布朗·詹姆斯。巧合的是，这三人都曾在湖人赢得了一枚戒指。

詹姆斯毫无争议地当选为2019/2020赛季总决赛MVP，赢得了所有投票，力压队友安东尼·戴维斯，带领洛杉矶湖人以106比93击败迈阿密热火，拿下队史第17冠。他在这轮六场比赛中的平均数据为29.8分、11.8个篮板和8.5次助攻，为个人第四次捧起总决赛MVP奖杯。

系列赛初期，戴维斯一度在总决赛MVP之争中占据上风——前两场比赛场均33分、11.5个篮板，投篮命中率高达63.4%，第二场更是开场14投13中，火力全开。但第三战的犯规麻烦和热火后续对他的重点防守逐渐限制了他的发挥。

而詹姆斯却越打越强。第五场原本可能是封王之战，他21投15中狂砍40分，几乎率队终结系列赛。只是巴特勒的强硬表现将比赛拖入第六战，但湖人此后全面压制热火，成功夺冠。

系列赛前五场，热火球星吉米·巴特勒表现出色，“季后赛吉米”似乎并不想就这样将总冠军拱手让给湖人和詹姆斯。这是这样的现状，促使詹姆斯决定亲自上阵防守他。

前湖人助教迈克·彭伯西回忆了球队准备第六战时詹姆斯说的话：“勒布朗说：‘教练，我要去防吉米。我想和他对位每一分钟。我觉得我必须全场盯着他。我不希望其他人来防他，我自己来。’”

巴特勒之所以被称为“季后赛吉米”，正是因为他在多次季后赛中展现出关键时刻爆发的能力。

2019/2020赛季总决赛对阵湖人，巴特勒看起来一度有望带领迈阿密爆冷夺冠。在前两场球队0比2落后的情况下，他就场均可以贡献24分、5个篮板和9次助攻。随后三场中的两场，他更是火力全开。

总决赛第三场，巴特勒砍下40分、11个篮板、13次助攻的大号三双，成为NBA总决赛历史上第三位做到这一成就的球员，带领热火以115比104扳回一局。

尽管热火输掉第四战后遭遇1比3落后，但巴特勒依然不愿在迪士尼园区里提前打包回家。他在第五战再次贡献惊艳表现，拿下35分、12个篮板和11

次助攻的三双，成为继比尔·拉塞尔、詹姆斯·沃西和詹姆斯之后，第四位在输球就回家的淘汰赛中打出三双的球员，让热火得以继续留在总决赛的竞争中。

值得一提的是，在总决赛第五战中，詹姆斯已经与巴特勒展开了正面对决。尽管詹姆斯砍下全场最高的40分和13个篮板，但仍敌不过巴特勒和其他五位得分上双的热火球员。

在这个中立场地上，如果让对手找回士气，湖人将陷入被动。詹姆斯不容有失，他决心在第六战终结系列赛。据彭伯西回忆，詹姆斯当时已做好准备打满48分钟，只为跟巴特勒硬碰硬。

有趣的是，第六场比赛上半场基本就结束了悬念，湖人在中场时以64比36大比分领先。如果不是下半场阿德巴约带队掀起小高潮，詹姆斯大概也不用出战超过41分钟。

最终，詹姆斯交出28分、14个篮板和10次助攻的三双数据，同时将巴特勒限制在仅12分、7个篮板和8次助攻。攻防两端的全面发挥，让詹姆斯兑现

了自己的承诺。

当然，夺冠的詹姆斯依旧无法平息质疑者发出的声浪。尽管他是毫无疑问的史上最强的球员之一，但人们仍然嘲讽他2019/2020赛季总冠军是“史上最水的戒指”，甚至戏称那是“米老鼠戒指”。

对于这样的称呼，如今已经40岁的詹姆斯还是保持着自己一贯的观点。他曾表示，湖人2019/2020赛季的那次夺冠，是他职业生涯中“最艰难的两次夺冠之一”。

原因无他，只因为在2020年那个特殊的时刻，湖人和詹姆斯没有平时的训练节奏，长达两个月远离家人，必须生活在一个远离舒适区的封闭环境中……所有这些都让挑战变得更加艰巨。

而且，这一切在总决赛阶段达到顶点。尽管詹姆斯在22年NBA生涯中已经打过10次总决赛，但他说，2019/2020赛季的那一次完全不同于以往。

“那感觉不像是在打比赛，更像是在执行任务，或者说更像是我们被叫到这里来演出一场马戏表演，”詹姆斯在与纳什共同主持的播客节目中说道，“你知道，那不是一场正常的比赛。在整个总决赛过程中都可能会有那种感觉，但也挺有趣的。”

在常规的总决赛安排中，球员通常两到三天打一场比赛，中间可以休息，陪伴家人，与队友、教练们准备下一场比赛。这时候，谁的心理素质更强往往决定胜负。

但在迪士尼的“泡泡”园区里，情况完全不同。当时所有球员都住在同一家酒店，甚至经常会在走廊、电梯里相遇。这种心理负担，是詹姆斯过去从未面对过的。

“这简直是心理战，无法逃避。”詹姆斯说，“我刚和这家伙打完比赛，在场上互相对抗，互相飙垃圾话，身体对抗非常激烈，然后我准备放松一下、回房间喝点红酒的时候，却在电梯里又碰见他。”

“这真的很难，非常有挑战性，因为你根本不想在上场前就整天围着对手转，你希望把所有能量都留到比赛中。这真的太不一样了，非常困难。”他补充道。

尽管仍有人不愿承认詹姆斯在2019/2020赛季赢下的“泡泡冠军”，但每次他谈起那段经历，这段旅程的分量似乎就愈发沉重。

詹姆斯的队友波普称，2019/2020赛季那次也是他经历过最难的一次夺冠；而詹姆斯在总决赛中的对手、热火中锋巴姆·阿德巴约更是直言，那是“史上最难赢的总冠军”。

尽管处境艰难，詹姆斯依然发挥出了统治级表现。在2019/2020赛季季后赛中，他场均贡献27.6分、10.8个篮板和8.8次助攻；到了总决赛阶段，他更是提升到场均29.8分、11.8个篮板和8.5次助攻，投篮命中率高达59.1%，三分命中率也有41.7%。他也因此赢得了个人第四个总决赛MVP奖杯。

当尘埃落定，捧起那个期待已久的奖杯后，詹姆斯也可以直抒胸臆。“我们只是想要尊重，罗伯（湖人总经理佩林卡）想要他的尊重，教练沃格尔想要他的尊重，这支球队想要尊重，湖人国度想要尊重……而我，也想要我该死的尊重。”詹姆斯站在场地中央说。

经典战役

皇帝的纪录之夜

2023年2月8日
2022/2023赛季常规赛
湖人130比133雷霆

出场时间	命中数	出手数	命中率	三分命中数	三分出手数	三分命中率	罚球命中数	罚球出手数	罚球命中率
33 : 57	13	20	65.0%	4	6	66.7%	8	10	80.0%

前场篮板	后场篮板	总篮板	助攻	抢断	封盖	失误	犯规	得分	正负值
0	7	7	3	3	0	4	3	38	+8

在投进那记历史性的中距离后仰跳投，独自登顶NBA历史得分榜，并在湖人主场高举双臂庆祝良久之后，勒布朗·詹姆斯通过儿子的视角再次回味了那个让他永生难忘的时刻。

2023年2月8日，在洛杉矶湖人队的更衣室里，詹姆斯打完比赛正在冰敷，布朗尼走过来，给父亲看他用手机拍下的那一刻，正是詹姆斯打破贾巴尔职业生涯总得分纪录的视频。

“哇，这太帅了！”詹姆斯一边看着视频一边对布朗尼说，“你把这个保存了吗？发给我。”

那是一记后仰跳投，不是像贾巴尔的天勾致敬，也不是詹姆斯标志性的暴扣，第三节还剩10.9秒，他用这记投篮打破了保持38年之久的纪录：38387分。

詹姆斯在这场比赛开始前已经得到了38352分，距离超越贾巴尔还差36分。他最终砍下38分，运动战20投13中，三分6投4中，另有7个篮板、3次助攻和3次抢断。

当比赛因庆祝这个被无数人认为永远无法打破的纪录而中断时，詹姆斯情绪失控，热泪盈眶。

“我每晚都会在球鞋上写下‘竞技场上的人’，那是西奥多·罗斯福的一句名言，”詹姆斯赛后说，“今晚，当我投进那球，听到全场的欢呼时，我真有种自己坐在球馆顶端的感觉。我不知道这种感觉还能不能再体验一次，除非那是一记总决赛绝杀。”

“一切仿佛都暂停了，让我得以好好享受那一刻，环顾四周，看见了我的家人、球迷和朋友。”詹姆斯继续说，“这种感觉太棒了。过去20年里，无论是喜悦还是失败，我流泪的次数可能一只手都数得过来。而那一刻，我真的有些哽咽了。那是一种‘我简直不敢相信这一切正在发生’的泪水。”

摄影师迅速将詹姆斯团团围住，球馆内响起“MVP”的高呼，现场大屏幕上开始播放他辉煌20年生涯的高光时刻。

比赛因此暂停了大约10分钟，詹姆斯与家人深情拥抱，包括他的妻子、母亲和三个孩子，随后与NBA总裁亚当·萧华以及贾巴尔一同参与了一个简短的场边仪式。贾巴尔坐在湖人替补席附近的底线位置，现场见证了这一历史时刻。

“这项纪录已经保持了将近40年，”萧华在仪式中说，“许多人曾认为它永远不会被打破。勒布朗，你是NBA历史得分王。恭喜你！”

贾巴尔高高举起比赛用球，然后把它郑重地交到詹姆斯手中，这象征着“传承的火炬”。两人与萧华合影，又互相拥抱、单独合影。

“我只想对湖人球迷们说一声谢谢。你们是独一无二的存在，”詹姆斯对那些蜂拥而至，只为见证这一代人才能看到的历史时刻的球迷说，“能够与如此伟大、传奇的球员贾巴尔同在一处，我感到无比谦卑。请大家起立，向我们的‘队长’致敬，好吗？”

詹姆斯接着感谢了自己的家人，以及一路以来支持他的人，包括现任总裁萧华和已故前任总裁大卫·斯特恩。

“我真的非常感激你们让我参与到这项我从小梦想的事情中。”詹姆斯动情地说。

尽管詹姆斯常常坚持说自己不是一个“得分手”，但这位湖人球星显然用行动打破了自己的说法。

考虑到他迄今所取得的一切——包括四个总冠军，如今又将NBA历史得分纪录纳入履历，这无疑为他在“历史最伟大球员”之争中再添一笔。许多人一直认为，这场辩论的焦点就在詹姆斯与迈克尔·乔丹之间。

当被问到这项纪录是否有助于巩固他在历史最佳之争中的地位时，詹姆斯回答说：“对我来说，这非常适合在理发店里聊个没完。这类讨论会一直存在下去，永远不会停止。如果我是总经理，或者我要创建一支球队，并且拥有状元签，我会选我自己。”

“但那只是我自己的想法，因为我相信自己，相信我能带来的价值。我是那个能在20年里不断重塑自己比赛风格的球员，能在联盟中打任何一个位置，并在每个位置都打出统治力。”詹姆斯说，“我能从一号位打到五号位，我拿过助攻王。我做到了这个比赛所要求的一切，也在不断改变自己去适应。”

“我能跟上时代，不断调整、改进自己的打法。这一点我非常自豪，”詹姆斯继续说，“但这并不是在贬低其他人。这个联盟有太多伟大的球员，他们都在NBA留下了深远的影响。这项运动本身就很美，而参与其中的球员也一样出色。但说实话，我不会选别人胜过我自己。”

为了这场具有历史意义的比赛，湖人队为媒体开放了超过200张采访证，规格堪比季后赛的关键比赛。詹姆斯的家人和来自俄亥俄州阿克伦的亲友悉数到场，其中还包括几位高中时期的队友。

而詹姆斯也没有让他们失望。他在上半场就拿下20分，展现出即便征战联盟20年，依然令人惊叹的进攻能力；到了第三节，他狂砍16分，在一记标志性的后仰跳投中完成了登顶之作。

“很多人都希望我用天勾破纪录，或者来一个标志性的暴扣，”詹姆斯笑着说，“但后仰跳投同样是我的标志动作之一。”

贾巴尔的得分纪录自1984年4月5日之后就未被打破。而詹姆斯出生于同年12月，恰好比这项纪录晚了约九个月。

“勒布朗的职业生涯，是一个立志要统治这个联盟的人写就的故事，”贾巴尔在赛后接受采访时表示，“他已经打了将近20年，你必须给予他应有的赞誉——不只是他打球的方式，更是他能够持续统治联盟的能力。他身上有一种难以言喻的特质，那就是‘领袖气质’。”

“我从没想过有人会打破贾巴尔的得分纪录，”“魔术师”约翰逊在一段祝贺詹姆斯的视频中说道。他曾在担任湖人管理层时，促成了詹姆斯加盟洛杉矶，“现在你穿着紫金战袍，并以一名湖人的身份打破纪录，对我来说更是意义非凡。”

这对詹姆斯而言也是从未设想过的成就，因为他从未将打破得分纪录当作自己打球的目标。

2023年1月，当纪录逐渐逼近时，詹姆斯曾表示：“当我说‘我不是得分手’时，我的意思是，得分从来不是定义我的比赛方式。得分纪录从来不在我的脑海中出现过，因为我一直是个以传球为先的球员。”

贾巴尔整个职业生涯只投进过一个三分球，场均得到24.6分，花了1560

场比赛缔造了历史得分纪录。而詹姆斯则随着时代的变迁不断进化，目前位列历史三分榜第9位，职业生涯场均得分达27.2分，仅用了1410场比赛就追平了这位湖人传奇中锋。

“这段旅程太精彩了。”詹姆斯说道。

与雷霆的比赛结束后，NBA资深摄影师内森尼尔·巴特勒递给詹姆斯一张写着“38390”的白纸，致敬1962年张伯伦砍下100分后手持“100”纸牌的经典照片。

“这就像是在游乐园坐过山车一样，”詹姆斯形容自己的篮球生涯，“你有时会觉得心跳加速，有时会大声尖叫，有时甚至喘不过气来，但你总想再体验一次。这20年来，无论高潮还是低谷，顺境还是逆境，胜利或挫折，我始终保持自我。我一直用自己的方式做事，我不想模仿任何人。我尊重那些在我之前的伟大球员，我愿意承认自己是篮球史的研究者。”

“我不想模仿任何人，我只想做我自己。如果你能始终忠于自我，那无论是赢是输，是成功还是失败，你都会对结果更坦然。而我的这段旅程，真的非常棒，我不会离开。”詹姆斯最后说道。

经典战役

老兵不死，演绎悲壮结局

2023 年 5 月 23 日

2022/2023 赛季西部决赛　第四场

湖人 111 比 113 掘金

出场时间	命中数	出手数	命中率	三分命中数	三分出手数	三分命中率	罚球命中数	罚球出手数	罚球命中率
47：56	15	25	60.0%	4	7	57.1%	6	7	85.7%

前场篮板	后场篮板	总篮板	助攻	抢断	封盖	失误	犯规	得分	正负值
2	8	10	9	2	0	1	1	40	-2

出战2022/2023赛季季后赛之前，詹姆斯和湖人其实处于弱势地位，并没有太多人看好当时以七号种子身份进入季后赛的他们能够走多远。但前两轮先后“以下克上”击败灰熊和勇士后，球迷们又开始期待詹姆斯是否能够再次创造奇迹。

所以，哪怕在西部决赛以0比3落后掘金，湖人都还没有放弃希望，詹姆斯也还没准备好放假。在主场与掘金的系列赛第四战开始前，詹姆斯早早出现在球场上，一次又一次地投篮热身。

就在他专注训练的另一端，掘金队正在进行总决赛颁奖仪式的彩排。他似乎完全不为所动，眼里只有当晚的目标——在这轮七战四胜的西部决赛中延缓被淘汰的命运。

果然，从比赛一开始，詹姆斯就切换到了进攻模式，频频用各种各样的手段得分，甚至传给空切队友八村垒的传球都鬼使神差地直接钻进篮筐里。

虽然比赛强度的提升，场上的火药味也越来越浓。詹姆斯在第二节与阿隆·戈登发生冲突，场面一度剑拔弩张。当时，戈登打到詹姆斯的脸部，詹姆斯随即愤怒地与其推搡，裁判判罚双方各一次技术犯规，此时半场还剩8分54秒时。湖人球迷看到詹姆斯的火气高涨，也将主场的气氛推向新的高度。伴随着如此的气势，湖人将分差拉大至73比58，带着15分的优势结束上半场。

詹姆斯在上半场的比赛里，一个人13投11中狂砍31分，创下个人季后赛半场得分新高，他此前的季后赛半场得分纪录是30分。而如果只看第一节，他在首节独得21分，也追平了科比在2009/2010赛季西部决赛对阵太阳时创造的湖人队史个人季后赛单节得分纪录。

只不过，下半场比赛就像那一轮系列赛被提及最多的“大火收汁”一般，掘金在第三节以36比16的攻势抹平了上半场15分的劣势。湖人虽然上半场轰下73分，创造2022/2023赛季季后赛半场最高得分，但在第三节全队只

拿到16分，这是他们整个季后赛单节最低得分。

和前三场比赛一样，掘金在第四节顶住了湖人的反扑。在比赛还剩5分钟时，湖人一度追平了比分。随后，约基奇就立刻命中了一记后仰三分，这种高难度投篮对这位中锋来说已经司空见惯。虽然戴维斯在比赛还剩1分13秒时两罚命中将比分再度扳平，但约基奇很快又投中一球，掘金再度领先。

接下来，詹姆斯在还剩26秒时尝试一记奇怪的后仰跳投，结果球严重偏出。穆雷的转身跳投不中，给了湖人最后一次机会。但在压哨时刻，詹姆斯的突破上篮遭到穆雷和戈登联手封堵，官方记录将这一关键盖帽记在戈登名下。

“比赛打到最后关头，球在勒布朗手里，那几秒简直像过了一辈子一样漫长。”掘金主帅迈克尔·马龙赛后说，“当终场哨响的那一刻，一切都显得有些不真实。我对我们的球员感到无比骄傲。”

詹姆斯此役砍下40分、10个篮板和9次助攻，即便是NBA历史得分王，也无法阻止这支阵容深厚、打法多变的掘金队拿下他们的第六场连胜。比赛结束后很多人才意识到，詹姆斯全场仅仅休息了4秒钟。“他带着延续系列赛的决心走上球场，”时任湖人主帅的达文·哈姆赛后说，“他整年都是这样，包括整个季后赛，总是带着专注与坚定，为了赢球不惜一切代价。”

整场比赛，詹姆斯可谓拼尽了全力。除了上半场独得31分创造纪录外，他在下半场又在防守端倾尽全力，第四节连续两次对约基奇造进攻犯规，让这位双MVP背上第五犯。他也数次在与穆雷的挡拆中被迫换防，全场多次双手撑膝，肉眼可见的疲惫。

与掘金的四场系列赛，詹姆斯场均出战42.7分钟，贡献27.8分（命中率51.9%）、9.5个篮板、10次助攻、1.5次抢断和0.8个盖帽，这也是湖人从2胜10负起步，到最终成为NBA历史上第二支打进分区决赛的七号种子球队的重要支柱。而他一直带伤出战——此前右脚肌腱撕裂导致他缺席了一个月，他最终选择保守治疗而非医生建议的赛季报销手术，如果不是这个选择他根本不可能复出。

但在输球后，詹姆斯还是向掘金表示了敬意。“我和AD（安东尼·戴维斯）在更衣室里聊了一会儿，我们一致认为这是我们四年搭档以来遇到的最强对手之一，甚至是最强。”詹姆斯谈到掘金时说，“这支球队非常有组织、搭配合理。他们有得分，有投射，有组织能力，有球商，有身高臂展，有板凳深度。尤其是当你拥有约基奇这样一位球员——他不仅体型庞大，而且头脑极其聪明，对阵他时几乎不能犯任何错误。”

这一场败仗也宣告湖人队本赛季惊人逆袭之旅画上句号。他们在赛季初以2胜10负开局，但在新任主帅哈姆的带领下一路反弹。通过交易截止日前的补强，以及随后两个月的稳定表现，湖人成功闯入季后赛，并接连击败西部第二的孟菲斯灰熊和上赛季冠军金州勇士，一度点燃全世界球迷对他们创造奇迹、冲击冠军的希望。只可惜，詹姆斯和球队最后的努力还是功亏一篑，给这个赛季画上了一个不够完美的句号。

另外，在这场比赛结束后，詹姆斯还给整个篮球世界留下了一个大大的悬念。在赛后发布会的最后，他给出了一个耐人寻味的“转折”——一段关于他在湖人，乃至NBA未来的隐晦表态。

“我觉得这个赛季还可以，”詹姆斯说，“但我不会说这是一个成功的赛季，因为我这个阶段的职业生涯，唯一的目标就是赢得总冠军。仅仅打进西部决赛对我来说没有任何快感，我已经经历过很多次了。这种成就对我来说，已经不再有趣。但我们拭目以待吧，看看接下来会发生什么。我也不知道，真的。我有很多事情需要思考……是关于我个人今后是否继续打篮球的问题，我确实有很多需要思考的东西。”

这番出人意料的发言，尤其是那句“我有很多事情需要思考……是关于我个人今后是否继续打篮球的问题”，完全没有记者提问引导，显得突如其来。要知道，就在45分钟前，38岁的詹姆斯还刚刚在一场季后赛生死战中砍下40分，全场只休息了4秒。更重要的是，他与湖人还有一年的合同（2023/2024赛季薪资为4670万美元），以及2024/2025赛季价值5040万美元的球员选项。

詹姆斯可能退役的说法之所以引发轰动，是因为他如今仍在展现前所未有的竞技水平，尽管他可能已无法像以往那样完全主宰比赛。

早些时候，在被问及第21个赛季以及湖人是否具备下赛季争冠能力时，詹姆斯冷冷地回应道："我还没想这些事，我不知道。"

他也坦言，湖人阵容不确定性太大。"说实话，我也不确定明年阵容会是什么样。"詹姆斯说，"现在确定的，可能就我、AD、克里斯蒂，还有范德比尔特可能有个球员选项之类的吧。我也记不太清了……大多数人合同都不是长期的，最终阵容如何，还得看罗伯（佩林卡）和管理层的操作。"

在已知结果的情况下回头看詹姆斯当时的表态，可以意识到那番言论可能就是这位球星在一个赛季以失望的结果戛然而止时内心的第一想法。经过了一个休赛期的调整，詹姆斯继续身披湖人战袍出战，还在新赛季见证了身边的搭档从安东尼·戴维斯变为了东契奇。但考虑到当时詹姆斯所处的环境，在倾尽全力依旧无法帮助球队更进一步时，沮丧地萌生退意也算情有可原。但幸好，詹姆斯依旧还留在球场上。

Just Do It.
Just Do It.
Just Do It.
LAKERS
23

第五章 武器库

1 突破冲筐

即便身体强壮如詹姆斯，在他进入联盟的第一个赛季里，也需要适应NBA级别的高强度对抗。新秀赛季，詹姆斯的场均得分接近21分，拿到了当赛季最佳新秀的荣誉。虽然说数据和奖项光鲜亮丽，但是新秀赛季的詹姆斯并没有将得分数据和效率很好地结合。

那个赛季，联盟之内一共有46位球员命中了至少1000记运动战进球，詹姆斯的有效投篮命中率仅仅排在第41位。在他最拿手的内线终结领域，詹姆斯的效率同样不算理想。2003/2004赛季，联盟中共有114位球员在三秒区内至少完成200次出手，詹姆斯以57.5%的命中率排在第72位。

不过在一个赛季的适应和调整之后，詹姆斯逐步展现出了现象级的恐怖身体天赋，开始统治球场上防守最为森严的油漆区。进入生涯第二个赛季，他的单赛季禁内得分就已经上升到了联盟第二位。在距离篮筐2.38米范围内的命中率，从新秀赛季不及联盟平均的54%，提高到了64%。禁区得分也从联盟第11位，来到了联盟第3位。再往后一个赛季，詹姆斯的禁区得分已经仅次于奥尼尔，位列联盟次席，场均得分也从新秀赛季的20.9分，逐步上涨到31.4分。可以说内线的极致效率，是詹姆斯疯狂输出的绝对支柱。

将视角放在詹姆斯的巅峰期，从2008/2009赛季到2017/2018赛季，在这十年的时间里，詹姆斯曾经六度在单赛季禁区得分的数据统计上排名联盟第一。不过和曾经的内线霸主奥尼尔不同的，是詹姆斯从外线持球发动的冲击力。

NBA官网在2013年开始追踪球员个人突破的数据，自2013年到离开骑士加盟湖人的2018年，詹姆斯在五个赛季里的突破效率，均是联盟最强水准。在所有单赛季持球突破超过500次的球员里，詹姆斯的突破后终结命中率，在这五年期间从未跌出联盟前五，同时在其中三个赛季力压群雄排名第一位。在詹姆斯的巅峰岁月里，他用爆发力十足的第一步突破撕裂对手的第一层防线，杀入内线之后振翅而飞，在激烈的对抗后完成终结，已经是最屡见不鲜的震撼画面。

近几年，持球挡拆已经成了联盟各队最常用的进攻发起方式。而詹姆斯无与伦比的持球突击能力，让他成为NBA中最难以防守的挡拆发起者。根据美国数据媒体Five thirty eight的数据统计，在2016/2017赛季，詹姆斯在挡拆中持球突破的进攻效率是每百回合135.2分，这个效率甚至能够超越当时获得定位跳投机会的“三分之王”库里（百回合132.5分），足以证明詹姆斯这一撒手锏的绝对统治力。

另外，和很多顶级内线得分手不同的是，詹姆斯在篮下大杀四方，并不需要队友的辅助。以2016/2017赛季为例，常规赛中一共有20位球员在篮下3英尺范围内（约0.92米）的命中率超过七成。詹姆斯77.5%的命中率高居联盟第二，而42.5%的受助攻率则排名倒数第一。比同期的字母哥，还要少了接近十个百分点。在篮下的个人终结能力，绝对是詹姆斯的最强攻城锤。

2 低位进攻

2010/2011赛季总决赛可以说是詹姆斯职业生涯里的一大痛点，在那轮系列赛里，由于背身技巧存在短板，他甚至无法在错位之中稳定高效地单吃矮小敦实的巴里亚。当时美国媒体CBS的分析师马特·摩尔提出了质疑，他觉得詹姆斯拥有如此出色的力量和速度，他比三号位更加高大，比四号位更加灵动，那么他为什么还要坚持出手高难度的漂移干拔，而不是利用自己的优势，在低位去摧毁对手呢？

关于自己进攻端需要补足的短板，詹姆斯从来不会视而不见。热火主教练斯波尔斯特拉在接受采访的时候曾经表示，在总决赛输给独行侠之后，詹姆斯明确表示会在休赛期对自己的背身能力进行针对性的特训。而辅导他的老师，是拥有着低位梦幻舞步的传奇中锋奥拉朱旺。

根据詹姆斯的说法，那个夏天，他与奥拉朱旺训练了四天半的时间，一天训练两次。在休赛期剩余的时间里，詹姆斯苦练并尝试领悟“大梦”的低位技术，每天都会在流程中安排背身专项训练，争取在新赛季取得进步。2011/2012赛季，夏天的特训收到了不俗的效果。常规赛阶段，詹姆斯在低位背身进攻的占比上升到了14%，每回合能够得到接近0.95分。几个月之前还为人诟病的低位能力，在一个夏天之后便成了詹姆斯丰富武器库中的又一柄利刃。

“詹姆斯在新赛季开始成为完全不同的球员，好像是把奥拉朱旺以及尤因的脚步融入了自己的进攻体系中，我不知道之前是否见过一位球员只用一个休赛期就能取得如此之大的进步，詹姆斯低位进攻技术的进步让我们2012年的进攻达到了总冠军的级别。”斯波尔斯特拉在评价詹姆斯的低位技巧时说道。

放眼NBA历史，背身技术一直是顶级得分手再度蜕变的关键，科比和乔丹皆是如此，2011年的詹姆斯也不例外。拥有了背身技术加持，詹姆斯可以在低位最大化利用个人身体优势。除此之外，詹姆斯还在低位进攻训练中优化了自己的技术，变得更加细腻。2011/2012赛季，詹姆斯总计完成了54次转身投篮，命中了31球，命中率高达57.4%。在执行背身单打的时候，右手的勾手也是詹姆斯常用的技巧。

效力热火的后三个赛季，詹姆斯场均低位进攻占比，稳定在了13%左右。再度回归骑士，詹姆斯的低位进攻频率略有下降，不过在随后的四个赛季又重新稳定在了13%上下。进入生涯的后期，詹姆斯的持球爆发力已经无法和巅峰时期相比，而他的低位技巧，则帮助他丝滑地完成了进攻模式的切换，继续利用自己的对抗和球商的优势统治油漆区。

后转身沿底线突破、假动作后勾手终结、后仰高难度跳投、遭遇包夹之后助攻……来到肘区的位置，持球后的詹姆斯的进攻选择千变万化几乎不可预测，不论面对怎样的防守策略，他都能一一化解。能够完成对贾巴尔的超越，詹姆斯健康长久的生涯固然重要。与此同时，随着年龄的增长，根据自己身体的具体情况，增加技巧型进攻方式的比重，摆脱对于身体素质的依赖，也是詹姆斯在得分领域成为常青树的关键。

3 三分球

在历史得分榜上超越贾巴尔的时候，詹姆斯的生涯运动战进球数，却依然与“天勾”存在着超过1700球的差距。为什么詹姆斯在运动战进球数差距如此之大的情况下，还能够如此高效地追赶上贾巴尔的脚步呢？答案很简单，就是三分球。

在詹姆斯刚刚进入联盟时，整个篮球的战术重心依然集中在内线，奥尼尔和邓肯是联盟中最具统治力的球员之一。不过如今，联盟的格局早已经在2015年前后发生了改变，詹姆斯也成为整个联盟里最快接受三分球的球员之一。不过，和绝大部分得分都来自油漆区内的贾巴尔相似，詹姆斯在刚刚进入联盟的时候，他主要得分区域同样是篮下。

詹姆斯生涯的前两个赛季里，他有37%的出手都来自距离篮筐三米左右到三分线之间。詹姆斯并不介意出手大量的三分球，但是在职业生涯初期，詹姆斯的三分球投射表现并不理想。在2003/2004新秀赛季，在常规赛至少完成200次三分出手的74名球员里，詹姆斯29%的三分球命中率排名倒数第三。虽然说他在新秀赛季摘得最佳新秀的桂冠，但是他毫无疑问是联盟中最糟糕的外线投手之一。

根据数据统计，詹姆斯新秀赛季的平均出手距离是4.78米，处于中近距离的位置。而在2021/2022赛季，詹姆斯的平均出手距离则来到了6.85米，更加接近三分线。和联盟大部分的球员一样，詹姆斯开始增加三分球投射，并且放弃了不划算的长两分的出手。根据ESPN的数据统计，詹姆斯的主要接球区域集中在三分线外的左侧区域，这不仅是他最喜欢的三分出手区域，同时也可以在这里用右手持球，向他最喜欢的中路发起突破。

新秀赛季，詹姆斯只有10.1%的运动战进球是在三分线外投进的，中距离的占比则达到了29.4%。在他的生涯第二十个赛季里，这个数字几乎完全颠倒过来。超过20%的运动战进球如今都来自三分线外，中距离的命中数占比则降低到了10%左右。

2020/2021赛季到登顶历史得分榜的2022/2023赛季，詹姆斯有30%左右的得分都来自三分线外。在他追逐历史得分王的道路上，三分球扮演了十分重要的角色。首先，因为三分球的得分效率更高，这无疑加速了他赶超贾巴尔的进程。第二则是在年纪增大的情况下，詹姆斯的得分效率得到保持。贾巴尔在42岁的时候得到了生涯的最后一分，而超越贾巴尔时，詹姆斯不过只有38岁，相比于贾巴尔纪录终止时的年纪，还是相对年轻的。

生涯绝对巅峰之际，詹姆斯在球场上为我们展现了自己极致的身体能力，为篮球世界留下了无数精彩绝伦的进球集锦。不过没有人可以永葆青春，和十年前相比，现在的詹姆斯就篮球风格而言，已经是完全不同的球员了。NBA追踪突破数据已经有十年之久，2022/2023赛季常规赛前半段，詹姆斯的场均突破次数一度创造有数据统计以来的生涯最低。2019/2020赛季，詹姆斯的场均突破次数为13.9次，2022/2023赛季已经降低到了9.7次。2023/2024和2024/2025赛季，詹姆斯的这项数据稳定在10.3次上下。

在30岁与40岁期间，贾巴尔通过几乎不可被防守的天勾在联盟中立足，詹姆斯选择用远距离投射来稳定自己的得分产量。得到38387分时，贾巴尔职业生涯命中了15836记两分球，而当詹姆斯来到这个里程碑时，他则是在两分球命中数少于12000记的情况下，完成了对贾巴尔的超越。

截至2025年夏天，詹姆斯的生涯常规赛三分命中数为2559记，排名历史第七，距离超越传奇射手雷吉·米勒仅有两球的差距。毫无疑问，詹姆斯对三分球的开发，是他能够成为历史第一位40000分先生的关键因素。

随着年龄的增加，三分球也成了詹姆斯继续征战赛场的大杀器。2023/2024赛季，詹姆斯的三分球命中率高达41%，创造生涯单赛季最高值。2024/2025赛季，他的这项数据也高达37.6%。

加盟湖人之前，詹姆斯的单赛季三分球出手占比从未超过30%。而在加盟湖人之后，30%的三分出手占比已经是多数赛季的常态。生涯至今，詹姆斯的生涯三分球命中数已经高于以投射见长的汤普森、雷迪克、诺维茨基以及科沃尔。如果再征战两个赛季，他甚至有可能在NBA历史三分榜上超越雷·阿伦。詹姆斯曾经在三个不同的赛季里，单赛季两分球命中数领跑联盟，但是三分球，仍旧是他追逐贾巴尔之路上不可或缺的武器。

4 无球能力

詹姆斯是联盟历史上最强的持球核心之一，当他站在球场上的时候，赢球的最好的方法就是将球交到他的手里，给予他最极致的进攻自由度。不过，开放的球权并不意味着詹姆斯不具备融入团队，利用无球进攻斩获得分的能力。从热火时期的波什、韦德，到重回骑士之后的欧文、乐福，再到加盟湖人之后的戴维斯与威斯布鲁克，詹姆斯在生涯的不同阶段与很多出色的球员有过合作。在他需要让出球权的情况之下，詹姆斯依然能够通过阵地空切、转换快攻以及接球跳投高效斩获得分。

在2012/2013赛季，詹姆斯55%的三分球命中都来自队友的助攻。以他效力热火的最后一年，也就是2013/2014赛季为例，詹姆斯赛季三分球出手总数为306记，其中有122记是通过接球跳投完成的，比率接近40%，命中率高达44.3%。那个赛季，联盟中一共有166位球员单赛季接球跳投的三分球出手次数达到100次，詹姆斯的命中率与顶级接球投手汤普森持平，排名联盟第九位。在他身边辅助以出色的持球人与进攻梳理者，詹姆斯完全有能力通过无球的方式，更加高效地创造得分。

和韦德、波什并肩作战的时候，算得上是詹姆斯生涯队友配置水平的巅峰，也正是在那段时间，詹姆斯打出了个人生涯最高的投射效率。他学会了如何在无球状态下打球，如何优化自己的投篮选择和进攻决策，这是在一支顶级球队才能学会的宝贵经验。回顾詹姆斯职业生涯，他仅在三个赛季，将三分球的投射命中率提高到37.8%以上的水准，其中两个赛季来自热火时期。

“热火作为一个整体，我们所打的团队篮球风格，会让詹姆斯可以更多地进行无球进攻。”波什在接受采访时说，“在回到骑士之后，他更多地开始掌控球权，球队需要他通过个人能力做到更多，湖人的情况也是一样。但是在热火打球的时候，我们可以让他去打无球，让他通过空切终结，为他设计无球的战术，让他前往内线得分。”

当然，在韦德和波什身边打球，詹姆斯的空切移动也都颇具破坏力。“詹姆斯也会学习韦德的空切和无球技巧，詹姆斯会说：‘这些事情我都能做。’詹姆斯还会像波什一样进行掩护、挡拆以及顺下冲筐，这成了热火进攻体系的一部分，特别是我们把他放到四号位的时候。不论其他伟大的球员在做什么，他都能效仿学习，并加入他的武器库中。”斯波尔斯特拉说道。

回到骑士之后，詹姆斯虽然降低了自己的无球进攻比重，但是效率依然出色。拥有个人进攻能力顶级的欧文以及具备上线策应技术的乐福，詹姆斯的空切变得尤其犀利。在2016/2017赛季，詹姆斯赛季5.8%的空切出手占比并不算多，但是每次利用空切终结，他可以为球队得到1.56分，效率足以碾压同期全联盟超过93.7%的球员，命中率高达离谱的83.1%。加盟湖人之后，詹姆斯同样能够利用无球空切能力高效得分。如今和东契奇联手，这一技术必然可以帮助他更加轻松地完成得分，与新生代持球核心共存。

当詹姆斯全力冲刺，以最大动能接到篮球获得终结机会的时候，他显然已经不可阻挡。虽然说詹姆斯总是被视为极具统治力的有球攻击手，可当有另一位球星可以将他在进攻端进一步解放的时候，完全甩脱枷锁的詹姆斯会将对手完全摧毁。现在，詹姆斯与东契奇搭档，无球的能力将继续成为他最强大的武器之一。

5 中距离跳投

2012/2013赛季总决赛抢七大战还剩下50秒，邓肯在低位的勾手偏出，错失了扳平比分的机会。随后，借助查尔莫斯的掩护，詹姆斯持球来到中距离，在三分线内一步的位置直接选择干拔跳投。篮球在空中画出美妙弧线之后，清脆入网，将分差扩大到4分，锁定总冠军。如果说相同的剧本在2006/2007赛季总决赛里上演，很有可能是不同的结局。

在2006/2007赛季总决赛中，波波维奇麾下的马刺严格贯彻对詹姆斯“放投不放突”的防守策略，有效限制了当时投射并不稳定的詹姆斯。在那轮系列赛里，詹姆斯总计完成47次跳投出手，仅有8次命中，中距离27投只有4中，效率惨淡。

进入联盟前几个赛季，中远距离跳投一直是詹姆斯的主要技术短板。有着身体能力作为支撑，詹姆斯起初并不需要刻苦训练投篮，也能在联盟里大杀四方。在他的新秀赛季里，联盟中有126名球员中距离出手次数达到200次，詹姆斯33.2%的命中率排在这些球员中的119位。经历了2006/2007赛季总决赛被马刺冰封横扫之后，詹姆斯痛定思痛，在投篮训练上下了苦功。

为了改善投篮技术，詹姆斯邀请了自己在进入NBA前就相识的克里斯·简特，向这位曾经在俄亥俄州立大学打球的投手取经。“看了他的投篮，我感觉也许他可以帮助我像他一样投篮。我被他的工作态度、诚实和纯粹的性格吸引了。我不是一个轻信别人的人，但是我相信简特。”詹姆斯说道。师傅领进门修行在个人，詹姆斯为了强化自己的投篮能力，发了疯似的训练。

简特在采访中表示，詹姆斯在投篮训练中付出的时间是难以置信的，普通人无法想象他为此付出了多少努力。在优化了詹姆斯的投篮动作和手型之后，接下来要做的就是大量重复且枯燥无味的投射训练，让肌肉形成记忆。根据报道，詹姆斯在每天的常规训练开始之前，都会进行长达一个半小时的投射训练。训练结束之后，也会再度加练。每个训练日，詹姆斯都要进行上千次的投篮训练。即便在征战奥运会期间，詹姆斯也会在晚上单独与简特继续进行投射练习。

在如此高强度的特训之下，功夫不负有心人，詹姆斯的投射效率逐渐开始增加，中长距离的两分球命中率在2008/2009赛季以及2009/2010赛季均达到了接近40%的水准。2003/2004赛季，詹姆斯每次跳投出手转化得分仅有0.7分，随后四个赛季也都在0.8分上下徘徊。2007年的夏天之后，詹姆斯的每次跳投出手转化得分开始向0.9分的关口迈进。在2021/2022赛季，詹姆斯每次跳投出手转化得分，已经达到了0.98分。通过勤奋与苦练，詹姆斯让这个曾经制约他站上联盟之巅的枷锁，变成了手中的火枪，一次又一次在关键时刻精准地命中对手的要害。

回到2013年的夏天，在和马刺队总决赛的抢七大战里，詹姆斯总计完成了20次跳投出手，命中了9球，三分线外10次出手更是有着5次的命中。解锁了自己的跳投能力，詹姆斯撕碎了波波维奇为他布下的连环铁锁。蜕变之后，詹姆斯这才成了联盟历史上最为全面，或许也是最无法被防守的超级得分手。

HEAT

第六章 最佳拍档

伊尔戈斯卡斯

“大Z”伊尔戈斯卡斯的生涯并不突出，2002/2003赛季似乎是他最好的一个赛季——那个赛季他以场均贡献17.2分、7.5个篮板、1.9个盖帽，入选了东部全明星替补阵容。不过，由于当时骑士整体实力孱弱，所以这份荣誉并没有引起球迷的瞩目，而且全队和全世界的心思，都集中在了一位叫勒布朗·詹姆斯的天才高中生身上。

但随着詹姆斯的到来，人们发现，“大Z”没有丝毫怨言的就让出了球队老大的位置，同时也没人意识到，“大Z”会和这位“天之骄子”结下深厚的友谊。

2004/2005赛季，“大Z”以场均16.9分、8.6个篮板、2.1个盖帽的表现，成为詹姆斯的得力帮手，他们诞生了不错的化学反应——联手的第三年，骑士就重返了季后赛舞台。

而到了2006/2007赛季，他们更进一步。

在那个赛季东部决赛骑士对阵活塞的天王山之战中，身为詹姆斯身边最强辅助的“大Z”，全场9投6中，砍下16分、8个篮板、2个盖帽，第六战，他再次贡献11分、12个篮板的两双，骑士4比2淘汰活塞，队史首次闯入总决赛。

遗憾的是，这对双人组一直没能更进一步，持续的失利也让詹姆斯饱受外界质疑，但每每这个时候，“大Z”总会站出来挡住那些流言蜚语，这也让二人的关系更加牢固。

2009年11月，“大Z”即将打破队史出场纪录，但由于此时他的出场时间被奥尼尔和希克森占据，不出意外，他被主帅迈克·布朗按在了板凳上。

赛后，詹姆斯大感不满：“我绝对认为他应该上场，这事关他能否创造历史，享受球迷的欢呼。作为他的朋友，我非常生气，我知道他自己也很失望。”

后来在2010年夏天，当詹姆斯决定加盟热火后，他邀请“大Z”一同前往南海岸，希望能帮助他在迈阿密圆梦，但随着2010/2011赛季总决赛负于独行侠，“大Z”再次与冠军擦肩而过。最终，他带着遗憾选择退役，未能实现夺冠的愿望。

不过，两人的情谊延续到了场下。

2014年，詹姆斯特意飞回克利夫兰参加“大Z”的球衣退役仪式，他说：“‘大Z’对我而言意味着一切，当作为一个菜鸟进入联盟时，你会希望有个老将能带带你，而‘大Z’就是这么一个领袖，他教我如何在场下或是场上做一名职业球员。从见到他的第一天开始，我就知道他会是那个我想要一直在一起的那个人。”

“你值得这一切，我的兄弟。”

或许，有些遗憾无法弥补，但真正的友情，远比冠军更加珍贵。

莫·威廉姆斯

2008年夏天，一桩看似普通的交易彻底改变了莫·威廉姆斯的职业生涯——雄鹿通过一笔三方交易，将球队的首发后卫送至克利夫兰，与勒布朗·詹姆斯成为搭档。

当时，谁也没想到，这个穿着骑士2号球衣的小个子，能成为“小皇帝”身边最信赖的副攻手。

2009年1月，在对阵国王的比赛中，小莫出场42分钟，投篮命中率高达62.5%，三分球命中率为58.3%，贡献了43分，带领球队以117比110获胜；而又一个月后，小莫与詹姆斯的默契在对阵太阳的比赛中迎来了彻底展现——那场比赛，小莫用高达69.2%的投篮命中率和58.3%的三分球命中率，狂砍44分、7次助攻，同时，詹姆斯也在比赛中甘当配角，用26分、7次助攻的表现，展现了两人完美的球场兼容性。

显然，小莫与詹姆斯的默契，已经成了球队成功的重要因素。

同年季后赛，小莫仍是骑士可靠的第二进攻点，在东部决赛对阵魔术的系列赛中，他场均得到18.3分、3.7次助攻和4.2个篮板，三分球命中率为37.5%，在系列赛第二场詹姆斯投中压哨三分绝杀之前，正是小莫在还剩51.2秒时命中一记底角三分球将比分追平，这才为后续的绝杀奠定了基础。

2010年，詹姆斯宣布加盟迈阿密热火，小莫也曾感到震惊和失望，甚至一度想要退役，但转机出现在数月后的机场偶遇，据小莫回忆，因为航班延误，两人在登机口偶遇后展开长达三小时深谈，小莫表示：“他让我明白职

业选择与私人感情应该分开。”这次对话被当事人称为“救赎时刻”，也为日后重逢埋下伏笔。

2014/2015赛季，当时小莫正效力于明尼苏达森林狼队。在一场骑士主场对森林狼的比赛中，詹姆斯走到森林狼的替补席前，与小莫交谈。据当时效力于森林狼的球员罗比·赫梅尔回忆，詹姆斯对威廉姆斯说：“莫，你想和我一起打球吗？你知道我是教练兼总经理。”

显然，这是詹姆斯的一句玩笑话，却反映了詹姆斯在球队中的影响力以及他与小莫之间的友谊。

2015年，小莫确实与骑士签订了两年合同，而在小莫回归后，他也为骑士提供了有力的支持，尤其是在凯里·欧文因伤缺阵期间，他承担了更多的责任。

最终，骑士捧起总冠军奖杯，“回家”的小莫，也成为冠军球队的关键一环。

韦德

2003年芝加哥联合试训的走廊里，勒布朗·詹姆斯与德怀恩·韦德的相遇，两个青涩少年在等待体检时开启了改变各自职业生涯的对话，他们聊起篮球，聊起未来。

韦德打趣道："他当时就像个孩子，朝我挥手打招呼，我们聊了很多，但等到准备体检的时候，他却不知道该礼让我先去。"

当时二人都还没预料到，这段对话过后，他们不但开启了长达二十余年的兄弟情谊，更改变了整个NBA的发展历史。

那一年，詹姆斯贵为状元，韦德作为当届五号秀，两人起点虽不相同，但数年间，他们在篮球场上的竞争却写满激烈。

2006年3月13日，韦德的35分、9个篮板、7次助攻对飚詹姆斯的47分、7个篮板，帮助热火攻克骑士，而不到一个月后，詹姆斯复仇般再取47分，虽然韦德也轰下44分给予抗衡，但这一次，骑士以106比99完成了复仇，两人的对抗的戏码因此达到顶点。

不过，虽然二人都享受彼此的燃情对抗，但这并没有影响二人深厚的友情，尽管詹姆斯效力骑士，韦德归属热火，两人却在每次客场相遇都选择住在对方家中——韦德妻子尤尼恩也曾调侃他们就像"共享大脑的双生子"，因为自己婚后和韦德共同用餐，都不像詹姆斯那般准确预判韦德想点的菜品。

而2010年夏天，在詹姆斯的"决定"将这段情谊推向高潮。

自2006年捧起总冠军之后，韦德饱受伤病困扰，同时，詹姆斯却一直苦

于身在克利夫兰的孤掌难鸣之中，于是，一笔震古烁今的转会正式上演——詹姆斯宣布将天赋带往南海岸。

对于好友的到来，韦德难掩心中的激动，他认为彼此联合足以干出一份事业，可在NBA，没有一份成功可以来得如此轻松——2010/2011赛季总决赛，热火不敌独行侠。纵然韦德场均得到26.5分，但詹姆斯却发挥失常，他场均只有17.8分。

这时，韦德意识到了什么。

"如果是22岁或者25岁的我，一定不会这么做，我不会想和他联手，"韦德回忆道，"但我28岁了，我不想球队再被淘汰，也不想再经历一次磨合的折磨。"

所以那个深夜，韦德主动找到詹姆斯，表示自己愿意让出战术核心地位，全力辅佐自己的好友统领全队，也是这次让步，催生出了经典的"詹韦连线”，诞生了更强的热火。

2011/2012赛季与2012/2013赛季，詹姆斯与韦德相互成全，前者包揽了常规赛和总决赛MVP，而韦德也终于再次收获自己梦寐以求的总冠军戒指——尤其是2013年这一冠，抢七大战，詹姆斯砍下37分，韦德拼到腿部抽筋跪地膝行救球，二人联手率队在第四节奠定胜局，以95比88险胜马刺捧杯。

场上的合作让二人名垂青史，但场下的尊重更使他们情谊深厚。

2014年，功成名就的詹姆斯想回归骑士，在此之前，韦德并没有出面劝说詹姆斯留队，因为他不想干扰詹姆斯做出决定，他认为这是朋友之间的相互尊重。而詹姆斯也给予了韦德体面——在公布决定前，詹姆斯提前致电韦德，告诉了他自己的选择。

时光飞逝，韦德与詹姆斯虽然也曾在骑士短暂相会，但不是所有故事都有一个甜蜜的结尾，好在，他们彼此的感情还在。

2018年，韦德在洛杉矶的最后一舞，詹姆斯死守韦德的绝杀三分后，两人长达三分钟的拥抱让2万观众潸然泪下。而赛后两人互换的球衣上，韦德专门为身穿紫金23号的詹姆斯写下“致6号：你让我有了超越想象的伟大”。

或许，詹韦这段跨越两个十年的情谊，早已超越了篮球胜负，化为彼此生活的符号。

波什

曾经的波什，是场均24分、10个篮板的球队老大，在多伦多的七个赛季，波什多次入选全明星，两次率队闯入季后赛并在2006/2007赛季入选了NBA最佳阵容第二阵容。那时的他，正是猛龙进攻端和防守端的绝对支柱。

然而，随着球队战绩的起伏，波什逐渐意识到个人的努力无法带领那支球队走向更高的舞台。于是在2010年，他选择加盟迈阿密热火，与詹姆斯和韦德组成了当时联盟最具威胁的三巨头。

在詹姆斯和韦德身后，波什的角色发生了改变，他主动让渡球权，从进攻核心，转变为热火体系中拉开空间的高炮台——投更好机会的球，承担防守和篮板卡位的任务。

而波什的牺牲，确实给了热火创造王朝的机会。

2011/2012赛季东部决赛，在凯尔特人拿到赛点后，波什在第六场复出，又在第七场成为詹姆斯身边最好的攻坚手——10投8中，砍下19分、8个篮板、1次抢断、1个盖帽，帮助热火连续第二年杀入总决赛并成功捧杯。

而最让球迷们难忘的，莫过于2012/2013赛季总决赛第六场，一直被球迷诟病“不抢篮板”的波什，先是抢到关键篮板并助攻雷·阿伦追平比分，后在加时赛封盖丹尼·格林，帮助热火逆转取胜，成功卫冕。

2014年夏天，三巨头时代结束，一开始波什虽然对詹姆斯的离去颇有微词，但后来，他尝试从詹姆斯的视角来审视问题，了解了回到克利夫兰于詹姆斯而言意味着什么。

波什说："我花了一段时间才克服了这件事，我很高兴我们重归于好。"

后来，波什因肺部血栓连续赛季报销并遗憾退役，詹姆斯也第一时间表达了惋惜和支持："最重要的是他的健康。无论他做什么决定，我永远支持他。"

回顾在热火的那段日子，波什表示："当时很难，开始我确实认为他们都很会传球，然后我就可以成为球队得分王。"

最后，波什做出了牺牲，他或许并不是詹姆斯身边名声最响亮的搭档，但他用自己的转型，不但为NBA提供了空间型内线的模板，更诠释了无私的含义——他的三分命中率提升至34.4%，防守覆盖面广，可以从中锋换防到后卫。

而热火的战术体系在波什的转型后更加多元化，也为球迷们创造了珍贵的篮球回忆。

欧文

2011年，被选为状元的欧文在骑士找到了自己的舞台——人们惊叹于欧文那双能在狭小空间里舞动的手，更惊叹于他那凌厉的运球线路与惊人的得分能力。但是，华丽的球风并不能为球队带来胜利，所以，满是废墟的克利夫兰一直在等待，等待着年轻人的发展，或者等待着那个人的回来。

三年后，功成名就的詹姆斯选择回家继续兑现自己的冠军誓言——这次的回归，也着实影响了欧文的职业生涯。

开始的时候，詹欧组合磨合并不顺利，在外界都认为欧文会愿意心甘情愿辅佐詹姆斯继续冲击总冠军时，欧文却一心想在詹姆斯身边做自己，有时候在场上，他们会同时游离于体系外，还会同时向队友比画不同的战术手势。

不过，这并不代表着欧文不愿意和詹姆斯搭档，而詹姆斯也没有因此对这位年轻气盛的小兄弟大发雷霆。于是，突然间，一切都变了模样。

他们的默契仿佛是命中注定，詹姆斯利用几乎无所不能的传球视野，多次在场上为欧文送出助攻，而欧文则用犀利的切入和稳定的关键投篮回馈信任。最令人难忘的便是2015年骑士挑战马刺的比赛，欧文以惊人的表现砍下职业生涯最高的57分，带领球队以128比125获胜。这场比赛，詹姆斯第一时间就给予了欧文高度评价："这孩子很特别，我们都知道，也都看到了。他今晚的表现令人难以置信。"回家又在社交媒体上写道："兄弟，你真的非常特别！你知道我一直支持你！恭喜你，小兄弟。"

后来，他们也在彼此支持中走上了巅峰。

2015/2016赛季总决赛，在总比分1比3落后的绝境中，欧文成为詹姆斯

身边的最佳帮手——持球单挑、单场40+，以及在詹姆斯完成绝命封盖之后命中关键一投。他们合力将总冠军带回了失落了52年的克利夫兰，创造了一场篮球史上的奇迹。

那一刻，他们彼此相拥，泪水与笑声交织，也让无数人的青春和回忆在此凝结。

但人总有不甘与追求。2017年夏天，欧文提出交易请求，二人命运轨迹拉开了距离。

外界议论纷纷：有人说欧文渴望成为球队绝对核心，说球队战略和个人野心难兼容。

但这改变不了什么，詹姆斯表态不会责怪欧文的选择。只是球迷心中却始终留着对黄金搭档的怀念，哪怕他们在全明星赛上短暂联手，詹姆斯就“地平说”表达了自己对小兄弟的支持，都足以让球迷们暂时忘记詹欧组合其实早已天各一方。

可他们真的闹得不可开交吗？欧文仍然会点赞詹姆斯的社交媒体，会在詹姆斯成为NBA总得分王时送上最真挚的祝福，而詹姆斯也会想起与欧文合作的岁月，关注小兄弟球队的晋级之路，在第一时间为独行侠战斗至倒下的他，送上由衷祈祷。

时光真的能冲淡一切，没有华丽的公开声明，无须大张旗鼓的仪式，当欧文出现在场边观看詹姆斯比赛，就足以让人为之动容。或许这就是完美的和好，回忆与祝福交织，将那段无可复制的岁月，永远刻在每个人的心底深处。

乐福

从2014年夏天骑士迎来了凯文·乐福开始，他与詹姆斯的命运便紧密交织在一起。

此前，乐福在森林狼共出战364场，既能凭借背打在内线得分，也能在中距离及三分线外出其不意地远投，场均还能抢下12.2个篮板（包括3.7个进攻篮板），但由于森林狼战绩一直不见起色，还是让乐福的风评跌入了谷底。

来到骑士后，詹姆斯便告诉乐福不要畏惧他人言论，做自己就好，因为他知道乐福的价值绝不仅限于得分与篮板。

很快，乐福就进入了角色，比如，他在2016年11月24日对阵开拓者的比赛首节就砍下了34分，创造了NBA单节第二高分的纪录，全场贡献40分，让詹姆斯惊叹“他简直自己干翻对手”；再比如2016/2017赛季东部决赛对阵绿军的第一场，乐福更是拿下个人季后赛生涯新高的32分和12个篮板。

不过，正如当年媒体所言，想要和詹姆斯并肩作战，就必须“牺牲”一些个人数据和出手权，诚然，这样的滋味有时候并不好受，乐福多次承认自己的心理疾病，但他还是主动调整了自己的打法，只是有时候面对外界的指责，他在客场出现过恐慌发作的情况，可是，如若得到的是更多的季后赛舞台与冠军机遇，乐福甘之如饴。

2015/2016年赛季总决赛，骑士迎战73胜的勇士，虽然总决赛第二场乐福就遭遇脑震荡缺席了第三场的比赛，但复出后的他依旧坚定地为球队拼抢，哪怕大比分1比3落后，他也不曾有过放弃的心态，终于在第七战，在詹姆斯的“THE BLOCK”和欧文的三分之后，乐福也用一次关键防守限制了库里，成为那场历史大逆转中不可或缺的一环。

不过在荣誉面前，乐福最看重的还是与詹姆斯并肩战斗的那段时光。在社交平台上，乐福也不吝对好友的祝福，比如在詹姆斯40岁生日时，他干脆地在视频中说“爱你兄弟”，再次展现了他们场下真挚的情谊。

而当我们回看詹姆斯与乐福这段携手征战的岁月，会发现他们不仅仅是队友，更像是一起在风雨中前行的兄弟。

乐福的无私与坚忍，让他成为詹姆斯最值得信赖的伙伴之一；而詹姆斯的伟大，也因乐福这位忠诚战友的相伴而更加闪耀。

正是这种相互成就的真情，才让他们的故事历久弥新。

安东尼·戴维斯

在詹姆斯的职业生涯中，搭档的全明星内线球员不少，但安东尼·戴维斯（绰号“浓眉”）无疑是最特殊的一位——不只是特殊的眉毛，相较于詹姆斯此前的内线搭档波什和乐福，“浓眉”的全面性显得尤为突出。

比如，他既能通过无球跑动与詹姆斯完成挡拆配合，又能凭借顶级的护框能力撑起防守体系。他的存在让湖人不再需要为“詹姆斯的突破空间”或“内线防守漏洞”妥协，媒体也对其发表了最高等级的评价：“‘浓眉’是詹姆斯搭档过的最强内线，没有之一。”

从2019年加盟湖人开始，“浓眉”与詹姆斯便以“詹眉组合”之名开启了紫金军团的新篇章，而由于两人技术互补，他们也就可以轻松的统治比赛。

尤其是那个让无数球迷黯然神伤的2019/2020赛季。

2020年年初，科比的逝世刺激了每一位湖人球员，也由于这件事，詹姆斯和“浓眉”决定以身作则，公开承诺要以为紫金军团捧回总冠军奖杯，向这位传奇致敬——于是，“浓眉”与詹姆斯打出来二人攻防两端最具统治力的一年。

他们先后以4比1淘汰开拓者，再以4比1击败火箭，西部决赛遭遇掘金时更在生死时刻由安东尼·戴维斯命中绝杀三分，最终在总决赛中以4比2战胜迈阿密热火，摘得队史第17冠。

季后赛中，詹姆斯和戴维斯在季后赛中场均命中率超过50%，并且都可以砍下25+得分，詹姆斯以29.8分、11.8个篮板、8.5次助攻荣膺总决赛MVP，戴维斯则以582分成为季后赛得分王。

随着两人合作越来越多，詹眉的默契也延伸到了场外。两人在生日惊喜、赛前恶作剧、影视邀约和公益活动中均有温馨或搞笑互动。而在2021年，詹姆斯筹备《空中大灌篮：新传奇》时，第一时间向戴维斯发出邀请，透露“想让他一起飞越太空”，戴维斯则在很早就表示这是自己“小时候最爱的电影”，二话不说就答应了詹姆斯的邀请。

但是，残酷的商业联盟彻底改变了这段佳话。

2024/2025赛季，机缘巧合下，湖人管理层将“浓眉”送至独行侠，换回东契奇。这笔交易被人们广泛认为是球队对未来的押注，但也确实让湖人付出了内线深度的代价。

失去“浓眉”后，湖人仅剩海斯、八村垒等角色球员镇守禁区，2024/2025赛季季后赛首轮，湖人在面对森林狼时将自己的内线劣势暴露无遗：戈贝尔的篮板、里德和兰德尔的攻防表演，让湖人的收缩防守策略彻底失效。森林狼凭借第五战内线球员的完美发挥，将湖人4比1淘汰。

不过回望詹眉的合作，他们已经用总冠军证明过彼此的契合，当湖人球迷为失去禁区支柱而叹息时，或许更应铭记那些年詹眉连线时的震撼。

卡梅隆·安东尼

2022年，湖人客场对阵太阳，比赛进行到第二节，卡梅隆·安东尼接到勒布朗·詹姆斯的传球命中三分，帮助湖人追近比分的同时，也成全了好友詹姆斯的生涯第10000次助攻。

这一切都是那么的奇妙，曾经互相对抗数十年的“绝代双骄”，终于在职业生涯暮年披上同一件战袍。那个赛季，他们共同出战46场比赛，在斯台普斯中心上演了无数的温情戏码。安东尼动情回忆着那段短暂的时光：“每次和勒布朗站在一起，都像是我们都回到了十五六岁。”

时间追溯到2001年，当时才16岁的安东尼与詹姆斯参加了美国篮球发展营，在训练赛中，还是高中生的两人每场都能砍下24分，他们几乎统治了每一场比赛，但对于“甜瓜”安东尼和詹姆斯而言，两人的关系还只停留在球场上——安东尼的投篮让詹姆斯疯狂，詹姆斯的身体素质也收获了“甜瓜”的称赞，仅此而已。

真正让两人的关系拉近，还是由于主办方的安排，两位天才少年入驻同一间酒店，机缘巧合下，他们畅聊起自己的成长经历和篮球梦想，成了无话不谈的好友。

这份关系持续到了职业赛场，尽管在NBA赛场上各为其主，但当二人身披国家队战袍时，他们总能迸发惊人默契。

在2008年北京奥运会上，两位前锋场均能合力贡献27分，他们和一众巨星带领“救赎之队”重夺奥运会金牌，而到了2012年伦敦奥运会，这对“前锋组合”再度联手，帮助球队卫冕了奥运会金牌。

几次国际赛事中的合作，给了二人无限的畅想，鲜为人知的是，早在2014年休赛期，两人就曾在迈阿密密谈过组队可能，只是最后，安东尼选择留在纽约。

当时，他们都以为未来还长。但眨眼，二人真正迎来合作，却是七年后的事情了。

2021年，当湖人管理层询问詹姆斯引援意见时，“甜瓜”的名字依然是他推荐名单的首位。虽然此时的安东尼已经状态不在，湖人在那个赛季也未能闯入季后赛，但这份信任变为了球场上的精彩时刻，还是给了球迷们对二人联手的无限幻想——如果二人更早的联手呢？詹姆斯是否能收获更多的荣誉？“甜瓜”是否能延长生涯甚至捧起自己渴望的冠军金杯？

这一切你我都不得而知，不过，至少“绝代双骄”的故事，还会留在人们心底很久很久。

东契奇

在勒布朗·詹姆斯职业生涯的黄昏时刻，洛杉矶湖人以一笔震动联盟的交易迎来了一位足以改写球队未来的球员——卢卡·东契奇。这位年仅25岁的斯洛文尼亚天才，带着欧洲联赛MVP、两次西部决赛之旅和一次总决赛经历的光环，在2025年2月以近乎好莱坞的方式空降天使之城，成为詹姆斯职业生涯末段最特殊的合作伙伴。

东契奇的履历堪称传奇：他15岁便在欧洲顶级联赛亮相，18岁加冕欧冠最年轻MVP，2019年以探花身份登陆NBA便斩获年度最佳新秀，2020年至2024年连续五次入选NBA全明星和最佳阵容。

或许，“满分组合”的组成，也暗含着历史的必然。

当39岁的詹姆斯需要减轻组织压力时，东契奇恰好是联盟最顶级的进攻发起点；当湖人亟须后詹姆斯时代的领航者时，25岁的欧洲天才完美契合豪门传承需求。

初抵洛杉矶的发布会上，东契奇手持紫金77号球衣难掩兴奋：“我很高兴能来到这里，和勒布朗·詹姆斯一起打球，加入这支历史悠久的球队。”

而詹姆斯也致电新搭档，因为这位年轻搭档，不仅给他带来了得分与组织的双重解放，也让他得以更多出现在无球空间完成终结。

正如《华尔街日报》所言，东契奇的这笔交易看起来并不糟糕。毕竟“满分组合”并没有过多的磨合就将湖人带领到了西部前三的位置，如果湖人能够在不远的未来引进更适配的球员，那不仅将重塑西部格局，也将开创

NBA的新篇章。

大胆畅想吧，下个赛季，当詹姆斯抢下篮板继续发起快攻，当东契奇用招牌后撤步跳投为湖人命中绝杀，洛杉矶主场的山呼海啸，不仅是继续歌颂这位“欧洲魔术师”与“天选之子”的组合，更有对紫金传奇延续的喜悦，以及对下个“Show Time”时代开启的畅想。

科比

通常，科比和詹姆斯的名字很少与“搭档”一词直接挂钩，但如果我们从球场角色、战术互补和精神追求的角度深入思考，两者的搭档关系却自然而然地展现出不错的互补性和共鸣。

比如，詹姆斯以出色的助攻视野和全面的进攻手段著称，而科比则以敏锐的终结能力和关键时刻的得分爆发而闻名。

如果两人同场竞技，攻防两端的配合必定天衣无缝。

科比本人也曾在节目中直言：“如果要找一个最适合与我搭档的球员，那就是勒布朗。他是天生的组织者，而我是终结者，二者的打法非常互补。”

这对曾在2008年和2012年奥运会上为美国队并肩作战的搭档，也展现了令人惊叹的默契。

在纪录片《救赎之队》（*The Redeem Team*）中，科比回忆道：“在训练营里，你能感受到詹姆斯的篮球智商，他能迅速洞察对方的布防，并做出精准决策。”

美国男篮主席科朗吉洛也表示，科比与詹姆斯的经验和领导力是美国队争夺金牌的重要保障。

2012年伦敦奥运会四分之一决赛中，美国队迎战澳大利亚。科比在下半场命中六记三分；而詹姆斯则交出了11分、14个篮板和11次助攻的三双数据。两人携手帮助美国队以119比86大胜，顺利晋级半决赛。赛后，科比在新闻发布会上赞扬詹姆斯的领导力：“他在攻防转换中的决策和指挥，总能引领全队。”

科比也时常扮演着导师的角色。詹姆斯曾在节目中回忆道，科比时常鼓励他在关键时刻做出更多决策，尤其是当球队陷入困境时，要敢于承担责任："科比告诉我，真正的冠军是那些敢于承担责任并能在压力下挺身而出的人。这些话一直深深影响我，帮助我在关键比赛中站了出来。"

于是在2012年奥运会金牌战美国与西班牙的对决中，詹姆斯在第四节的暴扣和三分球拉开比分，而科比则连续得分，最终锁定胜局。

2020年，已经身披紫金战袍的詹姆斯与科比的交流越来越多，40岁的詹姆斯回忆道："我们在美国队时虽同属一队，却时常竞技分歧，一东一西。直到我成为湖人、他功成身退，我们才真正成为兄弟。他叫我'家人'，让我感受到他的支持。"

但在2020年1月26日，科比与女儿吉安娜在一起直升机事故中不幸离世。当时，詹姆斯正乘坐从费城飞往洛杉矶的航班，得知消息后他情绪崩溃，泪流满面，因为对詹姆斯而言，科比的离世不仅是失去了一位朋友，更是失去了一位导师和榜样。

然而，科比留下的精神以及对篮球的无限热爱，将永远激励詹姆斯以及未来无数的篮球运动员们在球场上不断前行，并将"曼巴精神"发扬光大。

LAKERS
24
CLEVELAND
23

第七章 生涯宿敌

乔丹

2003年4月16日，迈克尔·乔丹完成了他职业生涯的最后一战，至此，这位被称为“篮球之神”的男人，留下了六枚总冠军戒指和无数经典瞬间。

同年，被誉为“天选之子”的勒布朗·詹姆斯天赋卓绝，在18岁的年纪就可以打出统治级比赛，他的出现吸引了全世界的目光，23号的传奇在此刻交接，二人的身影自此慢慢重叠，打响了一场长达20余年的没有硝烟的宿敌之争。

二人的第一轮“交手”，是从篮球方面开始的——乔丹的拥趸崇尚着“无可挑剔的完美胜利”，而詹姆斯的支持者，则高举着“全能与从未下滑”的大旗。

世人都无法说明到底哪类球迷的观点更正确，毕竟乔丹与詹姆斯在出场寿命确实显示出了时代的差异——乔丹15个赛季，而詹姆斯则即将迎来个人的第23个赛季。

可荣耀层面，在乔丹的“短短15年”，他却可以场均贡献30.1分，获得5次常规赛MVP、6次总冠军、6次总决赛MVP，9次入选NBA最佳防守阵容还当选过年度最佳防守球员，这与生涯更长的詹姆斯的4次常规赛MVP、4次总冠军、4次总决赛MVP、生涯得分超过42000分，还有11000+篮板和11000+助攻这样的史诗级数据相比并不落下风。

所以只看数据，断然是分不清胜负，于是两人的“对决”进一步发酵，甚至一些篮球界的同侪们都发表了自己的看法，比如，皮蓬直言乔丹与詹姆斯在统计层面“绝无可比”，詹姆斯将成为最伟大的数据先生；艾弗森曾经坚定地维护乔丹是“篮球的永恒标准”，但后来他也为詹姆斯的表现所折服；而更年轻一代，如“字母哥”则认为两人风格迥异，这种跨时代比较并不公平。

随着《最后之舞》纪录片在2020年上映，乔丹时代的回忆被反复渲染，一年后，詹姆斯续演了《空中大灌篮：新传奇》，新一轮对决再次在社交平台上喧嚣。

“GOAT”之争覆盖了全世界，#Team Jordan与#Team LeBron的标签此起彼伏，各种数据图表，游戏对位视频，甚至每一个有二人身影的评论区，都要上演针尖对麦芒……

逐渐，人们发现这场“GOAT”之争已经远超篮球范畴，每一次激烈的讨论过后，总会留下类似于“为什么他们没能生在同个时代”的遗憾和感慨——是呀，这样一对无论从什么角度都是“绝佳”的宿敌，却始终没有同场竞技，或许，这才是这场“GOAT”之争最遗憾的地方。

两个划时代的传奇，本就不该被同一套标准衡量，人们争论不休的话题，实际是一场关于篮球理念的摩擦和碰撞，推动了历史的车轮滚滚向前，让这对从未真正对峙过的“宿敌”留下永恒的篇章，激励着后来者，不断地追求卓越。

科比

一直以来，“23对决24”都被视作“史上最伟大却未曾上演的对决”——科比与詹姆斯从未在季后赛中直接对决，却共同占据着联盟多年的统治地位。两人的职业生涯不仅被外界拿来比较，而且也被视为不折不扣的一对“宿敌”。

科比凭借“曼巴精神”奠定传奇地位，五夺NBA总冠军、两次荣膺总决赛MVP以及一次常规赛MVP的传奇经历，也让他被视作湖人队史的绝对传奇之一。

而詹姆斯则以十次打进NBA总决赛、四次夺冠、四次总决赛MVP和四次常规赛MVP的全能履历，证明了自己能够在不同球队和体系中持续冲冠的领袖价值。

两人职业交手22场，虽然詹姆斯以16胜6负占据明显优势，但每当相遇的那一刻，比赛往往从开球便充满了火药味——比如2010年1月22日骑士与湖人的比赛里，詹姆斯曾过掉科比强攻篮下打成2+1，而科比也在本场比赛成为当时NBA最年轻的25000分先生，二人在本场比赛均砍下30+，比分也胶着到了最后时刻——科比中距离追平，詹姆斯突破上篮再反超……场面好不精彩。

当然，两人的对抗也持续到了全明星周末。

2012年洛杉矶全明星，西部以152比149险胜东部。科比单场得到27分，并超越乔丹成为全明星历史得分王，但全场最让人关注的，莫过于科比与詹姆斯的正面交锋——全明星历史上最具火药味的经典之一。

最后时刻，科比不仅用“投给我看看”这样的话进行语言输出，而且持续用防守施压，逼得詹姆斯无奈回传，最终，球却被格里芬断下，东部也失去了取胜机会。

不过，此役之后，詹姆斯在余下的赛季里激发了自己的进攻欲望，据称正是这场较量，促使他在接下来的季后赛里场均出手量提升了四次，成为更全面的攻坚者。

四年后的多伦多，科比迎来了自己最后一届全明星。

在这场双星同场的最后盛宴，两人多次在转换中短暂对位——科比在前场助攻杜兰特，紧接着詹姆斯又在另一端抢断反击。而且，在本场之后，詹姆斯生涯全明星总得分升至291分，正式超越科比，成为全明星总得分榜第一。

回顾二人的职业生涯，科比的巅峰期正逢防守激烈、对抗强硬的时代，与詹姆斯所处的更偏向保护进攻、多功能打法的新时代形成鲜明对比，这种环境差异，让两人的风格决然不同。但也正因如此，科比与詹姆斯的纠葛与对话，才脱离了常规的对抗，成为篮球史上最让人津津乐道的宿命之争。

诚然，我们永远无法知晓：若2008/2009赛季总决赛上演了“23对决24”的戏码，究竟是科比持续谱写英雄史诗，还是詹姆斯的王朝更早开启？但这种悬而未决的想象空间，反而让两人的宿敌关系在时光滤镜下愈发璀璨。

是的，伟大确实无法比较，但传奇之间，也的确需要与之匹敌的对手。

卡梅隆·安东尼

2002年初冬，新泽西的球馆座无虚席，到场的所有人都知道，这一夜，将注定发生写入史册的事情——年仅17岁的詹姆斯带领圣文森特·圣玛丽高中对阵18岁的卡梅隆·安东尼领衔的橡树山高中。

这晚，两支球队针锋相对，最终橡树山以72比66险胜对手，不过，此时的比分已然次要，因为两名年轻人的对决，才是重中之重——昏黄灯光照耀的高中球场，两位少年初次对视，詹姆斯砍下36分，安东尼拿下34分，他们就像新时代的拉里·伯德与“魔术师”约翰逊，“宿敌”的种子在这一夜埋下，他们本来平行的故事，在这一刻交织。

2003年夏天，作为天选之子，詹姆斯毫无悬念地以状元身份被克利夫兰骑士选中，而安东尼则以探花身份前往丹佛高原。

他们将彼此的较量延续到了职业舞台，“绝代双骄”确实不负众望，在新秀赛季就屡次上演隔空对决：詹姆斯刚刚得到41分刷新2003届新秀得分纪录，紧接着安东尼就率队取胜，并且也不多不少地砍下41分；詹姆斯用场均20+5+5的表现当选年度最佳新秀，安东尼则也以场均21分、6.1个篮板、2.8次助攻，率领掘金跻身季后赛行列。

他们顺理成章成为各自球队的核心，这让他们每一次的交手都备受瞩目。

最令人津津乐道的例子，莫过于2010年2月骑士与掘金的常规赛，詹姆斯与安东尼联手奉献了精彩对轰大战——詹姆斯砍下43分、13个篮板、15次助攻的豪华三双，安东尼则豪取40分并在加时赛最后时刻投中制胜一球。

到了2012年，此时的詹姆斯已经身披热火战袍，安东尼也在一笔交易后来到了繁华的纽约，于是命运做主，二人在季后赛的舞台上迎来了正面对话。

第四场，安东尼统治了麦迪逊花园，他全场砍下的41分，率领尼克斯以89比87险胜对手。尽管这场比赛对系列赛的影响已是杯水车薪，热火最终五场晋级并夺得当赛季总冠军，但安东尼的孤勇表现，仍成为两人对决中的经典瞬间。

只是，二人职业生涯道路的分岔，已然越来越大。

詹姆斯不断攀登新的巅峰，迈阿密、克利夫兰以及洛杉矶，一个又一个总冠军加冕了他的王者之路。相比之下，安东尼的轨迹则崎岖得多，在丹佛和纽约，他是无可争议的进攻大师，得分王和十次全明星的荣誉足够闪耀，但生涯后期的流浪，让“甜瓜”也不再解渴。

一方是如日中天的冠军征途，另一方却只是孤注一掷的捍卫尊严。

这样的局面，并不是安东尼想要的，于是，“甜瓜”在2024年宣布退役，这场20多年的宿敌之争，终究分出了高下。

杜兰特

如果说NBA的赛场上有哪一组对决能让人血脉偾张，那一定少不了凯文·杜兰特与勒布朗·詹姆斯。

2010年春天，杜兰特首次踏入季后赛舞台，那时他还只是雷霆阵中的年轻领袖，虽然在与湖人的首轮对决中场均砍下25分、7.7个篮板、2.3次助攻，却难挡球队止步首轮的命运。而彼时的詹姆斯，已是联盟两届常规赛MVP的全能巨星。

但在两年后，命运已然铺就一条对峙的轨迹。

2012年，杜兰特已是联盟最顶尖的得分手之一，他率领雷霆在对阵热火大战五场，场均砍下30.6分，投篮命中率高达54.8%，展现了极致的进攻效率。但詹姆斯更为全面与成熟，以场均28.6分、10.2个篮板、7.4次助攻的表现主宰比赛，最终帮助热火以4比1夺冠，捧起个人首个总冠军奖杯。

杜兰特虽败犹荣，但在那一刻却悄然播下想要击败詹姆斯的种子。

后来，虽然杜兰特继续成长，但即使他成为常规赛MVP，他和雷霆也始终没能重新回到那个最高舞台，于是，他效仿詹姆斯，做出了改变NBA版图的决定——加盟金州勇士。

2017年和2018年，杜兰特得偿所愿。

2017年，他在骑士面前场均轰下35.2分，投篮命中率55.6%，三分球命中率47.4%，几乎以一己之力摧毁了詹姆斯和骑士；2018年，他再次成为总决赛MVP，帮助勇士完成对骑士的4比0横扫。

那两年，杜兰特站上了他渴望已久的王座——不仅是冠军，更有击败詹姆斯的满足。他没有说什么狠话，但每一记干拔三分，每一次冷漠地转身离场，都如同宣言般刺入历史。

如今，杜兰特已转战休斯敦火箭，他依旧能够在高强度对抗中轰下45分以上的高分；而詹姆斯在湖人转型为掌控节奏的组织者，成为历史首位累计40000分、10000个篮板、10000次助攻的传奇。

由于年龄和伤病影响，他们在赛场上的直接对话也逐渐减少，二人之间的宿敌氛围却从未消散，每一次球队的直接对话，都会引发外界的无尽关注。

2024年，金州勇士曾尝试将凯文·杜兰特与勒布朗·詹姆斯一同带到勇士队，虽然最终未能成功，但"宿敌联手"的戏码，还是给了球迷无限遐想。

想来也是，他们一个是极致的进攻艺术家，一个是篮球全能的教科书，如果他们真的可以在联赛中"化敌为友"，说不定会成就一番跨越了时间与体系，成全了球迷与媒体的新时代。

库里

2014年2月，甲骨文球场灯火通明，虽然詹姆斯命中一记远投绝杀，但全世界都认识了斯蒂芬·库里。这位有着出色射术且打法灵动的娃娃脸杀手，先对着观众摇头晃肩，又与四届MVP得主相视一笑，他临危不惧，帮助球队逆转21分分差，在场面上与詹姆斯打成平手——热火落后，詹姆斯就稳稳得分，勇士落后，库里就用十八般武艺打回悬念。但那一夜，谁都未曾料想，这竟是两人缠斗的序幕。

2015年，骑士与勇士在总决赛中狭路相逢，在大比分1比2落后时，科尔启用以库里为首的“小球阵容”将系列赛彻底逆转。天王山之战，尽管詹姆斯狂砍40分、14个篮板、11次助攻的大号三双，但库里以37分和7记三分的表现震惊世人，尤其是他在詹姆斯面前的撤步三分，让勇士将冠军牢牢握在了自己手中。

2016年，詹姆斯带着复仇的决心将剧情推向高潮，骑士在1比3绝境中连赢两场，抢七大战，詹姆斯又展示出了何为沉稳与决心。当伊戈达拉欲用上篮改写比分，詹姆斯先是以惊人的冲刺速度从后方用一记盖帽将球拍在篮板上，又在比分反超时强突造成格林犯规稳定领先优势。

而作为宿敌，库里这晚发挥失常，背传失误以及最后的三分不中，让他吞下了自己种的苦果。

这场失利到底有多么苦涩呢？库里表示这场失利对他来说是一场“噩梦”，甚至在多年后被问是否愿意用两连冠去换这一冠，他还是露出了一脸苦涩的表情，并表示自己不知道该怎么回答。

不过，在思考良久之后，库里还是说道："不，那是永远存在的事情，既有好的一面，也有坏的一面。但在我的余生中，我会笑对2015/2016赛季，那是个不错的赛季。"

后来，詹姆斯加盟湖人，二人常规赛的交手开始增多，而有他们主演的湖勇大战也必然是球迷们的饕餮盛宴，比如2020/2021赛季附加赛，湖人103比100击败勇士，库里砍下37分，但显然还是詹姆斯最终的三分奠定胜局——用你的方式击败你，更有节目效果。

但谁都知道，对这两位好胜心极强的老对手而言，只有冠军才能使自己满足。

于是，在詹姆斯2019/2020赛季夺冠后的第二年，库里也迎来了机会。2021/2022赛季总决赛第四场，勇士大比分1比2落后凯尔特人，但这一次库里没有让悲痛重演，他豪取43分追平大比分，又在第六场用连续命中的远投和"晚安"手势，从球场和精神上都击溃对手，最终，他还捧起了个人首个FMVP奖杯，彻底击碎了所有质疑。

与此同时，詹姆斯与库里的关系越发平和，前者会为感叹库里"不可阻挡"，称赞其投射与节奏"颠覆了防守"，而后者也在媒体前多次"羡慕"詹姆斯的身体素质。所以到了2024年，即便两位老将仍然可以在联赛里斗得天昏地暗，但逐渐，人们更多的开始期待他们有联手的那天。

就在巴黎奥运上，球迷们终于圆梦了，这时的库里可以助詹姆斯飞天扣篮，詹姆斯也可以为库里的三分出手设置无球掩护。而冠军争夺战上，詹姆斯也又一次近距离欣赏了库里的投射表演——这回，他不再是受害者了。

"无论我们的职业生涯还有多久，我相信我们会一直相互激励。"库里说。

Cavaliers
23

Warriors
30

约基奇

当詹姆斯在2019/2020赛季西部决赛第一次认真打量塞尔维亚大个子时，他或许已经预感到某种微妙的宿命。

20余年职业生涯里，他与霍华德、邓肯、加内特等传奇内线缠斗过，但尼古拉·约基奇是唯一让他赛后反复查看技术统计表的人——这个顶着平头自来卷、跑起来像重型卡车的男人，总能用违背球场规律的方式撕开对手防线。

2020年，那时候约基奇才25岁，便已经让所有人惊掉下巴——原来中锋可以这样打球，站在三分线外发牌，在禁区里玩出后卫的动作。虽然，如此优秀的他，在面对“浓眉”那记绝命的三分球后，也要摇摇头表示无奈。

年轻人的不甘着实充满能量，短短三年后，又一次西部决赛，约基奇和他的掘金卷土重来，而这时的他，虽然褪去了曾经的青涩，华丽变身为一名一阵、常规赛MVP的顶级球员。可没有人相信他能阻挡詹姆斯和湖人，一直到那两记迎着戴维斯防守的超高弧的远投落袋，第一记让掘金在第一场拉开分差，第二记则间接帮助球队赢下了系列赛。

4比0，他直接将湖人的内外线都拆成零件，完成了属于自己的复仇，干脆利索。

两支球队无厘头的三分球，还不是最巧合的事。在这两年里，他们互相在分区决赛上战胜对方，然后又在总决赛中战胜迈阿密热火，最终捧起属于自己的总冠军奖杯。

所以这么看来，詹姆斯和约基奇的对决倒是有几分传承的韵味。

就连2023/2024赛季季后赛的再次碰头，连解说都调侃他们的交手仿佛是每年的“固定节目”。但这次的相遇，比赛已经不像之前那么有悬念了，39岁的詹姆斯虽然还能拿下27.8分、6.8个篮板、8.8次助攻这样媲美巅峰的数据，但谁都清楚，又一次在系列赛里拿下三双的“小丑”，才是如今NBA的“王”。

不过比起胜负，人们似乎更欣赏这两位“忘年交”在球场上的忘情厮杀。他们都会带入队友的视角阅读比赛，他们都是篮球时代里无所不能的代名词，可能不同的只有国籍、肤色、母语以及各自的球场位置罢了。

但谁又会较真这个呢？毕竟他们又不是没有“从1打到5”过。

詹姆斯也很享受，他说：“约基奇最可怕的能力是他让队友相信自己比想象中更强。”

这话倒是听着耳熟，毕竟十多年前，别人也是这么说他的。

活塞

2006年，21岁詹姆斯迎来了自己首次季后赛之旅，他与骑士闯入东部半决赛，站在他们面前的则是老辣的底特律活塞。

詹姆斯做了自己能做的一切。他在第五场、第六场连砍32分将系列赛拖入生死战。然而，活塞在抢七夜露出獠牙，在总冠军级别的防守下，骑士四节比赛里有三节单节得分未超15分，全场三分球12投1中，最终以61比79惨败。

不过，对他而言，失败的苦涩终将化为心中燃烧的火种。

2007年，22岁的詹姆斯再次率队挑战活塞。东部决赛的天王山之战，年轻的“小皇帝”不仅在末节最后2分钟连砍7分将比赛逼入加时，更是在加时赛里化身无解杀器：突破、暴扣、后仰跳投、三分冷箭……从第四节至终场哨响，他包办骑士全队最后30分中的29分，狂轰48分、9个篮板、7次助攻，用一场史诗级的个人表演攻克底特律堡垒。

后来的岁月里，詹姆斯率队多次挺进季后赛，光阴淬炼了他初生牛犊不畏虎的冲劲，也雕刻出了无与伦比的比赛影响力。

于是2008/2009赛季季后赛首轮的再度相遇，詹姆斯已无与伦比，他加冕了首个常规赛MVP，骑士豪取队史最佳的66胜，而活塞虽然阵容还有汉密尔顿、拉希德·华莱士、普林斯等老将，但他们已然无法阻止联盟新王。系列赛第四场，詹姆斯砍下36分，4比0，骑士将活塞横扫出局。

回想20世纪80年代末，底特律活塞以“坏孩子军团”筑起铁血防线，成为乔丹登顶前最后的试炼，二十多年后，勒布朗·詹姆斯，另一位身披23号的天才，同样也要在“汽车城”的铜墙铁壁前，兑现自己对克利夫兰的冠军誓言。

命运的齿轮，在2016年开始咬合。

首轮对阵德拉蒙德领军的活塞青年军，有了欧文和乐福的助阵，31岁的詹姆斯不再需要成为单场48分的孤胆传奇，骑士4比0轻松横扫活塞晋级，但曾经的经历让他知道，真正的征程才刚刚开始。

于是，他先射老鹰，再猎猛龙，最终在六周后，在总决赛对阵勇士时直面1比3的绝境，但他再度站起，并最终创造冠军奇迹。

此时，我们回头望去，那与活塞的争斗和磨砺，或许早已成为冠军路上坚硬的磐石。

凯尔特人

有人曾问詹姆斯，哪支球队给他制造了最多的挑战，詹姆斯把这支球队列为最难打的球队之一，和马刺、勇士等队并肩。

詹姆斯还亲口承认："我到现在都恨着他们。他们是联盟中最出色的战术团队之一。"

这里的他们，正是波士顿凯尔特人。

从2006年皮尔斯对阵骑士狂砍50分开始，詹姆斯就知道这个浑身痞气的小前锋，会给他造成不小的困难，果然，两年后，纵使詹姆斯在东部半决赛抢七大战狂砍45分，也难掩败北的苦涩——皮尔斯顶着他的贴防砍下41分，他的跳投以及弹起又落入网中的罚球，让比赛失去悬念。

两年后，骑士补入奥尼尔和贾米森试图摆脱羸弱，然而半决赛，他们却在波士顿北岸花园再度惨遭淘汰。这一次，加内特屡次在攻防两端建功，砍下22分、12个篮板足够碾压骑士内线，尽管詹姆斯带伤拿到27分，但纵是两届常规赛MVP也无力回天。

正当詹姆斯失落之时，作为宿敌成员的加内特却对他耳语道："忠诚有时会伤害你，因为你无法夺回流逝的青春。"

于是命运的齿轮转动，詹姆斯选择拥抱更广阔的可能。

他与韦德、波什组建"三巨头"，终于在2010/2011赛季季后赛次轮斩落绿军，而有了韦德、波什相助，曾令他们苦不堪言的绿军防守销声匿迹。

但是，宿敌岂会善罢甘休？次年东部决赛，绿军卷土重来，皮尔斯面对詹姆斯以一记三分击碎热火，系列赛3比2领先。与往昔不同的是，如今詹姆

斯已是千锤百炼，他露出“死亡之瞳”，爆砍45分、15个篮板，助热火以98比79将系列赛拖入决胜局的同时，也开启了自己的王朝生涯。

从此，双方角色调转——2014/2015赛季季后赛首轮，他率骑士横扫绿军过关；2015/2016赛季东部决赛，尽管凯尔特人在第三场凭借布拉德利的绝杀抢得一胜，但詹姆斯仍率队4比1终结悬念；2017/2018赛季，“双探花”（塔图姆和布朗）成为波士顿的希望，但詹姆斯以35分、15个篮板和9次助攻的“灭霸级”统治力，在抢七大战中再度粉碎波士顿的冲冠梦。

后来，随着詹姆斯加盟湖人，黄绿大战再度成为焦点，双方常规赛里多次1比1握手言和，绝杀、逆转的画面屡屡上演，而在漫长的竞争中，双方也逐渐也从“对抗”演变为了“传承”。此时的塔图姆与布朗已成长为联盟的超级新星，而詹姆斯，不仅在场上全力迎战，更像当年“KG”那样，以对手身份，在外界充满怀疑时给予他们肯定：“你看塔图姆，他已经有四次分区决赛的经验和一次总决赛经历……我第一次夺冠时候已经28岁了，乔丹也是28岁，约基奇也是27岁才拿到第一个冠军，但他才25岁，就已经有这么多经验，这是完全是精英级别。”

这一切如同轮回，曾经，绿军的一路阻挡，让詹姆斯真正成为王者；如今，他以自己的经历指点新人，让宿敌关系自此升华——2020年，詹姆斯带领湖人夺冠，而波士顿也从2022年开始三年两入总决赛，并终于在2024年捧起了队史第18个奖杯。

自此，这跨越十七年的情仇，在竞争与尊重中，成就了另一段佳话。

马刺

2016年，詹姆斯被问到邓肯在9年前总决赛后与他的交流，詹姆斯打趣道："他骗到了我，因为他现在还在打球。"

目光移回2007年，骑士被蒂姆·邓肯领衔的马刺4比0横扫，正值当打之年的邓肯找到了詹姆斯致意，那一句"未来是你的"，给了詹姆斯无限的敬意，也成为詹姆斯不断精进的起点。

巧合的是，2007年之后，詹姆斯和邓肯都没能率各自的球队回到总决赛舞台，直到2012/2013赛季，彼时的詹姆斯已经披上了热火的6号战袍，他已经连续三年杀入总决赛，而这一次，站在他面前的，正是6年前的对手，圣安东尼奥马刺。

2012/2013赛季总决赛注定是惨烈的，"GDP组合"老当益壮，莱昂纳德已然被认为是球队的未来，马刺带着3比2的领先来到迈阿密，他们想在这里彻底终结系列赛，但詹姆斯和热火并没有放弃，创造热火王朝的梦想还在闪闪发光，更何况，脑海里还有复仇的念想。

于是，连发带都已经拼掉的詹姆斯，仍然连连完成盖帽和暴扣，并在雷·阿伦投进名垂青史的三分将比赛拖入加时之后，用32分、11个篮板、10次助攻完美表现助热火险胜，续写了几乎不可能的逆转传奇。

总决赛第七场，面对马刺队采取的放空中距离的策略，詹姆斯凭借精准的中投予以回应，特别是在比赛最后时刻的关键跳投，巩固了热火的胜局。

然而，马刺的团队篮球和精准的三分球最终让热火未能实现三连冠。

2013/2014赛季总决赛两队再次交锋，五场比赛，莱昂纳德已展现了自己在攻防两端统治比赛的趋势，而马刺凭借精准的三分与流畅的转移球，捧起队史第五个总冠军奖杯。

纵观与马刺的较量，詹姆斯在常规赛共出战46场，取得25胜21负，场均贡献27.1分、7.7个篮板、7.8次助攻；而在季后赛舞台上，他16次与马刺交锋，虽然仅收获5胜11负，但场均25.4分、8.9个篮板、6次助攻的高效数据，也见证了他的成长。

而在与马刺的多次对决中，詹姆斯逐渐意识到，这支球队不仅注重团队配合，还有波波维奇这样的名帅统领全局。

詹姆斯在多次采访中称赞波波维奇是“史上最伟大的教练”，并强调对阵马刺必须“在精神和体力上都保持绝对敏锐”，因为他们不会犯错。

所以，无论是在之后的骑士或湖人生涯，詹姆斯不但提升着自己的篮球智商，也开始为年轻球员传授经验，保持冷静和应变能力。

时间轮回，年过四旬的詹姆斯与全新的马刺似乎也有了传承的意味——年仅21岁的文班亚马已经向全世界展现了自己的能力，而詹姆斯也如当年邓肯那样给出了自己的盛赞：“维克托的未来，绝对没有上限。”

“所以比起宿敌，我更愿意称我和马刺的关系是互相成长。”詹姆斯笑着说道。

时间老人

翻开詹姆斯二十余载的辉煌岁月，你会觉得他像一个不断打怪升级的勇士。

从20世纪90年代的加内特、邓肯、科比到2005年之后的杜兰特、库里，再到2010年之后的约基奇等，无数巨星都曾经是他的手下败将。但随着身体和意志的不断进化，他现在更有野心，并开始了与“时间老人”的较量。

谈到与时间的对决，詹姆斯最常挂在嘴边的一句话便是：“我想继续和时间做这场战斗，因为他说他从未输过，但我要给他一场败仗。”

这句豪言来自他的一次访谈，当时他正准备迈入38岁的年龄，却依旧渴望以巅峰状态去应对每一场挑战。而事实上，詹姆斯对抗时间的准备工作，从热火“三巨头”时期就已经开始了。

在热火的最后两个赛季，配合热火的训练制度，詹姆斯开始注意自己对身形的管理，他把体脂率降到职业生涯最低，并在开始后迅速让肌肉和耐力值回升。

有人问他秘诀，他说：“真正的秘诀，就是把一切当成习惯。”

自那开始，他每次训练往往都是最后一个离开的人，用额外的投篮、体能或是拉伸，拼命把自己推到更高一点。

而为了延缓自己衰老的脚步，詹姆斯也在保养方面投入了大量的金钱和时间，据报道，他每年在饮食调配、疗愈技术、康复设备等方面的花费就高达150万美元，在日常训练之外，冰水浴、红光治疗和高压氧舱成为他的“标配”，连睡眠都被他当成了高强度训练的一环，他曾告诉采访者，如果自己不睡够八九个小时，第二天训练师就会要求他补个午觉，并且每次吃东西，他都要确定蛋白质摄入量为多少克。

正是这种对细节的苛刻要求，让他在39岁时依旧能场均得到24.8分、7.2个篮板和6.5次助攻的全能数据，而媒体也惊叹："他或许是又一位能够在40岁后仍单场取得40分以上比赛的球员。"他确实做到了。

2025年，在湖人120比112击败勇士一战，詹姆斯轰下42分，40岁零39天的他超越乔丹（40岁零4天）成为历史上单场轰下40+分的最年长球员。另外，这场比赛詹姆斯还抢到17个篮板并送出8次助攻，所以他也成了NBA单场砍下42+17+8最年长的球员。

不可思议！对吧？他的好友们有时也不敢相信。

在节目《篮球思维》里，雷迪克曾打趣地问詹姆斯"是不是身体里有一台永动机"，而詹姆斯只是笑笑，他也明白，或许退役之日总会到来，但在那之前，他依旧会用饱满的能量和满腔的热忱，用如同二十年前的飞身扣篮那样完成对"时间老人"反击之后，继续对他说道："我要给你一场败仗。"

JAMES
6

第八章 FIBA也是大杀器

巴黎贝尔西体育馆的璀璨穹顶之下，勒布朗·詹姆斯兴奋舞蹈。汗珠如溪流般滚落，浸透了紧贴身躯的星条旗战袍，在聚光灯下闪耀着湿漉漉的光泽。第三枚沉甸甸的奥运会金牌悬垂胸前，冰冷的金属折射出跨越二十载国际赛场的漫漫征途——从青涩少年到不惑传奇，这是一条用质疑铺就，以荣耀加冕的王者之路。恍惚间，2004年雅典的铜牌阴霾仿佛从未散去——那个蜷缩在替补席最末端的19岁少年，场均仅有15分钟的碎片时间，只能目睹美国篮球不可一世的光环，在爱琴海畔被无情击碎。二十年风云激荡，当FIBA官方在2024年巴黎决赛的巅峰之上，再次为这位即将步入40岁的“活化石”加冕象征至高荣誉的桂冠，所有关于“詹姆斯不适应FIBA”的陈腐论调，终于被彻底碾碎，化作了铺就他通往神坛的熠熠星尘。

雅典：铜牌烙印与少年之殇

2004年的雅典，是勒布朗·詹姆斯初登FIBA舞台的起点。那届奥运会，不仅铭刻了“梦之队”前所未有的失意，更成了这位天选之子职业生涯的第一次惨痛滑铁卢。此前几届奥运会从未让金牌旁落的美国男篮，在众神之城仅仅带回一枚黯淡的铜牌。年轻的詹姆斯，表现确实难言出色，场均数据平平。但后世评论者常常忽略了一个冰冷的事实：那时的他，刚刚结束NBA处子赛季，甚至在2004年年底才将年满20岁。一个初出茅庐，尚在适应职业篮球残酷节奏的少年，被骤然抛入代表国家最高荣誉的熔炉，面对的是世界强敌的围剿和体系转换的阵痛。雅典的铜牌，如同一枚滚烫的烙印，深深刺痛了美国篮球的骄傲，也烙在了詹姆斯职业生涯的起点，成为他未来二十年不断回望、汲取力量的源泉。

崎岖之路：质疑声浪的甚嚣尘上

两年后的2006年，重整旗鼓的美国男篮远征日本世锦赛。詹姆斯与他的“03黄金一代”伙伴们——韦德、安东尼，已成为队内的中坚力量，肩负着为雅典雪耻、重夺荣耀的重任。然而，命运似乎再次与他们开了个玩笑。半决赛面对坚忍老辣的希腊队，美国队在一场惊心动魄的对决中以95比101遗憾落败，再次与决赛无缘。相较于卡梅隆·安东尼在整个赛事中场均19.9分的耀眼输出，作为绝对核心之一的詹姆斯，其表现虽不乏亮点，却未能达到人们对其“统治级”的预期。雅典的兵败记忆犹新，此番日本的再度折戟，如同火上浇油，“詹姆斯在FIBA舞台水土不服”的质疑声浪，终于从暗流涌动演变为甚嚣尘上。批评者言之凿凿：FIBA严苛的防守三秒规则、更密集的联防体系、对投射稳定性的更高要求，仿佛一道道无形的枷锁，禁锢了这位在NBA依靠冲击力和开阔空间予取予求的天之骄子。他引以为傲的突破被压缩的空间所限制，当时尚显起伏的远投又不足以撕裂对手的防线——这些差异，似乎成了他难以逾越的鸿沟。

淬火成钢：规则桎梏下的自我进化

诚然，从詹姆斯早期的技术特点审视，FIBA与NBA的规则差异，确实在客观上形成了一定程度的制约。防守三秒规则的缺失，使得禁区长期拥堵，对于当时中远距离投篮尚未臻化境，更依赖强悍切入终结的詹姆斯而言，无异于缚住了手脚。然而，伟大传奇的非凡之处，恰恰在于能将每一次挫败转化为蜕变的契机。2006年世锦赛的失利，连同2007年NBA总决赛被马刺横扫的苦涩，成为詹姆斯篮球智慧进化的最强催化剂。他痛定思痛，以近乎苛刻的标准重塑自我。投篮，这个曾经的相对短板，被他投入了海量的汗水进行精雕细琢。无球跑动、空切时机、掩护质量——这些在NBA巨星身上常被忽视的细节，被他提升到战略高度。于是，当时间流转至2008年的北京，一个更全面、更致命、更懂得如何在FIBA规则下掌控比赛的勒布朗·詹姆斯，以无可争议的姿态宣告了他的王者归来。

北京救赎：基石无声，光芒万丈

如今回望那支被誉为“救赎之队”的梦八，更多人的记忆锚点或许是科比·布莱恩特在决赛对阵西班牙时那记锁定胜局的致命“3+1”，抑或是韦德化身“第六人”从天而降般的统治级表现。然而，从拉斯维加斯集训营集结的第一天起，勒布朗·詹姆斯就是这支王者之师当仁不让的核心，是球队攻防体系运转中绝对意义上的基石。场均15.8分、4.4个篮板、4.4次助攻、2.4次抢断，命中率高达60.8%，然而，这些数据甚至无法全然体现他在场上的巨大价值。时任主帅“老K”迈克·沙舍夫斯基在奥运会期间接受采访时，对詹姆斯的作用给予了最精准的定调：

“他是世界上最好的球员之一，过去三年来，他在防守、进攻、领袖能力方面均取得了惊人的进步。他是目前这支球队迫切需要的黏合剂，是促进教练组与队员之间、队员与队员之间沟通的无价桥梁。他能让身边的每一个人都变

得更好，更专注地投入训练和比赛。所以，他是这支队伍当之无愧的领袖。”

在北京，詹姆斯用无处不在的贡献——从顶级的侧翼防守、精准的快攻推进、强硬的篮下终结到关键时刻的冷静决策，彻底洗刷了前两届国际大赛的阴霾，也第一次在FIBA的最高殿堂证明了自己无与伦比的全面性与适配性。金牌的光芒，照亮了他从质疑深渊中走出的坚实足迹。

伦敦巅峰：万马平川，君临天下

四年后的伦敦奥运会，勒布朗·詹姆斯已臻化境，步入职业生涯最成熟的巅峰期。曾经被视为桎梏的FIBA规则，在他登峰造极的篮球智商和全面无死角的技艺面前，早已化作可以肆意驰骋的万马平川。彼时在NBA赛场砍下三双如同探囊取物的“小皇帝”，在奥运会舞台同样信手拈来。更重要的是，在决定胜负的窒息时刻，即便美国队场上同时站着凯文·杜兰特和科比·布莱恩特这样的超级得分手，球权的最终支配者，往往是詹姆斯。

一个极具象征意义的画面发生在美国队与立陶宛的关键战役中：比赛时间仅剩最后1分30秒左右，科比在弧顶持球，手感滚烫的杜兰特示意要球，希望接管进攻。然而，科比只是挥了挥手，目光坚定地将球传给了侧翼的詹姆斯。素来以“大心脏”和享受关键球著称的“黑曼巴”，甘愿在比赛生死时刻将决定权交付给詹姆斯——这无声的传递，胜过千言万语，是来自最伟大对手之一的最崇高赞誉与肯定。伦敦奥运会的金牌，是詹姆斯FIBA统治力的完美加冕，也是他作为国际赛场终极赢家的终极认证。

巴黎终章：四十不惑，传奇永恒

伦敦奥运会之后，詹姆斯缺席了美国男篮后续的世界杯与奥运会征程。时光荏苒，当2024年巴黎奥运会的号角吹响，即将年满40岁的勒布朗·詹姆斯，这位篮球世界的传奇，再次披上星条旗战袍，随“梦之队”踏上可能是他职业生涯的最后一次奥运之旅。出征之前，舆论普遍猜测，詹姆斯或将扮演类似2008年杰森·基德的角色：象征意义大于实战，出场时间受限，场上更多作为经验丰富的指挥官稳定军心，场下则在更衣室发挥定海神针般的精神领袖作用。

然而，勒布朗·詹姆斯再次用行动粉碎了所有预设的“剧本”。在巴黎奥运会的聚光灯下，他非但没有成为配角，反而依旧是那颗最璀璨、最不可或缺的巨星。2024年的詹姆斯，其比赛形态与2004年那个青涩少年已存在天壤之别。诚然，岁月的流逝带走了他部分风驰电掣般的绝对爆发力，但他炉火纯青的篮下终结技巧依然稳定如磐石，而曾经被视为弱环的外线三分投射，其稳定性更是达到了职业生涯的新高度。最令人叹为观止的是，他对比赛全局那种洞若观火、举重若轻的掌控力。即便整场比赛他选择“隐身”于得分之外，其组织串联、防守站位、篮板保护乃至一个眼神、一次指挥所带来的战术价值，都足以对比赛走势产生决定性的深远影响。

数据是冰冷而有力的注脚：整个巴黎奥运会征程，詹姆斯场均贡献14.3分、6.7个篮板、7.3次助攻、1.3次抢断，投篮命中率高达64.3%！更令人瞠目的是他在禁区内近乎恐怖的终结效率：六场激战，他在篮下总计出手30次，命中了27球！这已非高效，而是近乎神迹的稳定输出。

关键时刻，方显英雄本色。小组赛的舞台，或许属于安东尼·爱德华兹等锋芒初露的新一代天才。然而，当比赛进入刺刀见红、决定生死的淘汰赛阶段，美国队所能仰仗的定海神针，依然是詹姆斯、库里、杜兰特这些久经沙场的老将。对阵塞尔维亚的半决赛，美国队一度陷入落后15分以上的绝境。正是詹姆斯挺身而出，与队友们联手导演了一场荡气回肠的史诗级逆转。

“我始终努力保持侵略性，为球队创造每一个可能的机会。我只是在场上倾尽所有，而我的队友们也给予我毫无保留的信任。”詹姆斯赛后如是说。

那个惊心动魄的夜晚，他交出了一份16分、12个篮板、10次助攻的全面三双成绩单。当斯蒂芬·库里和凯文·杜兰特在外线掀起得分狂潮时，是詹姆斯在防守端不留余力地死扛尼古拉·约基奇这位当今FIBA第一中锋，用一次次强硬的卡位、精准的协防，顽强地延缓了塞尔维亚的进攻，为美国队的绝地反击赢得了宝贵的喘息之机。决赛面对坐拥主场之利的法国队，詹姆斯的发挥依旧沉稳如山，14分、6个篮板、10次助攻的高效输出，稳稳托起了美国队胜利的基本盘。他的存在，让年轻队友们有了主心骨，让对手的每一次反扑都显得格外艰难。

最终，勒布朗·詹姆斯荣膺巴黎奥运会男篮MVP的殊荣，这是对他整届赛事统治级表现和决定性作用最公正的褒奖，实至名归。美国队主帅史蒂夫·科尔，这位曾在NBA总决赛中与詹姆斯多次巅峰对决的智者，道出了无数人的心声："能有机会执教勒布朗，是我莫大的福气。过去这些年（执教勇士），我一直在绞尽脑汁思考如何击败他。而过去这几周，能如此近距离地接触他，观察他备战的每一个细节，感受他无与伦比的职业精神，体会他作为球员是多么容易被执教（沟通顺畅），当然，还有他那令人惊叹的天赋以及他对比赛每一个环节的精通……这几周能执教他，真的让我感到无比激动。我想说，我一辈子都是勒布朗·詹姆斯的球迷。"

传奇从不在质疑中辩白，只在王座上加冕。当星条旗覆体时，勒布朗·詹姆斯便是篮球世界最辽阔的疆域——从雅典到巴黎，从19岁到40岁，他用铜与火、智慧与时间，在FIBA的疆土上刻下不朽：这里没有不适配的体系，只有未被岁月淬炼的王者。

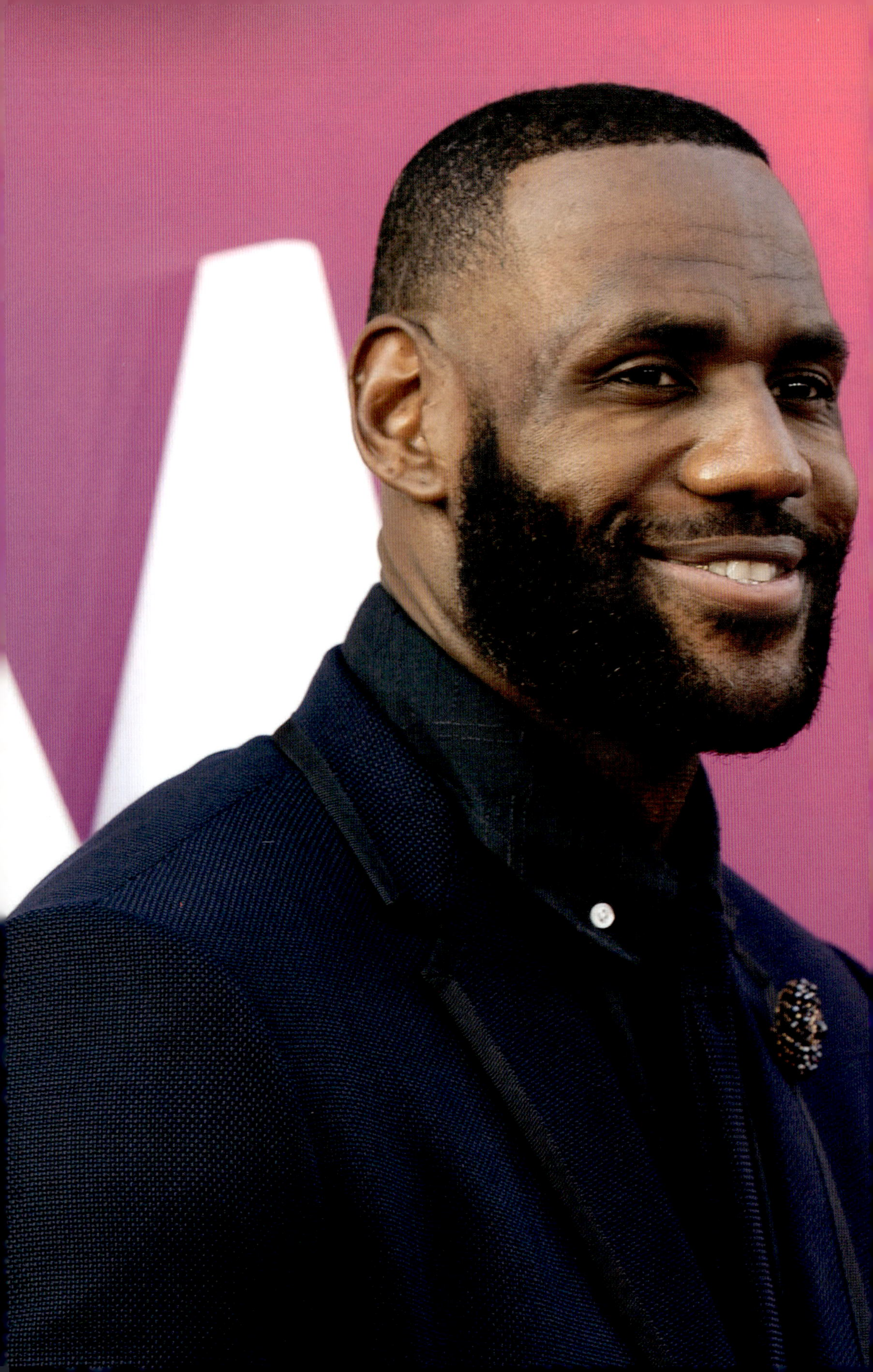

第九章 商业帝国

当听到“勒布朗·詹姆斯”这个名字时，你很可能会想到他那些令人目眩神迷的扣篮、NBA总冠军和绝杀封盖。这些印象的确没错，毕竟他是四届NBA总冠军得主、二十次入选全明星的一代超级球星，也是篮球史上最具统治力的球员之一。

但在球场之外，勒布朗·詹姆斯一直在打造一件更大的作品——商业帝国。

2021/2022赛季，在又一个创纪录的高收入赛季结束后，詹姆斯在12个月的时间内，税前收入达到了1.212亿美元，据《福布斯》估算，詹姆斯在继续征战赛场的同时，正式成为一位亿万富翁。

根据《福布斯》的统计，当时年仅37岁的詹姆斯净资产已达到十亿美元，成为第一位在役期间登上亿万富翁榜单的NBA球员。另一位篮球亿万富翁迈克尔·乔丹直到2014年，即退役十余年后，因投资夏洛特黄蜂队的良机，才达成十亿美元资产。

“这是我最伟大的里程碑，”詹姆斯早在2014年接受采访时预言般地表示，“显然，我想最大化我的商业价值。如果我真的能做到，成为一位身价十亿美元的运动员，嘿，太棒了！我肯定会非常兴奋。”

詹姆斯确实做到了：最大化了自己的商业价值，总税前收入已超过12亿美元。他作为NBA现役收入最高的球员，效力于克利夫兰骑士、迈阿密热火和洛杉矶湖人期间，薪资总收入超过5.31亿美元。在球场之外，他通过代言和其他商业投资，获得了超过9亿美元的收入。

这一成就并非靠运气或继承得来，而是通过战略、控股和不懈的远见实现的。从俄亥俄州阿克伦一路走到全球商业巨擘的地位，他的旅程是现代体育史上最引人注目的蜕变之一。

这就是詹姆斯如何超越“运动员”这一身份的故事。他成为一个品牌、一位商人，也成为代际财富的蓝本。

勒布朗·詹姆斯成长于艰难的环境中。他由单亲母亲抚养长大，生活在俄亥俄州经济最为困难的城市之一，经常在公寓间搬来搬去，因为住所不稳定，他时常错过上学。詹姆斯曾和不同的家庭成员、朋友、邻居以及他少年橄榄球教练一起生活，在三年内搬了十几次家，最终成长为史上最受关注的高中篮球天才。但他也拥有无与伦比的运动天赋，以及与之匹配的勤奋。

当他还是青少年时，就已经登上《体育画报》封面，标题写着“天选之子”。NBA球探蜂拥到他的高中比赛现场。18岁时，他跳过大学，成为克利夫兰骑士队选中的状元秀，并在还未打过一场NBA比赛前，他与耐克签下了

第一份合同。在拒绝了锐步和阿迪达斯的报价后，詹姆斯选择了他认为更适合长期发展的合作伙伴。事实证明，这是一个正确的选择。十余年合作的成功后，2015年年底，他与耐克签订了终身合约，每年收入数千万美元。过去一年，凭借耐克以及AT&T、百事可乐、沃尔玛等品牌的代言合作，他成为全球收入第二高的运动员。

即便在那时，詹姆斯已经在考虑长远的未来。他的目标不仅仅是统治NBA——他想要打造更伟大的事业。

詹姆斯没有遵循传统的明星运动员套路，他没有把自己的商业事务完全交给经纪人或职业经理人处理，而是从零开始组建了一支自己信任的团队。

他从小到大的朋友马弗里克·卡特成了他的商业合伙人。他们一起创立了一家名为“LRMR Ventures”的公司，这家公司不仅仅专注于管理詹姆斯的职业生涯，还致力于打造他的个人品牌和投资布局。

他们始终秉持着一个核心原则：所有权。

詹姆斯不满足于只是代言产品，他想要股权。他不只是成为穿上某个品牌的标志，而是要坐上决策桌前。而随着时间推移，这些决定为他创造了数亿美元的长期价值。

詹姆斯长期以来在合作时会以获取股权的方式进行谈判，让自己分享品牌未来的增长收益，而不是只拿到短期支票。2015年，詹姆斯放弃了一份为期四年、价值约1500万美元的麦当劳代言合同，转而押注于快速增长的火焰比萨（Blaze Pizza）连锁餐厅，成为其投资人。他还在智能健身公司Tonal和共享出行公司Lyft等品牌中持有股份。

詹姆斯并不是仅凭他在NBA的薪资收入成为亿万富翁的。事实上，虽然他的职业生涯总薪资已超过5.31亿美元，但他的亿万富翁地位真正来源多元化投资和精明的商业交易。

以下是他商业帝国的详细拆解：

• NBA薪资

效力于骑士、热火和湖人期间所赚取的薪资构成了他的财务基础，但这只是整个拼图中的一部分。

• 耐克终身合同

詹姆斯与耐克的合作始于他进入NBA之前，这段合作关系最终发展为一份估值超过10亿美元的终身合同。他的签名鞋是耐克在全球销量最高的产品之一。

• 火焰比萨

詹姆斯早期投资了火焰比萨，这是一家连锁餐饮品牌，为此他放弃了麦当劳的代言。

多年来，詹姆斯一直全力支持火焰比萨，甚至曾亲自到店里为顾客制作比萨、走上街头分发比萨以推广品牌。他的这份热情完全可以理解。据报道，2012年他以不到100万美元的价格购买了火焰比萨约10%的股份，这家按需定制、流水线式制作比萨的连锁品牌如今在美国和加拿大已拥有300多家直营和加盟门店。《福布斯》估计，詹姆斯在火焰比萨的股份（以及他在佛罗里达和伊利诺伊州与餐饮大亨拉里·勒维合作经营的18家加盟店的小额股份）总价值约为3000万美元。

• SpringHill公司

SpringHill得名于俄亥俄州阿克伦的一处公寓楼，詹姆斯和母亲在那里终于获得了相对稳定的居所。SpringHill由三家公司合并而成：詹姆斯的Robot Company营销公司、运动员内容平台Uninterrupted，以及成立于2007年的SpringHill Entertainment（曾为詹姆斯高中时期的获奖纪录片《超越篮球》制作平台）。

2020年，在获得詹姆斯的投资顾问保罗·瓦赫特和新闻集团亿万富翁鲁珀特·默多克之女伊丽莎白·默多克等投资者的1亿美元融资后，詹姆斯和卡特将以上三家公司合并为 The SpringHill Company。2021年10月，詹姆斯以7.25亿美元的估值向包括RedBird资本、芬威体育集团、耐克和Epic Games在内的多位投资者出售了“重要的少数股权”。詹姆斯依然是公司最大单一股东，尽管预计其持股比例不超过50%。

SpringHill曾参与制作2021年上映、由詹姆斯主演的《空中大灌篮：新传奇》，以及Netflix关于网球明星大坂直美的纪录片剧集，目前正在制作关于詹姆斯早年经历的传记片，以及翻拍1990年喜剧电影《家庭派对》（*House Party*）。

• 芬威体育集团

詹姆斯持有芬威体育集团（Fenway Sports Group）的股权，这让他拥有了波士顿红袜队、利物浦足球俱乐部等部分所有权，使他成为极少数在全球体育领域拥有重要股权的非裔美国人之一。

詹姆斯曾公开表示，梦想有一天拥有一支NBA球队。而他正在稳步向这个目标迈进。这位篮球巨星已经持有职业棒球、足球和冰球俱乐部的股份。

2011年，当詹姆斯的体育营销公司与芬威体育集团建立合作关系时，他购买了英超球队利物浦的少数股权。2021年，他与马弗里克·卡特将其在利物浦的股份交换为芬威体育集团的部分股权。

据估计，詹姆斯大约持有芬威体育集团约1%的股份，该集团拥有美国职棒大联盟的波士顿红袜队、红袜队的主场芬威球场和英超利物浦，以及罗斯—芬威车队50%的股份和新英格兰体育网络80%的股份。2021年底，芬威体育集团同意斥资约9亿美元，将北美冰球联盟的匹兹堡企鹅队收入麾下。

• 房地产业务

多年来，詹姆斯一直过着亿万富翁的生活方式。他至少拥有三处房产，总价值约8000万美元。他在家乡俄亥俄州阿克伦附近修建了一栋价值1000万美元的豪宅。2017年，他在洛杉矶高档社区布伦特伍德购买了一处拥有八间卧室的住宅，花费2300万美元。他最新的大手笔是一栋面积达1.3万平方英尺的比弗利山庄豪宅，詹姆斯为这栋建于20世纪30年代的山顶住宅支付了3675万美元，并已将其拆除准备重建，打造属于自己的豪宅。

• 其他投资

詹姆斯还投资了健身公司、龙舌兰酒品牌（Lobos 1707）、健康平台等。他的每一次投资都经过深思熟虑、具有战略性，并与他的品牌价值观保持一致。

以詹姆斯的生活方式，开销自然不小，但即使扣除经理人、经纪人、律师费用以及超级巨星的高消费习惯后，《福布斯》依然认为詹姆斯除以上资产外，净资产仍超过5亿美元。这部分资产包括多项重大收益，例如2014年Beats耳机以30亿美元出售给苹果（詹姆斯曾是品牌代言人并持有少量股份），以及他在上市健身公司Beachbody的股份。Beachbody于2020年以2800万美元的股票收购了詹姆斯与阿诺德·施瓦辛格共同创立的运动营养品牌Ladder。

詹姆斯的商业布局不仅仅是为了盈利，更带着使命感。2018年，他在家乡阿克伦创办了“我承诺”（I PROMISE）学校，面向高风险青少年群体，提供免费教育、餐食、校服、交通，甚至为毕业生提供大学学费保障。

他的基金会还支持住房、家庭服务、就业安置和心理健康等项目，帮助有需要的家庭。

詹姆斯从未回避发声，无论是种族问题、教育改革，还是政治参与。他已经成为全球范围内的意见领袖，向世人证明运动员也可以用自己的影响力推动倡导与体系变革。

已经年满40岁的勒布朗·詹姆斯依然保持着顶级竞技状态。他是NBA历史得分王，是年轻球员的导师，并已经与儿子布朗尼同时出现在NBA的赛场上，缔造了全新的传奇。2025年夏天，他选择执行球员选项，新赛季将会继续代表湖人出战。

但他最伟大的传奇，或许并非来自球场上的成就，而是他在球场之外所建立的一切。

詹姆斯用实际行动证明，成功不仅仅是天赋的较量，更是远见、纪律，以及懂得在短期利益面前说“不”，选择长期的掌控权。

他不仅仅是篮球传奇，更是一份活生生的范本，展现了如何将文化影响力转化为持久的经济力量。

勒布朗·詹姆斯不仅改变了比赛，更改变了规则。

他用事实证明，运动员可以成为商业巨头；名气可以转化为自主权；而真正的“传承”，不只是关于数据纪录，更是关于影响力、再投资与不断重塑。

这位来自阿克伦的孩子，不仅成功“走出来”，更亲手“建起来”。

如今，他正在向全世界展示：这条路，别人可以走得更远。

CAVS

第十章 纪录

一切传奇，都是从“0”开始。

当勒布朗·詹姆斯在阿克伦的小球馆里第一次举起篮球时，或许未曾想到，自己未来会书写怎样的篇章。但正是从那日复一日地投篮、驰骋球场的汗水、无数次的摔倒与爬起，才铸就了日后一个又一个载入史册的传奇。

接下来，让我们依次回顾詹姆斯整个职业生涯里的23项传奇数据，一同重温那一路燃烧的轨迹与不灭的光芒。

NBA常规赛历史得分王（42184分）

虽然詹姆斯反复强调，自己并不是一个得分手。但是，NBA历史得分纪录却由他保持。早年间，他刷新一个又一个最年轻纪录。到2022/2023赛季，詹姆斯在湖人对阵雷霆的比赛之中完成了对于贾巴尔的超越，正式加冕NBA历史得分王。从那之后，他的每一步都是在刷新自己，也是在刷新历史的极限。截止到2024/2025赛季结束，他的个人总比分已经来到42184分，继续着缔造传奇的历程。

NBA生涯总得分（常规赛+季后赛）累积超过50000分

曾几何时，没有任何一位NBA球员的生涯总得分可以突破50000分大关，但随着勒布朗·詹姆斯的出现并展现出持续强势的职业生涯，人们逐渐意识到，原来这项“大额”数据也并不是无法创造的。

LAKERS
wish
23
ROCKETS

职业生涯首次在对阵快船队轰下单场40+，由此，他也成为NBA历史唯一对阵30支球队均砍下单场40分的球员。

任何一支球队都有独特的防守策略，但詹姆斯凭借全面的技术，已经在对阵所有30支球队时至少打出了40+得分表现。此前，仅有科比·布莱恩特和詹姆斯·哈登对29支球队达成过此成就。

同时，这项数据也意味着，联盟里的每支球队，无论他们有着何种防守体系，在面对詹姆斯时都曾经无济于事，也充分印证了詹姆斯的进攻多样性与防守适应能力。

常规赛生涯累计得分20+比赛场次（1286场）

勒布朗·詹姆斯在NBA常规赛中得分20+场次已有1286场，排名历史第一，领先第二名的卡尔·马龙多达152场。

这一纪录不仅体现了詹姆斯的得分能力，更反映出他极为持久的高水准输出。在22个赛季里，他始终是球队进攻的稳定核心，几乎从未从“20分级别”的表现中滑落。

在现役球员中，最接近他的是凯文·杜兰特（960场），但两人之间仍有超过300场的差距。

这项数据，既是詹姆斯职业长度的证明，也是他作为长期第一进攻选择的真实写照。这不仅考验天赋和技术，更考验身体管理、战术适应和对比赛的持续掌控力。

常规赛生涯累计得分10+比赛场次（1554场）

截至2024/2025赛季，勒布朗·詹姆斯常规赛得分10+场次已经有1554场，高居NBA历史第一。

他不仅打得久，更打得稳。这一纪录再次强调了詹姆斯在整个职业生涯中始终如一的输出能力。作为对比，排名第二的是贾巴尔（1509场），而现役球员中最接近他的是克里斯·保罗，达成1133场。

在一个充满起伏与不确定性的联盟中，詹姆斯以这种“看似简单却极难持久”的方式，诠释了超级球星的底线稳定性。对他而言，双位数得分从来不是偶然，而是一种职业习惯。

常规赛单赛季总得分突破1000分次数最多的球员（22个赛季）

2025年1月29日，勒布朗·詹姆斯在与老鹰一役中砍下31分，迎来了生涯的又一个里程碑——连续第22个赛季常规赛总得分突破1000分，创造了NBA历史纪录。

这一成就代表的不仅是得分能力，更是极限稳定性与超长巅峰的结合。在詹姆斯之前，纪录保持者是名人堂中锋贾巴尔（19个赛季）。而在现役球员中，最接近他的德玛尔·德罗赞也仅为15个赛季。

能在22个赛季中年复一年跨过“1000分”门槛，背后是健康管理、技术进化与角色适应的全面体现。詹姆斯用这一纪录，再次拉高了NBA对“持久伟大”的定义标准。

常规赛最佳阵容第一阵容入选次数最多（13次）

在NBA，入选年度最佳阵容第一阵容是衡量一名球员赛季表现与影响力的最高荣誉之一。这不仅要求球员拥有顶级的个人数据表现，更要在团队战绩中扮演核心角色。

NBA历史上，共有115位球员曾入选过最佳阵容第一阵容，而勒布朗·詹姆斯以13次入选独占历史榜首。紧随其后的是卡尔·马龙与科比·布莱恩特，分别为11次。

从年轻时的全能前锋，到成熟期的战术核心，再到生涯后期依旧维持高水准的领袖，詹姆斯几乎贯穿了一个时代的标准——在联盟最激烈的位置竞争中，他始终站在顶尖行列。持续性、适应性与统治力，只有三者的叠加，或许才能造就这样级别的纪录。

NBA获选月最佳次数第一（41次）

2025年3月5日，NBA官方宣布了2024/2025赛季二月份东西部各奖项的得主，其中詹姆斯荣获西部月最佳球员称号，这是他本赛季的首度获奖，也是时隔五年后再次摘得月最佳荣誉。同时，詹姆斯生涯月最佳次数累积至41次，创下了历史纪录。

NBA月最佳球员奖项是评估球员在一个自然月内综合表现、带队成绩及影响力的重要指标。能频繁获此肯定，不仅代表球员在多个阶段维持顶级竞技状态，也意味着他始终是球队战绩的决定性因素。

詹姆斯的41次月最佳横跨了三个年代——2003年—2010年，他靠着自己的天赋冲击联盟；2010年—2020年，他用自己的全面统治比赛；而到了2020年以后，他更多是以自己的经验取胜，虽然方式不同，但詹姆斯始终站在顶级球员行列，所以这项纪录，正是他长期保持高水准竞争力的真实写照。

入选NBA全明星阵容次数最多（21次）

从进入联盟时的“天选之子”，到步入第23个赛季的“联盟常青树”，勒布朗·詹姆斯已21次入选NBA全明星阵容，不仅入选数高居历史第一，而且他全部以首发身份出战，并三次捧起全明星赛MVP奖杯。同时，詹姆斯还是NBA历史上首位在40岁以上的年龄成为全明星首发的球员。

或许比起最佳阵容，全明星阵容这一纪录不算什么，但从另一个视角来看，能够创纪录的如此多次入选全明星，不仅是对詹姆斯竞技水准的长年认可，更是他在全世界篮球影响力与人格魅力的真实反映。

“星中之星”这个称号，并非仅因荣耀累积而来，而是源于他始终如一的专业态度与非凡号召力。由此可见，詹姆斯始终是NBA的门面球员，也始终是NBA的职业与商业、文化与娱乐的完美融合。

NBA现役最年长的常规赛三双球员（40岁23天）

2025年1月22日，在湖人对阵华盛顿奇才的比赛中，40岁23天的詹姆斯摘下21分、10个篮板、13次助攻，成为现役NBA在常规赛砍下三双的最年长球员，在历史上，也仅次于在40岁127天时拿到三双的卡尔·马龙。

对于很多球员来说，在40岁的年龄还能征战NBA就已经是难于上青天，

NBA
KIA

但对于詹姆斯来说，他却还能像几年前那样，用组织、进攻和防守一肩挑的全能表现，打出20+10+10的三双表现震惊世人。

值得一提的是，詹姆斯还在本场比赛里迎着瓦兰丘纳斯完成隔扣，一点都不像是40岁的样子。

唯一在三支不同球队夺得总决赛MVP的球员

在NBA历史上，有不少球星率队或者随队夺冠，也有人拿下了多个总决赛MVP。而勒布朗·詹姆斯，不仅做到了前面的一切，他还是唯一在三支不同球队夺得总决赛MVP的球员。

2012年和2013年，詹姆斯在迈阿密迎来生涯巅峰，他与韦德、波什组成“三巨头”，带领热火两连冠，并蝉联总决赛MVP。

2016年，重返克利夫兰的他打出了“1比3大逆转”的奇迹，骑士捧起队史首冠，詹姆斯也将属于家乡的荣誉收入囊中。

而到了2020年，詹姆斯便带湖人在“泡泡”园区中登顶，再次成为总决赛中最具统治力的球员，紫金军团重夺联盟王座。

三次建队，三次夺冠，三次加冕总决赛MVP。这不仅是对他个人能力的认可，更是对其塑造体系、凝聚队伍能力的认可。

唯一连续八年闯入总决赛的球员（2011年—2018年）

从2019年开始，NBA呈现出一种前所未有的不确定性——每一年都诞生新的总冠军球队，而这些冠军在第二年又往往无缘总决赛。

王朝难以延续，总冠军变成了一个谁都可以摘下、却谁也握不住的权杖。

但在2018年以前，NBA却见证了一个几乎“不会缺席总决赛”的男人——勒布朗·詹姆斯。

从2011年到2018年，詹姆斯所效力的球队——无论是热火还是骑士，连续八年闯入总决赛。这是NBA自“凯尔特人王朝”以来前所未见的稳定与强势，更难能可贵的是，这并非靠同一支豪强死守阵容赢下来的辉煌，而是经历了换队、重建与挑战后，依旧稳稳站在最高舞台。

NBA首位职业生涯累计至少40000分、10000个篮板和10000次助攻的球员

2022年3月15日，詹姆斯助攻好友卡梅隆·安东尼命中三分。随着这次传球，他的职业生涯助攻数正式突破10000次大关，而当时他的得分与篮板也早已分别迈过30000分与10000个篮板的门槛。

勒布朗·詹姆斯曾公开表示过，自己希望在很多事情上都能做到“登峰造极”，所以他并没有满足于此，而是向着更伟大的纪录发起了冲击。

终于，在2024年3月2日与掘金的比赛中，詹姆斯创造了全新的历史——詹姆斯在本场比赛中获得26分、4个篮板、9次助攻，职业生涯常规赛总得分40017分、总篮板11046个、总助攻10847次。詹姆斯终于达成得分超过40000分、篮板和助攻各超过10000个（次）的独一无二成就。

对了，如果我们放宽条件，只看得分、篮板、助攻三项都达到10000的球员，NBA还有其他人做到过吗？

答案是：没有。

总决赛面临淘汰时连砍40+

2015/2016赛季总决赛中，詹姆斯和骑士队在对阵金州勇士时遭遇了1比3落后的绝境。由于赛制是7局4胜，所以对骑士而言，从第五场开始，每一战都是生死局。

于是，詹姆斯站了出来，他在第五场和第六场连续单场砍下41分，带领骑士将大比分追至3比3平！完成逆转夺冠，是历史上首位在总决赛连续关键场次取得40+的球员。

总决赛连续关键比赛取得40+，詹姆斯在联盟最高舞台面对顶级防守仍能“爆发”的非凡能力。此后再无人能在总决赛中完成相似壮举，也使得2016年的这段故事成为NBA史上最惊艳的篇章之一。

SPALDING
23
BELL
2
DURANT
35

季后赛三双次数历史第二（28次）

季后赛的高压环境下，拿到三双从来不是一件轻松的事。更强的对抗、更慢的节奏、更高的容错成本，每一项都在考验球员的全能与稳定。而勒布朗·詹姆斯，早已在这样的舞台上留下了深深的印记。

截至2024/2025赛季，詹姆斯已经在季后赛中完成了28次三双，排名历史第二，仅次于“魔术师”约翰逊的30次。考虑到詹姆斯在高强度比赛中的持续输出能力，这项纪录在下个赛季追平甚至反超，已不再遥远。

在40岁的年纪还能保持如此全面的数据输出，这不仅是身体的奇迹，更是球场经验与智慧的积累。如今的詹姆斯或许不再每场比赛都能以速度碾压对手，但他始终知道，在关键时刻该做什么、该把球送到谁的手中。这就是伟大球员在季后赛最深处的价值。

季后赛单场30+10+5的次数历史第一（49场）

当球员能在季后赛中持续打出30+得分、10+篮板、5+助攻这种级别的表现，无疑是顶级巨星的象征。而勒布朗·詹姆斯在这一数据上的统治级领先，再次证明了他在大场面下的稳定与爆发力。

截至2024/2025赛季，詹姆斯共有49场季后赛拿下至少30分、10个篮板和5次助攻，断档位居NBA历史第一——约基奇以22场排名第二，随后是贾巴尔、伯德和“字母哥”。

对于詹姆斯而言，高光不是偶然闪现，而是年复一年地不断重复。这种级别的全能输出，正是他无数次带队走得更远的底气所在。比赛或许在变，但詹姆斯季后赛的答案，从未动摇。

在詹姆斯的传奇生涯中，他还有无数如“最年轻的万分先生”这样的纪录，但这一切都是他无数荣誉的冰山一角。

无论是跨越人类极限的出场时长，还是在关键时刻挺身而出的习惯，无不蕴含着无数的努力和汗水的挥洒，体现着詹姆斯不断超越自我的信念。

不过，我们也深知，詹姆斯的每一个成就，都只是他征程的注脚而非终点。

詹姆斯的传奇生涯还将继续，下赛季的NBA舞台，相信还会有更多纪录等待他去打破，而对我们球迷而言，真正值得我们铭记的，是他对篮球的那份始终如一的执着与热爱，是传奇不会一蹴而就，而是在漫长岁月里，持续超越自我的结果。

未来或许依旧未知，但可以肯定的是，这一切始于“0”的传奇故事，将继续激励着新一代追梦者，让我们共同期待，那段由汗水与热血铺就的不朽篇章，如何在未来的赛场上续写更多可能。

尾声

勒布朗·詹姆斯，哪个版本才是最强形态？

文/张佳玮

2003年入行时，詹姆斯被称道的是以下资质：203厘米身高，108千克体重，钢筋铁骨，纵跃如飞，而且拥有组织后卫级别的运球和视野，这点是极罕见的。在圣文森特·圣马利亚高中时，他被认为是“乔丹+魔术师”。

2003/2004赛季，一年级，他是个突破凶猛、分球犀利的组织后卫，突破、反击、绕掩护急停中投、弱侧突破抛射。二年级，他用一手倾斜的跳投，打出了场均27+7+7的数据。三年级，场均31+7+7，而且带骑士取得50胜，常规赛MVP选票第二。四年级，他带队杀进总决赛，而且在东部决赛对活塞第五场打出逆天的48分，包括连续25分。2007/2008赛季，五年级时，他拿下自己迄今唯一的得分王，场均30分、8个篮板、7次助攻。

到2008年为止，勒布朗·詹姆斯是联盟顶尖的面筐突破魔王，他的左右手，尤其是左手，靠运球变速突破上篮；一手时有时无的长投；视野宽广，可以在行进中找到底角射手。

他的进攻很依赖持球突破和挡拆，在防守端很擅长靠敏捷来控制篮板、掐断传球，是个不错的团队防守者。

然后，他第一个巅峰到来：2008/2009赛季，詹姆斯常规赛81场场均出场37.7分钟，得到28.4分、7.6个篮板、7.2次助攻，命中率49%、三分命中率34%、罚球命中率78%，抢断1.7次、封盖1.1个，以及荣膺第一个常规赛MVP。他像个拥有豪车的孩子，终于学会了驾驶。他的投篮姿势变得端正平衡，他在这年开始了著名的“追身闪电封盖”。这一年，他不只是常规赛MVP，而且在年度防守球员上选票第二。在季后赛，他才真正表现出其可怕资质：季后赛14场，他场均35分、9个篮板、7次助攻，命中率51%。对阵拥有德怀特·霍华德的魔术，他的表现：49分、35分（包括著名的一秒绝杀）、41分、44分（连续两个客场40+）、37分、25分。

24岁，他运动能力正在巅峰，又终于把技巧融汇一炉，然后炼成了全NBA最强单体魔王。

2009/2010赛季，詹姆斯常规赛76场场均出场39分钟，得到29.7分、7.3个篮板、8.6次助攻，命中率50%，三分命中率33%，罚球命中率77%，抢断1.6次、封盖1个，以及第二个常规赛MVP。他开始有背身进攻，有前转身勾手和左手低手上篮。他的组织效率比以往大大提高，经常使出漂亮的“走位—接球—快速出球”。

然后他去了迈阿密。

2011/2012赛季，詹姆斯常规赛62场场均出战37.5分钟，得到27.1分、7.9个篮板、6.2次助攻，命中率53%、三分命中率36%、罚球命中率77%，抢断1.9次、封盖0.8个，以及第三个常规赛MVP赛季。

他减少了当年地动山摇的中圈起速直入禁区卡车式上篮，他有了更多的中距离接球，原地试探步点出空间，拔起中投，增加了更多的绕掩护突破后抛射、中距离急停投篮、突破中分球。防守端，他能卡位、能单防、能咬步子、能靠巨大身型威慑对手。

2011/2012赛季季后赛，波什缺阵，他屡屡对位大卫·韦斯特、汉斯布鲁和“KG”等内线。他也防过了突破型后卫、投篮型小前锋、矮小的大前锋、高挑型内线。总决赛最后二场，他送出25次助攻，大半是背身单打+吸引包夹+传球得来的。实际上，“背身靠打，翻身中路，跳步勾射或上篮”已经取代“卡车式面筐突破”，成了他新的撒手锏。

2012/2013赛季，詹姆斯常规赛76场场均出战37.9分钟，得到26.8分、8个篮板、7.3次助攻，命中率57%、三分命中率41%、罚球命中率75%，1.7次抢断、0.9个封盖，以及第四个常规赛MVP。

他依然是联盟最好的持球突破手、最顶尖的组织者，在外围协防和单防都是联盟顶尖，剩下的，就是完善各类技巧了。

他的中投变精纯了，以往不擅长的短距离中投和抛射，已成了他的专长。他的突破急停中投更加熟练，三分命中率达到41%，几乎没有投篮死角了。

他懂得如何做掩护给队友挡拆，如何要到内线位置，娴熟地从弱侧底线起速，接应韦德的传球。他可以从右翼启动内切，然后到左腰去要位，背身持球，然后轻松转移弱侧——任何地点，是否持球，他都能影响比赛。

他未必有2009年那么猛锐冠世的迅速，却更游刃有余。

而防守端……

2013年，多伦多猛龙的阿列克斯·拉克尔描述过“鬼影协防人”，指那些只要站在那里，就能改变进攻体系的家伙。他说詹姆斯“基本上摧毁了所有进攻体系……对绝大多数球员而言，那种协防根本不可能持久，但他做下来了”。大多数伟大球队，都需要卓越的防守巨人作为球队防守中轴。2010年到2014年的迈阿密也是个例外：波什是球队第一长人，但事实的防守中轴是詹姆斯。

2014年夏天，回到骑士之后，詹姆斯来到了又一个阶段。他减轻了体重，减少了沉肩低头，经常直着腰，步幅也小了，重心变化也少了。2009年，他是一大步闪过对手，但随着年龄渐长，他越来越多地靠小步幅抹住身位，连个转身或撤步。

2009年，他投篮时起跳高度惊人，但到2017年，他基本上是：稍微跳一跳，球出手后的跟随动作也不太用力了，长距离投篮基本无后仰。

年少时，他比所有人快，比所有人跳得高，一步就迈过天，一飞就越过整个球馆，那到2018年，他更多是步幅要住身位，重心快速变化，用转身、步子、虚晃、卡位在打球。他不必比所有人快那么多，只要快一点，卡住身位就解决问题了。包括投篮，也是没必要跳那么高、做那么大幅度的后仰和那么久的跟随动作，简洁一点，就可以了。到34岁，他的协调性和核心力量却可能比24岁时还要好：

刚中带柔，随心所欲。

我个人认为，2016/2017季的詹姆斯，是他进攻最随心所欲的时候。2010年之前，即便助攻数字高，更多是突破分球，掌控节奏也没到巅峰；2016年那个总冠军后，他对节奏的把握已掌握得极老辣了：季后赛打任何球队，包括步行者、猛龙、凯尔特人，也包括无敌于天下的勇士，至少都能策动攻势到让对方防不住。至于2017/2018年季后赛的壮举，更像是被逼出来的了。

湖人时期的勒布朗·詹姆斯，是最后一个版本了。2020年，他作为常规赛助攻王，带队夺冠。

他改了起跳高度，改善了出手平衡，以往的大幅度倾斜减少。

突破没以前犀利，他的背身后仰，用得越来越熟练了。

他的传球，动作越来越小，越来越隐蔽。他加速越来越少，不是靠跳得高，而是靠预判、变速和盲侧内切来摆脱。

他的爆发力和体力减弱了，但平衡、投篮、传球，尤其是无球，都在增长。我们都知道湖人时期的他已过了巅峰，但他老去得如此缓慢平整，不知不觉间，他在湖人也打了七年，与他2003年到2010年在骑士一样久。

2009年的第一个MVP赛季，詹姆斯勇锐冠世如霹雳。

2013年的詹姆斯，攻防统治力到达巅峰，热浪咆哮，是我心中他综合的巅峰期。

2017年的詹姆斯，防守端已无法持久，但进攻端意识、技艺与身体磨合得从心所欲，进攻如流水渗透，难以防死。

湖人版詹姆斯，则像是时间跟他拿走了爆发力、速度和体能；他跟时间要回了狡黠、投篮、预判，一些通过录像带慢放才能意识到的狡猾。

当然，詹姆斯自己的得分史，本身就是一段NBA的历史。

他得到生涯第1分时，是双华莱士最后将要夺冠的巨人绞杀岁月。

他得到5000分那年，是韦德与“鲨鱼”最后夺冠的突破手与巨人的黄金年代。

他砸扣“KG”得到10000分那一年，科比与凯尔特人结怨。

他强攻三年级的霍福德得到第15000那年，科比拿下第五冠。

他得20000分那年，热火完成了27连胜，他卫冕了总冠军。

他得25000分那年，库里带勇士完成了常规赛73胜，而詹姆斯带骑士夺冠。

他得30000分那年，詹姆斯打出2017/2018传奇季后赛表现，然而勇士完成了至今NBA最后一次卫冕。

他得35000分那年，最后赢家是密尔沃基雄鹿，那是他第十八个赛季了。

然后他得到40000分。

每个节点，记录着勒布朗·詹姆斯自己打法的变迁——也是过去二十年NBA版本的变迁。

2025年夏天，詹姆斯的常规赛和季后赛加起来超50000分。与此同时，他常规赛+季后赛总助攻超13000次，历史第三——实际助攻分数超过32000分。

即：常规赛+季后赛，得分+助攻，詹姆斯经手超过82000分。假设一支NBA球队，全队每场得100分，一个赛季8200分。打十年常规赛，能得到82000分，而詹姆斯一个人经手了82000分。

得细细想一下，才能意识到这有多可怕。

在这漫长如大河的生涯背后，是詹姆斯的控制力。他作为球员，是篮球史上不世出的怪物：球场上影响力最大的球员之一，传球视野最好的球员之一，最好的进攻指挥官之一，无论巅峰高度还是长度，都是历史级的存在。

但他不仅仅是个球员。熟悉他球员生涯的人，都必然能读出：他雄心勃勃，多年以来努力保持状态，精进技艺；他很聪明，球场上的聪明，球场外的处理。他有很强的掌控欲：球场上与球场外，他都在尽力掌握最大的主动权。

一个朋友说过其亲身经历，曾经克利夫兰骑士偶尔会办酒会，商务伙伴会去参加。球员们也多会露面。詹姆斯遇到这种场合，会过去露个脸，但到点就走，我履行完合作了。在商务场合，他是个精明准确绝不犯错的人；但在私下里，他是个挺热心肠的人。这两者不矛盾。

2024/2025赛季，湖人对活塞之战，詹姆斯28分的三双，最后一节独得14分。最后2秒，湖人落后3分，詹姆斯切出接球远射。那一球很像2008/2009赛季东部决赛第二场，他对魔术的压哨三分。但这一次，没进。

我这个朋友说，最后两分钟还落后10分，便觉得剧本熟悉，觉得肯定能追上。“要相信詹姆斯，这些年始终如此”。

但詹姆斯投丢后，也没很难过，“相信他这件事，和他真的能不能做到，没什么关系”。这也不矛盾。

自2011年后，詹姆斯从打法到生活中都在追求效率最大化。乔丹成为NBA球队老板，“魔术师”一直想成为NBA球队老板。詹姆斯是在自己现役打球时，就试图左右整个NBA的局势：他本身就是一个巨大的机构，雄心与掌控欲。他总是试图掌握一切，并不总是心想事成，但不妨碍他在漫长时光里，从战术权重到队友分配，成为篮球历史上掌握权限最大，也的确是影响力最大的球员之一。

这就是勒布朗·詹姆斯。

FOREVER
KING

2002
2.18

球队 / TEAM
圣文森特·圣玛丽高中(St. Vincent-St. Mary High School)

天选之子 传奇之始

在当时，一位如此年轻、评论家们尚持观望态度的球员，居然登上了最负盛名的体育杂志封面，此前并无先例。封面上那行醒目的“天选之子”，瞬间引爆了整个篮球界。自此，所有目光都锁定在 23 号身上，倒要看看他能否兑现这个名号。2002 年 2 月，这位身高 2 米 03 的篮球天才横空出世，他强壮的体格与近乎全能的技术集于一身，这本就极为罕见，更别提他还能在那个年纪，顶住巨大的压力沉稳发挥，这样的“独角兽”实在非同一般。

封面上的“天选之子”，就此成为了篮球史上最具标志性，也最名副其实的标签之一。近二十年后，勒布朗再次创造历史，第三次荣登《体育画报》年度最佳运动员的封面。但更动人的是，这一次，他与儿子布朗尼、布莱斯一同登上封面，拍摄地正是圣文森特·圣玛丽高中——那个传奇开始的地方。

From This "Point Forward"

At the time, it was unheard of for someone so young, and for many critics unproven, to grace the cover of sports most coveted publication. The cover, featuring “The Chosen One” in large print, had the basketball world buzzing. And it was from this point-forward that all eyes were on number 23 to see what all the hype was about. In February of 2002, the word had gotten out about a 6′8″ phenom that could essentially do it all on the court. A unicorn in his own right, having this skill set at that size was a rarity, but the ability to perform under such insurmountable pressure at that age was even more of an anomaly.

The serendipitous moment of “The Chosen One” cover would be one of the most iconic and appropriately-titled headlines ever. Nearly two decades later, James would grace the cover for his record-setting 3rd Sports Illustrated Sportsperson of the Year honor. But even greater than that, he'd share the spotlight with Bronny and Bryce on a cover shot at St. Vincent-St. Mary High School… the place where it all started.

数据说明
THE STATS

- 高中二年级场均数据：
  28 分 · 8.9 篮板 · 6 助攻
- “天选之子”登上体育画报封面

- SVSM Junior Season Avg.
  28 points · 8.9 rebs · 6 ast
- “The Chosen One”Sports Illustrated cover

23

遐思

之一

《体坛周报》
副总编辑
/
薛 震

23 Muses
Part I

Vice editor
In Chief of
Titan Sports
/
Xue Zhen

如果勒布朗·詹姆斯出现在2002年选秀大会中，那状元就是他了！

这个说法有点玄乎，因为2002年的詹姆斯刚上完高三，还不到18岁。但当时在NBA，很多人，包括管理层、教练和球探都在说，如果联盟允许一个高三的孩子参加选秀，那詹姆斯就会是2002年的状元秀！

在太阳当过主教练，后来又在凯尔特人开始自己总经理生涯的丹尼·安吉就说，如果他是总经理，当时的NBA可能只有四五位巨星，他不会拿来换詹姆斯；而其他球员，他都会毫不犹豫地拿去交易詹姆斯。安吉还说，他喜欢杰森·威廉姆斯，他也知道有个中国的大个子挺棒的，但假设詹姆斯参加2002年选秀，状元毫无疑问就是他，一个高三的孩子！

If LeBron James had appeared in the 2002 NBA Draft, he would have been the first overall pick!

It's a compelling thought, considering that the LeBron in 2002 had just wrapped up his senior year at St. Vincent–St. Mary High School and wasn't even 18 yet. But within NBA circles—among executives, coaches, and scouts alike—there's a strong belief that had the league bent the rules a bit and allowed a high school senior to declare for the draft, then LeBron would've been the number one overall pick in that draft.

Former Suns head coach and Boston Celtics general manager Danny Ainge stated that, given the state of the NBA back then, there were only four or five players he would've considered untouchable in a trade for LeBron. He added that while he was a fan of Jason Williams, and he certainly knew of the great big man from China, had LeBron joined the 2002 draft, the top pick would've undoubtedly been LeBron—a high school senior

2003
5.22

城市 / CITY
阿克伦（Cleveland / Akron）

世纪结盟

2003 年 5 月 22 日，耐克与勒布朗携手，终结了史上最激烈的球鞋大战。尽管数月来外界对这位年轻的“天选之子”的签约去向猜测纷纷，但最终，他还是作出了历史性的抉择——与这家汇聚全球顶尖运动员和运动创新科技的品牌，正式结盟。

这份创纪录的新秀合同，开启了 NBA 历史上最长久、最成功的签名鞋系列之一。从勒布朗首次穿着 Zoom Generation 登陆萨克拉门托的赛场那一刻起，我们见证了他与耐克在赛场内外，创造的无数经典瞬间。23 年过去，这段传奇仍在续写，更为下一代“天选之子”们开辟了荣耀之路。

Shoe Bag

On May 22, 2003, Nike and LeBron would claim victory in the greatest sneaker war of all time. There were months of highlypublicized speculation about where LeBron would sign, but in the end the young King made the monumental decision to align with the brand that is home to the world's greatest athletes and sports innovation.

The record-setting rookie deal gave way to one of the longestrunning and most successful signature franchises in history. From the very first moment the Zoom Generation hit the floor in Sacramento, we all witnessed LeBron and the Swoosh deliver the most iconic moments both on and off the court. The legacy that began 23 years ago continues to thrive, and has set the stage for the next generation of Chosen athletes.

数据说明
THE STATS

- 圣文森特圣玛丽高中生涯场均数据：
  25.2 分 · 7.9 篮板 · 5.0 助攻
- 与耐克签订价值 9,000 万美元的代言合同

- SVSM Career Averages
  25.2 points · 7.9 rebs · 5.0 ast
- Signs endorsement deal with Nike worth $90m

23 遐思

之二

我攀创始人
&CEO、
懒熊体育
联合创始人
/
黎 双富

23 Muses Part 2

Founder and
CEO, Let's Climb
Technology
Co-Founder,
Lanxiong Sports
/
Li Shuangfu

如果勒布朗·詹姆斯在 2003 年 5 月接受了锐步时任 CEO 保罗·费尔曼递过来的 1000 万美元现金支票，那耐克将痛失一个划时代的体育营销资产，这在历史上将与阿迪达斯错过迈克尔·乔丹相提并论。

这是詹姆斯前瞻商业眼光的绝佳展现。要知道，他们家当时还租住在月租 17 美元的救济房里，签字就可以到手 1000 万美元，可以马上让单亲妈妈搬进豪宅，但是他无疑看到了更远处更耀眼的光。

耐克之后 23 年将为他推出 23 代签名鞋，把他的广告推到了全世界的每个角落。如果詹姆斯过去 23 年是其他品牌的门面，乔丹 VS 詹姆斯的 GOAT 之争还会如此激烈吗？

Imagine if LeBron James had accepted the $10million check that then Reebok CEO Paul Fireman had handed over. Nike would have lost a once-in-a-generation sports marketing asset — an event that would be recorded in history alongside Adidas missing out on Michael Jordan.

But this was also a perfect demonstration of LeBron's forward-thinking business mindset, especially, at the time, the James family was still living in a $17-per-month public housing home, and signing that deal and cashing in the $10 million check would have instantly let his mother Gloria move into a mansion, but LeBron obviously saw the bright light that was glowing further down the road.

That decision ultimately led to Nike revealing his 23rd generation of signature shoes, 23 years after the agreement. His advertisements now dominate billboards across the globe, and Its worth asking would the GOAT conversation be as fierce as it now if LeBron was the face of another brand?

2003
6.26

球队 / TEAM
纽约（New York Knicks）

状元及第

勒布朗・詹姆斯用 23 年 NBA 生涯建立起一座属于自己的篮球“帝国”，而这一切的起点，恰好发生在一座同样名为“帝国”的城市——纽约。2003 年，麦迪逊广场花园——迎来了称得上史上最强的选秀大年。在全世界的瞩目下，一位身穿纯白套装，身高 2 米 03 的少年走入现场，他就是万众期待的“天选之子”勒布朗・詹姆斯，来自圣文森特・圣玛丽高中，早已凭借场均 25.2 分、7.9 个篮板和 5 次助攻的成绩，证明了自己完全具备征战 NBA 的全能实力。

当晚，第一个上台与时任联盟总裁大卫・斯特恩握手的，正是这位来自阿克伦的天才少年，而接下来的故事，已然全部载入历史。从这座不眠之城起航，勒布朗开启了他的征途，以永不停歇的职业精神，不断开拓赛场内外的未知疆界。

Best in Class

It's only fitting that the empire LeBron James would build over the course of his 23-year NBA career started in a city of the same name. The World's Most Famous Arena hosted the 2003 NBA Draft with arguably one of the greatest draft classes of all time. The most anticipated prospect in the history of the game had all eyes on him, as he arrived with an all-white suit draped over his 6'8" frame. Coming off a storied career at SVSM, where he averaged 25.2 points, 7.9 rebounds, and 5 assists, LeBron was ready to bring his all-round game to the NBA.

The first up to shake Commissioner David Stern's hand that night was the kid from Akron, and the rest is history. Starting his journey in the city that never sleeps, LeBron embraced a tireless work ethic that took him to uncharted territories, both on and off the court.

数据说明
THE STATS

- 圣文森特圣玛丽高中生涯场均数据：
  25.2 分・7.9 篮板・5.0 助攻
- 2003 年 NBA 选秀第一顺位

- SVSM Career Averages
  25.2 points · 7.9 rebs · 5.0 ast
- Number 1 pick in the 2003 NBA Draft

23 遐思 之三

球评人、
《2003 白金时代》作者
/
猫 三

人到中年，酒肉朋友的宴席上，能够吹嘘仍是用“如果”构建却从未实现的理想大厦，那便是一种彻底的悲哀。

23 年后的詹姆斯不必如此，他可以追忆的事情实在太多，选秀日穿着一袭白衣，扮成大人模样，以事先宣扬已久的状元身份进入联盟，只是一个起点。这个起点不算惊艳，NBA 每年都会有个状元，据统计，历史状元平均数据就是吉诺比利的水平，詹姆斯早已跳出“状元”这条庸常叙事线。

倘若一个人已无暇缅怀来时路的起点，便可知他已拥有何等漫长的辉煌。

---

23 Muses Part 3

Writer and Columnist
/
Mao San

As a man reaches middle age and he is in superficial company over food and drink, using “what ifs” to build dreams that never came true, then its safe to say such a scene reflects a rather complete—and perhaps even profound-sorrow.

Yet, 23 years into his career, LeBron James has no need for that kind of conversation. He has got far too many memories to look back on, with him putting on that all white suit, dressed with a maturity beyond his years and entering the league with an already long foretold first overall pick status being the first of many.

His beginning, while solid, wasn’t particularly dazzling—after all, a new No. 1 pick enters the league every year. On average, their career numbers are roughly on par with those of Manu Ginobili. But LeBron long ago broke free from the ordinary narrative of a No. 1 pick.

One could say: if a man has no time to reminisce about the beginning of his journey, then it’s clear—he is a man of glory.

2003
10.29

对手 / TEAM
萨克拉门托国王（Sacramento Kings）

惊艳首秀

那是萨克拉门托的一个寻常的周三夜晚，却因万众瞩目的勒布朗·詹姆斯首秀而变得非凡——这是整个篮球界翘首以盼的历史性时刻。我们一同见证这位“天选之子”，踏上改变联盟格局的征程。

比赛开始没多久，这位百年难遇的天才便在快攻中起飞，首次上演了他的标志性战斧劈扣，瞬间点燃全场。而那一刻的定格画面：勒布朗脚踩 Zoom Generation 战靴腾空暴扣，仿佛在向世界宣告——王者已经降临。最终，他以 25 分、6 个篮板、9 次助攻和 4 次抢断的全面表现结束比赛，这样高水准的表现，在他此后的 23 年里始终如一。

Grand Opening

The stage was set for LeBron's highly anticipated debut on that Wednesday night in Sacramento: a moment of truth the basketball world had been waiting for. We were all about to bear witness to the Chosen One, as he embarked on a journey to change the face of the league forever.

It didn't take long for the once-in-a-generation rookie to hit the runway on a fast-break and put his signature tomahawk dunk on display for the first time. The iconic image of James dunking, while rocking his Zoom Generation sneakers, stands as his "I've arrived" moment. LeBron would finish the game with a balanced attack of 25 points, 6 rebounds, 9 assists and 4 steals... a standard that has since been upheld for 23 years.

数据说明
THE STATS

- NBA 生涯首战数据：
  25 分 · 6 篮板 · 9 助攻
- NBA 生涯首场比赛

- Game Totals
  25 points · 6 rebs · 9 ast
- First Game of LeBron's NBA Career

23
遐思
之四

《体坛周报》
副总编辑
/
曹 亚旗

23 Muses
Part 4

Vice editor
in Chief of
Titan Sports
/
Cao Yaqi

过去几年，詹姆斯不断挑战新纪录：成为 NBA 历史得分王，历史上第一位 4 万分先生，每当有新的得分里程碑，我们就会回顾他的生涯第 1 分：对阵萨克拉门托国王队，那个禁区右侧，在布拉德·米勒头上命中的中距离跳投。

这个镜头，我们已经看了无数次。但在这 1 分前前后后的故事，被提及的其实不多。比如，在这场比赛开始之前，詹姆斯还拍了一个广告，模拟了自己职业生涯的第一场比赛。再比如，当时骑士球员对詹姆斯的看法，布泽尔说，在詹姆斯来之前，骑士在他所在的位置上已经有了更好的球员；还有同样是高中生 NBA 球员的达柳斯·迈尔斯认为，詹姆斯也只是一个高中生而已，是没法给球队带来太大改变的。

只能说，詹姆斯在当时还是太超出人们的认知了。

In the last few years, LeBron has broken the record of becoming the NBA's all-time scoring leader and became the first to ever score 40,000 career points, but whenever a new scoring record is established, it is always that first bucket we think of: the midrange jumper from the right side of the key, inside the arc, over Brad Miller of the Sacramento Kings.

We've all seen this footage countless times, but the story surrounding this shot hasn't really been told much.

Before the game even tipped off, LeBron had already shot a commercial simulating his first ever career game, not to mention what LeBron's teammates thought of him.

For example, Carlos Boozer stated outright that the Cavaliers already had someone better than LeBron at his position before LeBron arrived, and also Darius Miles, who was also drafted out of high school, also simply looked at LeBron as just another high school kid, and he couldn't bring any big changes to the team.

Obviously, now we know that LeBron was simply far beyond people's limited imagination at the time.

2007
5.31

对手 / TEAM
底特律活塞队（Detroit Pistons）

扫荡汽车城

2007 年，勒布朗生涯第二次闯入 NBA 季后赛，他率领骑士首轮横扫奇才，次轮六场击败篮网，顺利挺进东部决赛，对阵底特律活塞。

系列赛开局，骑士一度以 0 比 2 落后，然而“王者”勒布朗奋力反击，将比分追至 2 比 2 平。在关键的第五场比赛中，勒布朗上演了 NBA 季后赛史上最伟大的表现之一。他砍下 48 分，其中包揽骑士队最后的 25 分，拿下了他们最后 30 分中的 29 分。此外，他还贡献了 9 个篮板和 7 次助攻，率队在双加时以 109 比 107 险胜。

最终，勒布朗带领骑士在第六场锁定胜局，率队首次挺进 NBA 总决赛。

Motor King

In 2007, LeBron entered the NBA playoffs for only the second time in his career. LeBron and the Cavs swept the Wizards in round one, handled the Nets in six games in round two, and entered the Conference Finals against the Detroit Pistons.

The King started the series down 0-2 and battled back to tie the series 2-2. In Game 5, LeBron delivered one of the greatest playoff performances in NBA History. He scored 48 points, including the Cavaliers' final 25 points, and 29 of their last 30. He added 9 boards & 7 dimes, to lead the Cavaliers to 109-107 victory in double overtime.

The King would go on to win the series in Game 6, leading the Cleveland Cavaliers to their first-ever NBA Finals appearance.

数据说明
THE STATS

- 2006/2007 赛季东决 G5 詹姆斯的数据：
  48 分 · 9 篮板 · 7 助攻
- 连得 29 分，包揽球队最后 30 分里的 29 分

- Game Totals: 48 points · 9 rebs · 7 ast
- 25 consecutive points
  (and 29 of Cleveland's last 30)

23
遐思
之五

篮球记者、
评论员
/
沈 知渝

23 Muses
Part 5

Basketball Writer
and Broadcaster
/
Shen Zhiyu

2007年，我拿到美国签证的时间比计划晚了一些，去采访总决赛，只赶上了第四场，骑士队以1分之差输给了马刺，看着马刺在速贷球馆捧起金杯。

喧嚣过后，我去骑士队更衣室看了看，基本人去屋空。但是詹姆斯还在，参加完发布会，回到衣柜前，极为平静地整理衣服鞋子，面部没有一丝涟漪。

工作人员示意不要打扰他，但即便不问，也看出他坦然地接受了失败，哪怕是被横扫。他在东部季后赛宛若惊鸿，放在整个职业生涯中，对活塞队的双加时48分依然震撼。当时，他的带刀侍卫只有“大Z”、德鲁·古登、丹尼尔·吉布森、拉里·休斯这般人物，如果有更强势的球星辅佐，那不仅是冲出东部，和马刺队也能多撕咬几个回合。

在那个瞬间，22岁的詹姆斯是满足却又不甘的，未来“决定”的伏笔大约就那么埋下了。

I didn't get my US visa as planned in 2007 and I couldn't cover the finals live until game 4, where the Cavaliers lost to the Spurs by 1.

I got to witness the Spur raise the Larry O'brien Trophy at the Quicken Loans Arena, and after the crowd had gone, I walked into the almost empty Cavaliers locker room. LeBron was still there. He had finished his post-game conference and was back to his locker sorting his gear and his face completely expressionless.

A team staffer told me to not bother him, but even without asking, it was easy to tell that he took this sweep and defeat in stride. He had just completed an electrifying run in the Eastern Conference playoffs, and even from a career perspective, that 48-point double OT performance against the Pistons was still absolutely breathtaking.

Back then, his supporting cast at the time was Zydrunas Ilgauskas, Drew Gooden, Daniel Gibson, and Larry Hughes, and I couldn't help but think, if there was another elite star to support LeBron at his side, not only would the Cavaliers be in the finals, but they would've had put up more of a fight against the Spurs.

In that moment, watching him at just 22 years old, I saw a young man who was both satisfied and unsatisfied. And maybe, just maybe, that moment became a footnote leading to "The Decision" a few years later.

2008
1.15

对手 / TEAM
孟菲斯灰熊队（Memphis Grizzlies）

以伟大 致伟大

自 1986 年起，每逢民权领袖马丁・路德・金（Dr. Martin Luther King Jr.）的诞辰，NBA 都会举办纪念赛来向他致敬。多年来，许多球员都在这一天贡献过精彩表现，而其中最具象征意义的一战，则由另一位“King”——勒布朗・詹姆斯亲手书写。

2008 年 1 月 15 日（马丁・路德・金诞辰），勒布朗率领克利夫兰骑士在客场迎战孟菲斯灰熊。他全场轰下 51 分，8 个篮板，送出 9 次助攻，带领球队以 132 比 124 取得胜利。更具传奇色彩的是，这场激励人心的演出，不仅发生在马丁・路德・金的诞辰之日，更是在他生命的最后一站——孟菲斯。

Honor The King

Since 1986, the NBA has celebrated the life and legacy of civil rights leader Dr. Martin Luther King Jr. by playing commemorative games on his birthday. There have been a number of standout performances during this national holiday, but one of the most significant was authored by another King, who goes by the name of James.

On January 15, 2008 (Dr. King's Birthday), LeBron and the Cavaliers took on Memphis Grizzlies in their home arena. LeBron led Cleveland to a 132-124 victory, while pouring in 51 points, 8 rebounds, and 9 assist. The timing of this inspired performance came on the exact date of Dr. King's birth, in the city where he took his last breath.

数据说明
THE STATS

- 2008 年 1 月 15 日对阵灰熊数据：
  51 分・8 篮板・9 助攻
- 在马丁路德金生日当天，在金博士遭遇暗杀的孟菲斯城拿下了 51 分。孟菲斯后来也成为了美国当地国家民权主义纪念馆的选址。

- Game Totals: 51 points · 8 rebs · 9 ast
- Scores 51 points on Dr. Martin Luther King Jr.'s birthday, in the city where King was assassinated (and home of the National Civil Rights Museum)

23 遐思

之六

灰熊球迷
电台台长
/
秋 漠

23 Muses
Part 6

Grizzles Fan
Radio Club
/
Qiu Mo

NBA 从纯白走向深色的转变和战后美国非裔平权斗争相伴而行，其底色是令人目眩的血红。

四十年前，马丁·路德·金博士的遇刺成为孟菲斯这座城市难以愈合的伤疤。四十年后，另一位被称为“King”的人来到这里，没有演说，直接开打。

灰熊并非强队，但从迁至此地以来，他们每逢纪念日都格外拼命，只为守住城市的尊严。不过这次，终场的蜂鸣器如警笛般刺耳，鲜红的记分牌再添新伤。51 分、8 个篮板、9 次助攻，观众席的惊恐和叹息声交织弥漫在球馆上空，久久不散。那晚，属于这座城市的疼痛，并未减轻半分。

The NBA's transformation of white players only to one representing all skin colors went hand in hand with the civil rights movement post WWII, against a backdrop tinged with blood of that era.

Forty years ago, Martin Luther King Jr's assassination left an unhealable wound on this city, and Forty years later, another "King" arrived—this time wordlessly—but left his own kind of mark.

The Grizzles have never been a traditional powerhouse, but every year since their move to Memphis, they've brought passion and effort to their annual MLK Day game, honoring the city's legacy with heart and pride.

But in this game the final buzzer sounded like a piercing siren, and the glowing red letters of the scoreboard left a fresh scar on the city. 51 points, 8 rebounds and 9 assists were LeBron's final stats for the game, and the crowd's fear and sighs reverberated in the arena and hung for a long time. That night, the pain carried by this city didn't fade. If anything, it became even harder to bear.

出征救赎之战

2004 年雅典的失利仍历历在目，勒布朗 · 詹姆斯与“救赎之队”将目光瞄准 2008 年的北京，誓要为美国重夺国际篮球的荣耀。经历了四年的质疑与磨砺，勒布朗带着复仇之势归来，携手这支众星云集的梦之队，以统治级表现夺得金牌。

勒布朗场均贡献 15.5 分、5.2 个篮板和 3.8 次助攻，这支被誉为史上最强阵容之一的救赎之队，向世界宣告了美国篮球霸主地位的回归。四年后的伦敦赛场，勒布朗与战友再次登顶摘金，成功实现卫冕。十二年后，勒布朗重返领奖台，在巴黎迎来他最后一枚金牌的荣耀时刻。

Out for Redemption

With the disappointment of the 2004 Olympic Games fresh in their minds, LeBron and the "Redeem Team" had their sights set on restoring international glory for the United States at the 2008 Summer Olympics in Beijing. After four years of criticism, James was back with a vengeance, helping lead a star-studded United States roster to a dominant gold medal performance.

James would average 15.5 points, 5.2 rebounds and 3.8 assists on a team considered one of the best ever assembled. The Redeem Team most certainly let it be known that the US was back. After those 2008 Games, King James and the crew went on to repeat with a Gold Medal at the London Games in 2012. Now almost 12 years later, The King returned to the podium in Paris for one last Golden Olympic moment.

数据说明
THE STATS

- 2008 年奥运会数据：
  15.5 分 · 5.2 篮板 · 3.8 助攻
- 救赎之队重夺奥运会金牌

- 2008 Olympic Averages
  15.5 points · 5.2 rebs · 3.8 ast
- The Redeem Team recaptures Olympic Gold

23 遐思

之七

《体坛周报》
记者
/
季 孟年

23 Muses Part 7

Basketball
reporter
/
Ji Mengnian

五棵松体育馆的穹顶下，冬奥冰刀划过的寒光与巨星音符的碰撞皆成过往，唯有 2008 年奥运梦八队的华章，在记忆星河中永久闪耀。

这支球队的特别之处，不仅仅在于他们的璀璨星光，更在于“救赎之队”独一无二的使命感。经历希腊和日本的低谷，勒布朗·詹姆斯在北京重整旗鼓。他每一次力贯千钧的战斧劈扣，都如惊雷般撕裂穹顶，将山呼海啸推向史无前例的巅峰。

作为世界闻名的文体地标之一，五棵松见证过无数伟大的表演。然而，在这座传奇的殿堂里，梦八的救赎之战震撼力与影响力无他人可以并肩。作为这支救赎之队的主角之一，勒布朗·詹姆斯的星光足以穿透岁月，直到现在依旧还是那么耀眼。

Under the palatial arc of the Wukesong Stadium, the clash of superstar musical notes and the shimmer of Olympic speed skating blades are now echoes of the past, but the chapter written by the redeem team in 2008 remains, etched forever into the galaxy of sporting memory.

What made this team so special was not just its sheer star power, but the singular yet unique sense of purpose that defined the “Redeem Team”. Having endured the lowest of lows with Team USA in Greece and Japan, LeBron James arrived in Beijing with vengeance in his stride, and each powerful Tomahawk dunk that he threw down ripped into the soundwaves of Wukesong Stadium and sent the crowd’s roar into previously unseen heights.

As a global icon of sport and culture, Wukesong Stadium has borne witness to many great performances, but in this legendary hall, none have matched the shock and influence deliveredby the Redeem Team. As one of the cornerstones of the team, LeBron's stardom transcends through time and space, still visible to this day.

2009
5.7

对手 / TEAM
亚特兰大老鹰（Atlanta Hawks）

跻身王座

年仅 24 岁，勒布朗便解锁了又一伟大成就，赢得了他职业生涯四座常规赛 MVP 奖杯中的第一座。那个赛季，詹姆斯率领骑士打出 66 胜 16 负的战绩，个人场均贡献 28 分、7 个篮板和 7 次助攻，这样的表现让他毫无悬念地赢得了 MVP 票选，将自己写进 NBA 历史，正式跻身这一荣誉殿堂。在首轮对阵老鹰的第二场比赛时，NBA 总裁大卫・斯特恩亲手将奖杯颁给了真正的归属者——勒布朗・詹姆斯。

从进入联盟以来，关于他的比较和争论从未停止，此时，他手握联盟最高个人荣誉，那些围绕“谁是联盟门面”“谁是史上最强”的讨论也愈演愈烈，全面升温。

Honor Society

At just 24 years old, LeBron would unlock another achievement, winning his first of four NBA regular season MVP Awards. James would lead the Cavs to a 66-16 record while averaging 28 points, 7 rebounds and 7 assists on the season. This performance was enough to run away with MVP voting, finally placing him in the history books among an exclusive club of MVP Honorees before him. In game two of the Cavaliers' first round series against the Hawks, David Stern would hand over the Trophy to its rightful owner.

Since entering the league, the comparisons have always been a topic of discussion. Now bearing the league's highest individual honor, the barbershop conversations around "who's the face of the League" and "who's the greatest of all-time" were starting to pick up steam.

数据说明
THE STATS

- 2008/2009 赛季数据：
  28.4 分・7.6 篮板・7.2 助攻
- 斩获首座 MVP 奖杯

- Game Totals:
  28.4 points · 7.6 rebs · 7.2 ast
- Wins 1st MVP Award

23
遐思
之八

驻克利夫兰
记者
/
鲍 仁君

23 Muses
Part 8

Cavaliers
Beat Writer
/
Bao Renjun

2009 年 5 月 4 日，詹姆斯第一次拿 MVP，颁奖仪式设在圣文森特·圣玛丽高中，詹姆斯的母校。

詹姆斯戴着墨镜，和耐克副总裁一起坐着敞篷法拉利，来到了高中，旁边都是慕名而来的阿克伦市民，不乏他的校友和球迷。

高中的球馆不大，带詹姆斯入门的德鲁教练，以及他的高中队友，都来到了球馆里。穿着西装，打着领带，稚气未脱的詹姆斯，举起手中的奖杯时，球馆里欢声雷动。这里是梦开始的地方，他们见证了詹姆斯的第一个重要里程碑。

我当时也在球馆，有幸见证了詹姆斯的这一时刻。那个时候，一切都显得那么美好，未来可期，至于一年后离开克利夫兰，以及回归克利夫兰，乃至历史得分王，都是那个瞬间根本无法想象的剧情。

On May 4th 2009, LeBron James received his first ever MVP award in a ceremony held at his Alma mater St. Vincent St. Mary's high school.

Wearing sunglasses and riding in a Ferrari convertible alongside Nike's Vice President, LeBron pulled up to the school ,surrounded by Akron locals, passionate fans, and fellow alumni.

The gym was not large, and LeBron's mentor coach Dru and his high school teammates were all there, And when LeBron—dressed in a crisp white suit and tie, still bearing traces of youthful exuberance—lifted the MVP trophy high, the gym erupted in cheers. This gym was where it all began, and it now bears witness to LeBron's first major milestone in his NBA journey.

I was fortunate enough to be there that day, to witness the moment firsthand. Everything felt so full of promise, and at that moment, "The Decision" he made next year, his eventual return to Cleveland, and even his rise to the top of the NBA's all time scoring list were simply unimaginable drama that eventually unfolded.

2010
7.8

球队 / TEAM
迈阿密热火（Miami Heat）

无愧初衷

“这个秋天，我将把我的天赋带到南海岸”——正是詹姆斯这句话，永远改变了体育史的走向。这位当时全球最受瞩目的运动员，选择逆势而行，按照他的方式改写剧本。全世界一片哗然，克利夫兰部分地区更是怒火中烧，人们把 23 号球衣当作柴火扔进火堆。直到今天，每当人们讨论 GOAT（史上最伟大球员）时，这桩史无前例的自由球员签约仍会被提起。

无论外界褒贬与否，有一点无可否认——他创造了历史，最终率领热火队两夺总冠军。以及鲜少有人注意到的是，勒布朗借助这次转会发布会，成功为“美国全国性青少年公益组织”筹集了 200 万美元——以另一种方式诠释了“伟大”。

Good Intentions

“This fall I’m going to take my talents to South Beach” were words from King James that changed the course of sports history forever. The biggest athlete in the world was now going against the grain and rewriting the script the way he saw it fit. The world was in an uproar, and even parts of Cleveland were set ablaze with number 23 uniforms used in place of fire wood.

Murmurs about LeBron’s unprecedented free agency signing can still be heard today during GOAT talks. Whether critics are for or against it, one thing that can’t be denied is the history that was made, as he would eventually lead the Heat to two rings. But what many people miss is that fact that LeBron used this moment to help raise $2M for the Boys & Girls Club National Office… defining another type of greatness entirely.

数据说明
THE STATS

· 2010/2011 赛季数据：
26.7 分 · 7.5 篮板 · 7.0 助攻
· 决定在 2010 年与迈阿密热火队签约

· 2010-2011 Season Averages
26.7 points · 7.5 rebs · 7.0 ast
· The Decision to sign with the Miami Heat in 2010

23 遐思

之九

腾讯体育
编导
/
王 洋

23 Muses
Part 9

Tencent Sports
director
/
Wang Yang

本人姓王，男，1994 年第一次看 NBA，当时乔丹之外最喜欢的球员是埃迪·琼斯，所以在 2000 年他加盟迈阿密之后正式成为热火球迷，至今 25 年。

詹姆斯做“决定”前，大家知道休赛期有大交易。我呢，不分析，只等待。虽有波什加盟，但我感觉莱利还有后手。

第二天中午在食堂和同事吃饭。我说：“我做了个梦没看清是谁，但是能感觉是一个级别非常高的球星加盟了热火。”同事：“诺维斯基？”我：“感觉比诺维斯基还高。”同事开始哈哈大笑——过了两天，笑的人变成了我。

如果说 NBA 每个赛季都是一场盛大的表演，那么三巨头的热火就是其中最绚烂的马戏团，其他的节目都暗淡无光，三个人用当时篮球运动员的顶级天赋，展现了最顶级的表演。而我周围的人们对我这个“热火球迷”的描述：天天穿个热火三巨头的 T 恤在电视台里溜达嘚瑟，欠打，但又打不过……

My last name is Wang, male, and I started watching the NBA in 1994. Apart from MJ, my favorite player was Eddie Jones, so I became a Heat fan after he joined them, and now its been 25 years.

Before “The Decision”, everyone knew the free agency market was going to be filled with drama. I didn’t analyze anything but I waited. Even though Bosh joined the team, I felt that Pat Riley wasn’t finished.

The next day, when I was sitting in the cafeteria with my colleagues, I said : “I had a dream about a high profile superstar joining the team… but I didn’t see who it was.” My colleague replied quizzically: “Dirk?” I said: “Nah, even bigger than Dirk.” I could only hear the ridicule in the laugh that same after, but two days after, I flipped the script on him, and I became the one laughing.

If every NBA season is a grand spectacle, then the Heat’s Big Three era was the most dazzling act in the circus—so bright it made everything else seem dull by comparison. The trio used their elite talent to deliver one unforgettable performance after another. My coworkers couldn’t stand me. I strutted around the TV station every day in a Big Three Heat T-shirt, full of swagger. They all said I was asking to get punched—but none of them could take me anyway.

2010
12.6

对手 / TEAM
密尔沃基雄鹿(Milwaukee Bucks)

热火风潮

你最喜欢的球员，也会把这张照片视为最爱。早在“病毒式传播”这个概念诞生之前，勒布朗与德维恩·韦德就联手造就了一张最具标志性、被不断复刻的经典画面，由摄影师莫里·加什捕捉到的这一瞬间，传递出一个世人皆知的信息：“我们 vs 全联盟”。

2010 年 12 月，组建不久的“热火三巨头”正式向世界宣告：这支来自南海岸的队伍已经朝着各位来了。当晚热火轻松取胜，尽管对于勒布朗的标准来说，那场表现只能算是常规操作（17 分、6 篮板、6 助攻）。但照片里的那股张扬气焰，让他们瞬间成了英雄与反派的结合体。它点燃了观众心底涌动的激情，注定将永远流传下去。

Heat Wave

Your favorite hooper's favorite picture. Before going viral was a thing, LeBron and Dwyane Wade crafted a perfectly painted picture with one of the most iconic and recycled images ever. The very sight of the shot, captured by Morry Gash, is a universally understood message of "Us vs Them."

The "Heatles" had just recently formed, and this moment in December of 2010 put the world on notice that the team from South Beach had arrived. On a rather modest night by James' standards (17 points, 6 rebounds, 6 assists), the Heat cruised to victory, while producing an image that showcased the swag and flare that made them both heroes and villains. It made onlookers feel some type of way and will continue to live on forever.

数据说明
THE STATS

- 比赛数据：17 分 · 6 篮板 · 6 助攻
- Morry Gash 拍摄的勒布朗和德怀恩 · 韦德的经典照片

- Game Totals: 17 points · 6 rebs · 6 ast
- Iconic Morry Gash photo of LeBron and Dwyane Wade

23
遐思
之十

中国热火球迷会
会长
/
燎原星火

23 Muses
Part 10

China Heat
FanClub
President

对于热火来说，从 2006 年队史首冠后，他们已经沉寂了太久；对于詹姆斯而言，“孤胆英雄而不得志”的情况已经发生了太多次。所以，双方的联手也就成为完成彼此救赎的最好方式。

但是在完成救赎前，他们显然要经历挫折。好在，在“乍暖还寒”的 9 胜 8 负开局后，他们还是走上了正轨，并且“热火三巨头”的威力与日俱增。

然后就有了“詹韦连线”的这一配合。除了呈现出的动作时机、力量感和美感，更蕴含了热火队史首冠核心与年轻新王之间的交接；他们的生涯，都会更加辉煌。

两个在彼此最辉煌时间段都意气风发的球员，共同创造了一个精彩绝伦的经典。

For the Heat, after they won their first ever championship in 06, they had fallen silent for too long. For LeBron, the narrative of the “lone unsatisfied superhero” had happened far too often, so this union became the perfect avenue for both sides to earn redemption. But before it could happen there were obstacles to overcome and after a rocky 9-8 start to the season, the team went back on the right track and as the season progressed, the power of the “Big Three” steadily took shape and grew stronger.

Then came this epic moment of LeBron and Wade. It wasn’t just about power, grace, or timing but it also bore witness to Wade, who played a core role in the 06 championship, passing the torch to LeBron, and the moment was also a declaration that both would go on to have a glorious career.

Two players, both in their prime in on court skill and swagger, would create a classic moment that lives on.

绿军眼中钉

每一位超级英雄的征途上，都站着一个宿敌。对于勒布朗来说，这个宿敌就是波士顿凯尔特人队和他们的“三巨头”。多年来，勒布朗与凯尔特人上演了无数次史诗般的对决，波士顿队不止一次占据上风。直到 2011 年，转机终于出现，勒布朗率领迈阿密热火在季后赛第二轮淘汰凯尔特人，开始扭转乾坤。

真正奠定东部新秩序的关键时刻，是 2012 年东部决赛的第六场。彼时热火总比分 2 比 3 落后，面临被淘汰的边缘，勒布朗的职业生涯也站在了转折点上。在这样的压力下，他火力全开，上半场就砍下 45 分中的 30 分，带领热火以 19 分优势赢下比赛，将系列赛拖回迈阿密。这场胜利让凯尔特人球迷近乎失去理智，甚至有人在勒布朗退场时朝他泼啤酒泄愤。

成功攻克这道难以逾越的障碍后，勒布朗仍未松懈，一往无前，不再回头。与绿衫军的这一系列交锋成为了他职业生涯中的一次重要成长。勒布朗后来也曾表示：“每当我看到绿色，浑身就充满了斗志——各种意义上的斗志。”

Green With Envy

Standing in the way of every super hero is a nemesis. For King James, that nemesis was the Boston Celtics and their "Big 3." Over the years, LeBron faced a number of epic battles against the Celtics, with Boston coming out on top more than once. Eventually the pendulum would swing, and in 2011 LeBron took the driver's seat when his Miami Heat sent the Celtics packing in the 2nd round of the Playoffs.

There was no moment more definitive than Game 6 of the 2012 Eastern Conference Finals in confirming the East now belonged to King James. Down 3-2, The Heat were staring elimination right in the face. With legacy on the line, LeBron came out blazing, scoring 30 of his 45 points in the first half. The Heat won Game 6 by 19 points, sending the series back to South Beach where they would eventually win the series. The taste of defeat was bitter for Celtics fans, with one even pouring an unwelcomed beer on LeBron as he walked back through the tunnel.

Since overcoming this obstacle that seemed impossible at times, LeBron has kept his foot on the gas and hasn't looked back. The saga with Boston was a valuable lesson learned, and James has even been quoted as saying "anytime I see green its motivating, in more ways than one."

数据说明
THE STATS

- 2012 年东部决赛 G6 数据：
  45 分 · 15 篮板 · 5 助攻
- 终结凯尔特人三巨头对东部联盟的统治

- 2012 ECF Game 6 Totals: 45 points · 15 rebs · 5 ast
- The trials and tribulations of LeBron overcoming the Celtics Big 3's dominance of the Eastern Conference

23
遐思
之十一

前驻美记者
/
薛 雷

23 Muses
Part 11

Former US based journalist
/
Xue Lei

我的凯蜜生涯，始终都与冠军无缘——2008 年我还小，2024 年我已老。当中，那么多年反反复复地从东麓登顶的尝试，半途中总横着一个詹姆斯。2010 年之后，凯尔特人 VS 詹姆斯成了东部的主题。

我能回想起一些具体的片段：比如在前半段，隆多调度着几位大哥，一个接一个，沉静而冷酷地凿穿骑士的防线；比如那时，“幼詹 1.0”被消磨得频频低下的头，以及美媒打出的标题：He quit!

当然在后半段，“詹姆斯 2.0”卷土重来，现出了那个总决赛第六场的“死亡之瞳”；以及他正面大帽加内特时，泄气低头的变成了后者。时移势易，新王登基。老绿军枯骨遍地，魂灵嘶吼声中，壮年詹大步向前。

My career as a Celtics fan has always been away from a Championship. I was too young in 2008, and I had become a grown man in 2024. Through all those years and all these attempts at winning the ECF, there was always the obstacle of LeBron James standing in the way.

With this being the backdrop of the story, in the early 2010s, Celtics vs. LeBron became the defining storyline of the East.

I'll always remember some vivid moments: early on, Rajon Rondo orchestrating his veteran teammates one by one, calmly and ruthlessly breaking through the Cavaliers' defense; and the young "LeBron 1.0" seen to be bowing his head in frustration and, of course, the media narrative screamed"He Quit!"the day afterwards.

But in the latter half, "LeBron 2.0" roared back to life, with the history defining deadly look in his eyes in Game 6, culminating with his massive block on Kevin Garnett, which turned the stages and gave KG a dose of the frustration that LeBron had felt.

Times changed, and a new king was crowned. The old Celtics lay in ruins, and their spirits screaming in anguish, as the prime LeBron strode boldly forward.

2012
6.21

球队 / TEAM
迈阿密热火（Miami Heat）

终结梦魇

九年磨一剑，2012 年 6 月，勒布朗・詹姆斯终于在 NBA 登上冠军王座，收获了他职业生涯中的第一个总冠军。那年总决赛，迈阿密热火以总比分 4 比 1 击败俄克拉荷马雷霆，拿下了他们两连冠中的第一冠。在整个系列赛中，勒布朗领衔球队得分、篮板和助攻三项数据，毫无悬念地荣膺总决赛 MVP。

赛后，传奇主持人斯图尔特・斯科特问他，此刻你脑海中闪过的第一个念头是什么？——“国王”的回答直白有力：“这该死的一刻终于来了。”在随后的采访中，他谈到这座冠军奖杯不仅是梦想成真的最佳见证，更是对“转会事件”的有力回击，也铭刻了自己在其中所付出的坚韧毅力。

Dreams and Nightmares

Nine years in the making, the King could finally take the throne on basketball's mountain top when he won his 1st NBA championship in June of 2012 with the Miami Heat. The Heat defeated the Oklahoma City Thunder 4 games to 1 in the best of 7 series, winning the 1st of their back-to-back titles. LeBron would lead the Heat in points, rebounds and assists, en route to his first Finals MVP.

After the game, the legendary Stuart Scott asked LeBron what was the first thing that went through his mind, and the King simply replied "It's about damn time." During the interview, LeBron would go on to speak about how this championship was a dream come true and about the perseverance it took to overcome the nightmarish criticism that he was faced with for "The Decision."

数据说明
THE STATS

- 2012 年总决赛系列赛数据：28.6 分・10.2 篮板・7.4 助攻
- 获得首个 NBA 总冠军并荣膺总决赛 MVP

- Series Averages: 28.6 points · 10.2 rebs · 7.4 ast
- Wins 1st championship and takes home finals MVP honors

23 遐思

之十二

篮球解说员

/

段 冉

23 Muses
Part 12

Basketball
Broadcaster
/
Duan Ran

2011 年热火新组的三巨头杀入总决赛，当时本来认为詹姆斯要拿到职业生涯首冠了，但他们在总决赛折戟沉沙。

经过一年的努力后，热火在 2012 年再次杀入总决赛，这次面对的是更年轻的雷霆三少。热火的三巨头磨合了整整两个赛季，在底蕴和经验上还是要略胜对面的三少。

第一场雷霆气势如虹，我还在想，按说今年应该是詹姆斯和热火开花结果的一年……果然，在他的神勇发挥下，球队连下四城一举夺冠，也让我不用再飞回俄克拉荷马，可以直接在迈阿密海滩就地度假了。当然打心眼里由衷感谢詹姆斯，对他的好感也急剧上升。

In 2011, the newly formed Heat "Big Three" stormed into the Finals. At the time, many believed LeBron was finally going to capture his first career championship—but they fell short and were swept.

After a year of hard work, the Heat made another Finals Run in 2012. This time, they faced the young Thunder trio of KD, Harden, and Westbrook. The Heat's Big Three had spent two full seasons building chemistry and familiarizing with each other, and in terms of both experience and composure, they held a razor's edge over the Thunder's Big Three.

Game 1 I saw the Thunder play with so much fire and passion, and it certainly gave me doubts. I had thought that finally LeBron would be able to reap the fruits of his labor, and he proved me right! Surely enough, even though the Thunder won G1, LeBron would lead Miami with a heroic performance and win four straight games to claim the title. That victory also spared me a trip back to OKC, and, I got to enjoy my vacation on South Beach, thanks to LeBron, and of course, my admiration for him soared to new heights.

2013
6.20

对手 / TEAM
圣安东尼奥马刺 (San Antonio Spurs)

蝉联霸业

在首次总决赛遭圣安东尼奥马刺横扫六年之后，勒布朗再次站到了这支王朝球队的面前，向它发起正面挑战。这场史诗般的对决一路激战到了第七场，最终，勒布朗带领迈阿密热火在南海岸以 95 比 88 击败马刺，笑到了最后。

整个系列赛中，勒布朗场均贡献 25 分、10.9 个篮板和 7 次助攻，以统治级的数据表现，率队再次登上联盟之巅。这是勒布朗连续第二年横扫三项至高荣誉：常规赛 MVP、总冠军、以及总决赛 MVP，让他正式迈入历史级伟大球员行列。这条通往总冠军的道路起初布满荆棘，但在这一刻，全世界都见证了他将伟大二字真正兑现。

Miami Twice

Six seasons after being swept by the San Antonio Spurs in his first finals appearance, King James would again find himself faced with the challenge of taking down the Spurs Dynasty. This epic battle came down to the very end, with James and the Heat defeating the Spurs 95-88 in a deciding game seven matchup on South Beach. James' dominant stat sheet of 25 points, 10.9 rebounds and 7 assists throughout the series led the Heat to basketball's mountain top.

For the second season in a row, the aptly-named King would win the league's MVP, an NBA Championship, and the Finals MVP, placing his name in an elite class. His quest for a ring had humble beginnings with several roadblocks, but it was in this moment that the world witnessed a man who had truly realized his greatness.

数据说明
THE STATS

- 系列赛数据：
  25.3 分 · 10.9 篮板 · 7.0 助攻
- 蝉联 NBA 总冠军和总决赛 MVP

- Series Averages: 25.3 points · 10.9 rebs · 7.0 ast
- Wins 2nd championship and takes home finals MVP honors

23 遐思

之十三

篮球评论员
/
王 晓晨

23 Muses
Part 13

Basketball Analyst
/
Wang Xiaochen

前三场打完，我一度天真地以为马刺防住詹姆斯了。

不过很快，詹姆斯就用后三场场均 30 分的表现，证明了他的比赛内容远比 6 年前更有厚度。

紧接着，詹姆斯用史上最好的总决赛抢七表现之一的 37 分、12 个篮板终结了系列赛。五记三分球，让马刺的“放投”策略变成了“放虎归山”。而终场前 23.5 秒那次致命抢断，断掉了马刺最后一丝获胜希望，几乎和雷·阿伦那记三分一样令人“难忘”。

詹姆斯似乎在用这样一场特别而伟大的战斗回应波波维奇和邓肯：未来，不如我自己来！

After the first three games, I naively thought the Spurs had LeBron figured out.

But LeBron made sure I thought wrong, and he averaged 30 points over Games 4, 5, and 6, proving to everyone that his scoring bag was much deeper than it had been 6 years ago.

Then came Game 7 — one of the greatest Finals performances ever —where LeBron put up 37 points, grabbing 12 rebounds, and made 5 three pointers, and turning the "let him shoot" strategy of the Spurs into a complete mockery. The crucial steal 23.5 seconds before the buzzer put a dagger in the Spurs hopes of winning and is almost as unforgettable as the iconic three that Ray Allen had made before.

With this extraordinary performance, LeBron seemed to send a clear message to Gregg Popovich and Tim Duncan: "Forget the future — I am the future!"

2014
3.3

对手 / TEAM
夏洛特山猫（Charlotte Bobcats）

蒙面“暴君”

2014 年，勒布朗·詹姆斯给夏洛特山猫送上了一场终生难忘的“拜访”。那场比赛中，这位两届联盟 MVP、NBA 总冠军得主戴上了保护面具——此前他在与雷霆的对决中鼻骨骨折，即便带伤出战，他依然打出了一场近乎无解的个人秀。

这位“蒙面暴君”砍下了当时职业生涯最高的 61 分，全场 33 投 22 中，命中率高达 66.7%，三分球命中率更是高达 80%，此外还抢下 7 个篮板，送出 4 次助攻，带领热火以 124 比 107 大胜对手。他的 61 分不仅刷新了个人得分纪录，也写下了迈阿密热火队史单场得分的最高纪录，至今无人打破。

The Masked Menace

In 2014, LeBron James paid the Charlotte Bobcats a visit they'd never forget. The back-to-back league MVP and NBA Champion delivered a dazzling performance in Charlotte, all while wearing mask to protect a broken nose he suffered in a game against the OKC Thunder earlier in the season.

The masked menace dropped a then-career-high 61 points, shooting 22 of 33 (66.7%) from the field, 80% from beyond the arc, and adding 7 boards & 4 dimes in a 124-107 victory. His 61-point performance wasn't just a then-career high for the King, it remains the most points scored by a Miami Heat player in a single game in franchise history.

数据说明
THE STATS

- 该场比赛数据：
  61 分（迈阿密热火队史纪录）· 7 篮板 · 4 助攻
- 为迈阿密热火队砍下 61 分，刷新球队队史纪录

- Game Totals: 61 points* · 7 rebs · 4 ast
  **Miami Heat franchise record*
- 22 / 33 from the field 8 / 10 from three

23 遐思
之十四

篮球评论员
/
殳 海

23 Muses
Part 14

Basketball Analyst
/
Shu Hai

挑剔的评论家们说詹姆斯得分技巧不够精纯，投篮出手不够优雅，但他不仅是 NBA 历史总得分纪录的保持者，同样也是“60+ 俱乐部”的成员。

这个俱乐部里没有全能型的“魔术师”，没有得分高手杜兰特，但詹姆斯显然是那个又全能又能得分的终极答案。

在 2013/2014 赛季，安东尼先行对阵山猫拿下了一个 60+，詹姆斯随后便在对阵山猫时展开隔空竞争，也拿到 60+ 的同时命中率更高、三分投得更好。这样的比拼无疑为 03 黄金一代的传奇再添佳话。

Those so-called basketball savants and critics would always say that LeBron's scoring skills were not refined, he had bad shooting form, yet despite all that, he is the NBA's all time scoring leader, and a member of the "60+ point" scoring club, a club that doesn't include all-around great Magic Johnson or pure scorer Kevin Durant.

This clearly shows that LeBron is the ultimate answer: a player who combines all-around skills with elite scoring ability.

In the 2013-14 season, Carmelo Anthony first dropped 60+ points against the Bobcats. Shortly after, LeBron answered the challenge posed by his friend, also scoring 60+, but with a higher shooting percentage and better three-point shooting. This friendly duel undoubtedly added another great chapter to the legend of the 2003 draft class.

2016
6.19

对手 / TEAM

金州勇士(Golden State Warriors)

只管戏谑 赢面为证

2016 年，金州勇士队以 73 胜 9 负的战绩，打破了 NBA 常规赛历史记录，并连续第二年在总决赛中迎战勒布朗率领的骑士队。勇士率先取得 3 比 1 的巨大领先。第四场比赛结束后，克雷・汤普森嘲讽勒布朗“受不了垃圾话”……接下来的故事，已成传奇。

勒布朗顶住压力，连下第五、第六场，将比赛拖入抢七大战。决胜局最后两分钟，比分战平之际，勒布朗送出一记惊世封盖——这是 NBA 历史上最具标志性的盖帽之一。最终，他带领骑士队夺得队史首个——也是唯一一个 NBA 总冠军，成为 NBA 史上唯一一支在总决赛中从 1 比 3 落后逆转夺冠的球队。

Hurt Feelings Write History

In 2016, the Golden State Warriors broke the NBA's all-time regular season wins record, going 73-9, and met the King in the NBA finals for the second consecutive year. The Warriors took a commanding 3-1 lead, and after Game 4, Klay Thompson accused LeBron of having his feelings hurt over trash talk on the court... the rest is history.

LeBron carried the team to win in games 5 and 6, and with less than two minutes left in a tied Game 7, he made one of the most iconic blocks in NBA history. King James would go on to lead the Cavaliers to their first – and only – NBA Championship, becoming the ONLY team in NBA history to overcome a 3-1 deficit in the NBA Finals.

数据说明
THE STATS

- 2016 年总决赛系列赛数据：
  29.7 分・11.3 篮板・8.9 助攻
- 在历史性的 1 比 3 大逆转后赢得第 3 个 NBA 总冠军

- Series Averages:
  29.7 pts · 11.3 rebs · 8.9 ast
- First 1-3 comeback in Finals history

23
遐思
之十五

SOLE 履程
出版人
/
孙 彧

23 Muses
Part 15

Publisher of SOLE Collector China
/
Sun Yu

2016 年 6 月的旧金山一点儿都不热。尤其是第七场总决赛后，大多数金州主场球迷都甚至感受到一丝丝寒意。

这股寒意就是勒布朗·詹姆斯带来的，在 1 比 3 落后的情况下，骑士连扳三场，伊戈达拉一个关键的反击上篮被詹姆斯死死按在篮板上。

其实这个画面我们并不陌生，任何球员在对阵詹姆斯时，反击上篮都不是十拿九稳的，詹姆斯就像黑豹一样兼具速度和力量，纵然是被动的防守一方，也能迅速赶上猎物，扼杀对方得分机会。

遗憾的是当年的总决赛报道媒体太多，联盟公关只安排给我们媒体室看大屏幕的机会，但也算间接直击了这一“神迹”，确实难忘。

The summer of 2016 in the Bay didn't seem hot at all, in fact, after G7 of the finals, Warrior fans in their home area probably felt ice cold.

This was all brought about by LeBron James. After falling behind 1-3, the Cavaliers stormed back and won three in a row, punctuated by "The Block" on Andre Iguodala.

This is nothing new to anyone. Anytime a player has a breakaway they always need to watch their back, and no layup is ever guaranteed because LeBron will use his black Panther like speed and Power, to quickly turn a defensive disadvantage around, intercepting his prey in mid-air, and shutting down the scoring opportunity.

Unfortunately, there were so many media outlets covering the Finals that year that the league's PR only arranged for us to watch the big screen in the media room. Still, it was like witnessing this "miracle" directly, and it was truly unforgettable.

2018
2.17

城市 / CITY
洛杉矶（Los Angeles）

“闭嘴打球”

那句臭名昭著的“Shut Up and Dribble.（闭嘴打球）”，出自某电视台的一位女性主持人，矛头直指勒布朗。但这番言论不仅没能让他噤声，反而催生出一场鼓励运动员发声、争取话语权的运动。

2018 年 NBA 全明星周末在洛杉矶举行，勒布朗早已为新闻发布会做好准备，他即将要发表一场划时代的宣言。这一次，他不止是球场上的核心，更在话语权的战场上挺身而出，掌控了整个舆论走向。他坚定回应道：“I will not just shut up and dribble.（我绝不会闭嘴打球）”——这八个字，唤醒了一整个世代，让他们敢于为信仰挺身而出。

不仅言语铿锵有力，他的穿着同样传递出强烈的态度：头戴写着“Strive for Greatness（追求伟大）”的帽子，身穿 Riccardo Tisci x Nike 联名 T 恤，正面赫然印着：“Victory Never Stops（胜利永不熄）”——为他的宣言盖上了清晰坚定的印章。

Shut Up and Dribble

The infamous “Shut Up and Dribble” remarks directed at LeBron by “a woman on a certain network” gave way to a movement encouraging athletes to have a voice and take control of the narrative.

It was NBA All-Star Weekend 2018 in Los Angeles, and King James arrived to his press moment prepared to make a groundbreaking statement. His defense was impeccable, and like always, he put the team on his back in pursuit of Victory. Taking control of the story, LeBron’s “I will not just shut up and dribble” were the 8 words that helped unlock an entire generation to stand up for their beliefs. As loud as his words were in that moment, his “Strive for Greatness” hat and Riccardo Tisci x Nike shirt – reading “Victory Never Stops” – were the stamp and seal for a message delivered loud and clear.

数据说明
THE STATS

- 2018 年全明星正赛数据：
  29 分 · 10 篮板 · 8 助攻
- 2 第三次获得全明星赛 MVP 并回应“闭嘴乖乖运球”言论

- Game Totals: 29 points · 10 rebs · 8 ast
- Addresses shut up and dribble comments while winning his 3rd All Star MVP

23
遐思
之十六

《体坛周报》记者
篮球评论员
/
孔 德昕

23 Muses
Part 16

News Reporter and
basketball analyst
/
Kong Dexin

如果詹姆斯真的像 2018 年福克斯新闻主持人劳拉·英格拉汉姆说的那样“闭嘴打球”，他恐怕永远也难以赶超那个“芝加哥的幽灵”。

迈克尔·乔丹是闭嘴打球的典范，他信奉的是“共和党人也买球鞋”。在赛场成就和体育商业领域，乔丹做到了极致，后来者都在踩着他的脚印前行。

但詹姆斯开辟了全新的道路。他不只是篮球巨星，更是社会运动家。他为少数族裔发声，在家乡创办“I PROMISE”学校，为弱势孩子提供教育和希望，带头鼓励非裔群体走向投票站，推动更多运动员用影响力介入社会议题。詹姆斯早已不仅仅是 NBA 的代名词，更是公众舆论场上无法忽视的声音与力量。

If, in 2018, LeBron really did what Fox News anchor Laura Ingraham told him—to just "shut up and dribble"—he would likely never surpass that "Phantom from Chicago."

Michael Jordan was the epitome of "shut up and dribble." He believed that "Republicans wore sneakers too" and he achieved unparalleled success both on the court and in the business of sports. Those who came after him have only been able to follow in his footsteps.

Yet LeBron somehow has forged his own path. He is not only a basketball superstar but he is also a social rights activist. He has spoken out for minorities, founded the "I Promise" school in Akron Ohio, and supported underprivileged kids and gave them a future through education. He had led and encouraged black communities to go to polling stations and pushed more athletes to use their influence to speak up on social issues, and with that, LeBron not only became the image of the NBA, he also became a powerful force and voice to be reckoned with in the public political scene.

2018
5.7

对手 / TEAM
多伦多猛龙（Toronto Raptors）

屠龙战士

2015/2016 赛季，多伦多猛龙打出了队史最出色的一次季后赛成绩，在东部决赛对决“国王”。经过六场激战，勒布朗带队击败猛龙军团。赛后，他称赞多伦多拥有 NBA 最棒的主场球迷。但对多伦多球迷来说，真正的噩梦才刚刚开始。次年，排名东部第二的骑士在东部半决赛横扫猛龙，勒布朗再次送对手回家。

到了 2018 年，这一切彻底终结。猛龙打出了联盟第一的常规赛战绩，被认为有望击败勒布朗。他们在东部半决赛再次相遇——但这一次，猛龙还是没能逃脱被横扫的命运。勒布朗在整个系列赛场均砍下 34 分、11.3 次助攻与 8.3 个篮板，终结比赛。其中最诛心的一幕，发生在第三场：他在 OG · 阿努诺比头上轻松投进制胜球，彻底击碎了猛龙的希望。赛后，社交媒体瞬间沸腾，网友们调侃让多伦多改姓勒布朗，改叫“LeBronto”。

LeBronto

In 2015, the Toronto Raptors were on the deepest playoff run they had made to date, meeting the King in the NBA Eastern Conference Finals. The King defeated the Dinos in a well-fought 6-game series, after which he called Toronto one of the greatest fan bases in the NBA. For Toronto fans, it all went south from there. The next year, the #2 seed Cavaliers would sweep the Raptors in the Conference Semi-Finals.

It all came to a halt the next season. In 2018, the Raptors earned the #1 seed and were finally set to take down the King. They met in the conference semi-finals, where LeBron lead an easy sweep of the Raptors, averaging 34 points, 11.3 assists and 8.3 rebounds for the series. The most iconic moment: an effortless game-winning runner over OG Anunoby to take game 3, crushing the team's hopes. The Raptors left Cleveland devastated and social feeds exploded with a new name for the city: LeBronto.

数据说明
THE STATS

- 东部半决赛对阵猛龙系列赛数据：34 分 · 8.3 篮板 · 11.3 助攻
- 以标志性绝杀球战胜猛龙队

- Series Averages: 34.0 pts · 8.3 rebs · 11.3 ast
- Iconic game-winning buzzer-beater over OG Anunoby

23 遐思

之十七

北境之主
/
保 罗

23 Muses Part 17

Raptors Radio China
/
Paul

2016 年 5 月 23 日，东部决赛第四场，多伦多猛龙 105 比 99 战胜克利夫兰骑士，后场双枪洛瑞和德罗赞合砍 67 分，将大比分扳成 2 比 2 平。这是我人生中第一次现场看 NBA 比赛，也是“双枪时代”多伦多猛龙队最辉煌的时刻。那年他们送给了骑士在东部季后赛仅有的两场败仗，可惜，这也是猛龙对詹姆斯的骑士最后的一场季后赛胜利。

2010 年以来，詹姆斯在东部的统治力无人能及。猛龙队虽然在这段时间崛起，成为东部劲旅，常规赛风生水起，然而连续三年季后赛遭遇骑士，战绩却是惨淡的 2 胜 12 负。特别是两年的横扫令人绝望。

当然一年后的故事已成传奇，那座大山远走西部，莱昂纳德空降多伦多，最终成就队史第一冠。再回首往事，只能说是 no pain no gain。如果没有经过詹姆斯的骑士的洗礼，也不会有猛龙管理层后来的痛定思痛，豪赌换血，成就那只冠军之师。

May 23rd 2016, Game 4 of the Eastern Conference Finals, the Raptors defeated the Cleveland Cavaliers 105–99. Kyle Lowry and Demar Derozan combined for 67 points, tying the series at 2–2. That was the first NBA game I ever watched in person, and it marked the most glorious moment of the Raptors' backcourt duo during their prime. That year, Toronto handed the Cavaliers their only two losses in the Eastern Conference playoffs—but as it turned out, that victory would be the last win the Raptors ever picked up against a LeBron-led Cavaliers team.

Throughout the 2010s, LeBron James's domination of the East was absolute. Even though the Raptors rose into contention at the time and found regular season success, they ran into the Cavaliers for three straight postseasons—only to walk away with a crushing 2–12 record. and what made it felt more hopeless were the 2 sweeps that capped those matchups.

Of course, what came the following year turned out to be the stuff of legend, LeBron moved west to L.A., Kawhi Leonard arrived in Toronto, and the Raptors captured their first—and only—NBA championship. Looking back, I can only say: no pain, no gain. Without the heartbreak delivered by LeBron's Cavaliers, the Raptors front office may never have had the resolve to make bold changes—and build the championship team that won it all.

2020
10.11

球队 / TEAM
洛杉矶湖人（LA Lakers）

园区冠军

2019/2020 赛季，堪称一段跌宕起伏的传奇篇章。这一年，篮球界痛失科比·布莱恩特和大卫·斯特恩；全美爆发社会公正运动；新冠疫情突袭，赛季一度全面停摆。这一连串的转折，最终只能由这位“国王”来画上句点。

当赛季在奥兰多迪士尼的“泡泡园区”重启时，勒布朗·詹姆斯状态火热，扛起了整支球队和美国人民的希望。他带领湖人赢得队史第 17 座总冠军奖杯，个人场均贡献 25.3 分、10.9 个篮板和 7 次助攻。勒布朗也因此摘下个人第 4 枚总冠军戒指与第 4 座总决赛 MVP 奖杯。而在球场之外，他也继续履行着“人民的冠军”角色，始终不忘对科比·布莱恩特的承诺——推动篮球不断向前。

Bubble Boy

The 2019-2020 NBA Season was nothing short of a saga, with twists and turns at every juncture. From losing beloved legends like Kobe Bryant and David Stern to social justice issues going on across the country and the season being shut down due to Covid, it was an epic tale that could only be capped by a King.

As the season resumed play in “The Bubble” at Disney's Magic Kingdom, King James was in rare form, putting his team and a nation of people on his back. He led the Lakers to the franchise's 17th NBA Championship, averaging 25.3 points, 10.9 boards and 7 assists. LeBron captured his fourth Ring and fourth NBA Finals MVP award on the court, all while continuing his tenure as The People's Champ off the court and keeping his word to the late Kobe Bryant to move the game forward.

数据说明
THE STATS

- 2020 年 NBA 总决赛系列赛数据：26.2 分 · 9.9 篮板 · 8.3 助攻
- 在具有历史意义泡泡园区中赢得第 4 个 NBA 总冠军和总决赛 MVP

- Series Averages: 26.2 points · 9.9 rebs · 8.3 ast
- Wins fourth championship, fourth NBA Finals MVP in the historic NBA Bubble

23 遐思

之十八

篮球妙思社
主编
/
冯 允正

23 Muses
Part 18

Basketball Muse
Editor in Chief-
Charlie
/
Feng Yuncheng

2020年，对于所有热爱篮球的球迷来说绝对是不堪回首的一年，尤其是那场让整个篮球世界震惊不已的空难。

我们虽然能够从詹姆斯那场赛前脱稿演讲，以及安东尼·戴维斯和德怀特·霍华德这两位球员在只言片语中，了解詹姆斯当时的悲痛情绪，但是恐怕只有他自己能够真正地体会到失去一位多年与自己竞争的兄弟这种真正痛彻心扉的感觉。

但好在这一年詹姆斯成为赛场下民权活动的伟大引领者，更是用了“泡泡”园区赛季的总冠军和总决赛MVP给了自己和那早已在天堂欣慰地看着他的老大哥一个最大的安慰。

2020 was almost an unbearable year to basketball fans all around the world, marked most tragically by that devastating helicopter crash.

We could only get glimpses of LeBron's grief through the words of Anthony Davis and Dwight Howard and by his heartfelt speech at Staples, but the depth of that pain, the agony of losing a brother who had battled both with and against him for so many years, was something only LeBron himself could truly comprehend.

And yet, LeBron fought though. Off the court, he emerged as a powerful voice for social justice. On the court, he led the Lakers to a Bubble Championship and earned Finals MVP—offering a heartfelt tribute both to himself and to the Mamba, who must have been smiling from the heavens above.

2022
12.25

对手 / TEAM
达拉斯独行侠（Dallas Mavericks）

圣诞王牌

过去二十年里，唯一一个在圣诞节比圣诞老人还忙的人，就是勒布朗·詹姆斯。他年年用精彩表现装点 NBA 的节日殿堂，送出的“火锅大礼”甚至比圣诞老人送的礼物还多。

2022 年，在对阵达拉斯独行侠的圣诞大战中，勒布朗砍下 38 分并送出 5 次助攻，正式成为 NBA 圣诞赛历史得分王（460 分），同时也升至圣诞助攻榜第一（119 次）。如今的圣诞节，有勒布朗的比赛，已经像梅西百货大游行或是循环播放的《圣诞故事》一样，成了不可或缺的保留节目。

Stocking Stuffer

The only person outworking Santa on Christmas Day for the last two decades has been King James. LeBron has “Decked the Halls” with many memorable December 25th moments, handing out more buckets than Santa hands out presents.

During the 2022 holiday classic against the Dallas Mavericks, LeBron scored 38 points and dished out 5 assists, on his way to becoming the NBA’s all-time Christmas Day leader in points with 460, and in assists with 119. LeBron on Christmas Day has become a tradition to look forward to with the likes of the Macy’s Parade and the all day “A Christmas Story” marathons.

数据说明
THE STATS

- 圣诞大战场均数据：
  27.1 分 · 7.6 篮板 · 7 助攻
- 迎来第 17 次圣诞节作战，创造 NBA 历史纪录

- Christmas Day Averages:
  27.1 points · 7.6 rebs · 7 ast
- NBA’s All-time points and assists leader on Christmas Day

23
遐思
之十九

篮球解说员
/
王 子星

23 Muses
Part 19

Basketball
Broadcaster
/
Wang Zixing

过去的 20 年，每到 12 月 25 日的 NBA 圣诞大战，詹姆斯的出色表现如同圣诞大餐一般，从不缺席。

经历了千百年的演变，全球各地庆祝这一天的方法总有不同，但欣赏詹姆斯在圣诞节的表演已经成为篮球迷的共同期待，进入总决赛需要一个赛季的努力和运气，但入选圣诞大战——你总不能拒绝观众想看谁吧。

区别于在每个圣诞节重播的《真爱至上》《小鬼当家》和《圣诞颂歌》，詹姆斯的表演年年还有新花样，成为每一顿圣诞大餐新鲜的配料。养成一个习惯需要 21 天，詹姆斯已经马上就要把自己同挂满满灯球的圣诞树和父母偷偷藏进孩子袜子里的礼物一起写入“节日传统”之中了。

For the past 20 years, every December 25th, LeBron James has shown up in the NBA Christmas Day Games—just like a family's Christmas dinner.

Throughout hundreds and thousands of year of evolution, the way the day is celebrated has become quite different across the globe, But one thing basketball fans everywhere have come to expect is LeBron's annual Christmas Day performance. Reaching the NBA Finals takes a full season of effort and a bit of luck—but when it comes to the Christmas Day games, there's no debate: the fans decide who they want to see.

Unlike the endless reruns of Love Actually, Home Alone, and A Christmas Carol, LeBron brings something new to the show each year and has become a fresh ingredient of every Christmas meal. It takes 21 days to build a habit, but it seems like LeBron is on the verge of becoming "holiday tradition" itself, just like the twinkling Christmas lights hanging on the Christmas tree and the gifts that parents would secretly hide into their children's stockings.

2023
2.7

对手 / TEAM
俄克拉荷马雷霆(OKC Thunder)

写入史册

在那些被认为“此生恐怕无缘见证被打破”的体育纪录中，卡里姆·阿卜杜尔-贾巴尔在1984年创下的NBA总得分纪录无疑位列前茅。要打破这一纪录，意味着一个球员必须在极长的时间内始终保持巅峰状态。而勒布朗·詹姆斯，正是这样的人。

自2003年踏上NBA赛场，勒布朗便开始了通往传奇的征程。20年后，他距离打破那项诞生于自己出生年份的纪录，只差一枚进球。2023年2月7日，在对阵俄克拉荷马雷霆的比赛中，第三节还剩10.9秒时，勒布朗命中一记后仰跳投，拿下生涯第38388分，正式加冕NBA历史得分王。而他显然并不会止步于此。

For the Record

On the list of sports records that many thought they'd never live to see broken, Kareem Abdul-Jabbar's scoring mark set back in 1984 had to be near the top. To beat that record meant someone would have to be at the top of their game for a very long time. Enter LeBron.

King James began his pursuit of NBA immortality back in 2003, and 20 years later he would find himself one basket away from breaking a record that was set in the very same year he was born. On February 7, 2023 in a matchup against the Oklahoma City Thunder, LeBron nailed a fadeaway jumper with 10.9 seconds to go in the third, scoring his 38,388th point and becoming the NBA's new scoring King. But he certainly wouldn't stop there.

数据说明
THE STATS

- 职业生涯总得分来到38388分
- 超越卡里姆·阿卜杜勒-贾巴尔，成为NBA历史得分王(38388分)

- Reached 38,388 points
- Surpasses Kareem Abdul-Jabbar to become the NBA's all-time leading scorer

23 遐思 之二十

篮球解说员
/
王 猛

23 Muses Part 20

Basketball Broadcaster
/
Wang Meng

詹姆斯是 GOAT 么?

每个人心里都有自己的答案。选择“是”的那些朋友，会举出一个又一个让人难以反驳的理由，不断刷新历史得分记录就是最硬的那个。

贾巴尔的纪录曾经被认为是根本不可能被打破的，詹姆斯让不可能成了可能，然后把这个可能变成了新的不可能。是的！即便在亲眼见证詹姆斯做到了不可能之后，我的思想依旧被禁锢着！我不觉得会有第二个人能做到詹姆斯做到的，最长的河可能只有一条！

IS LEBRON THE GOAT?

Everyone will have their own answer to that question. People who argue will list one reason after another, but there is none stronger than this:

He keeps breaking scoring records!

Kareem Abdul-Jabbar's scoring record was once thought to be unbreakable, but LeBron turned that into a possibility, and yet made this into an new impossibility! Yes—even after personally witnessing LeBron achieve what no one else could, my thinking remains locked in place:

I still believe no one else will ever do what LeBron has done.

There can only be one longest river.

2024
3.2

对手 / TEAM
丹佛掘金（Denver Nuggets）

无人之境

如果跻身最伟大球员都不能让你满足，那就亲手打破自己的纪录。在超越传奇卡里姆·阿卜杜尔-贾巴尔，登顶 NBA 历史得分榜之后，勒布朗·詹姆斯仍未停下脚步，继续将自己推向一个前所未有、难以想象的新高度。

2024 年 3 月初，在与丹佛掘金的比赛中，全世界的目光聚焦这位 39 岁的老将。当他突破上篮得手，他也就此成为 NBA 历史上首位职业生涯得分突破 40000 分的球员。赛后，勒布朗肯定了这一里程碑的意义，但依旧将重心放在团队目标上。正是在那座高原之城——丹佛，勒布朗再次开辟无人之境，历史，也就此被改写。

Uncharted

When being the greatest isn't enough, it's time to break your own records. After eclipsing the great Kareem Abdul-Jabbar to become the league's all-time leading scorer, LeBron stayed the course to push himself to yet another previouslyunimaginable limit.

During an early March matchup against the Denver Nuggets, the basketball world looked on as a 39 year old LeBron hit a driving layup to become the first player to surpass 40,000 career points in the NBA. After the game, LeBron acknowledged the milestone, but was ultimately still focused on team success. Nonetheless, history was made in the Mile High City, with LeBron entering uncharted territory once again.

数据说明
THE STATS

- 对阵掘金数据：
  26 分 · 9 篮板 · 4 个助攻
- 成为首位突破 40000 分的球员

- Game Totals: 26 points · 9 rebs · 4 ast
- Becomes the first player to reach 40,000 points

23
遐思
之二十一

篮球解说员
/
王 兆丰

23 Muses
Part 21

Basketball
Broadcaster
/
Wang Zhaofeng

在准备“可能”是 4 万分这场比赛的解说之前，我脑海里想象了很多种他的“撞线方式”——在球场的哪个位置，用哪一种得分方式。

但当他用一个简单的上篮完成 4 万分的时候，真有一种轻舟已过万重山的感觉。

大概是因为自己在 30 岁之后，也开始遭遇运动能力下滑和关节磨损的伤病，才开始愈发体会“老头”的不易，所以能在 NBA 世界里完成 4 万分真的非常了不起，我甚至觉得在我的生命里可能只有这样一位球员能够达成如此成就。

When I was preparing for the commentary of this potential 40,000-point game, I imagined all kinds of ways he might cross that milestone—where on the court it would happen, and how he would score it.

But when LeBron reached 40,000 with a simple layup, it felt like a quiet moment after a long journey and I actually felt a sigh of relief.

Maybe it's because, now that I'm past 30 myself, I've started to experience a decline in athleticism and the wear and tear of joints. It's only then that I've begun to truly understand just how tough it is for the "old man." That's why reaching 40,000 points in the NBA feels all the more remarkable, and honestly, I think in my lifetime, there might only ever be one player who can achieve something like this.

2024
6.27

球队 / TEAM
洛杉矶湖人 (Los Angeles Lakers)

天意与决意

一位“百年一遇”的运动员，迎来了一个“百年一遇”的历史时刻。大多数人会说，勒布朗成为历史上首位与自己儿子一同出战的 NBA 球员。但换个角度来看，布朗尼・詹姆斯也将成为史上首位能与父亲并肩作战的球员。

2024 年 6 月 27 日，勒布朗・詹姆斯二世，也就是“布朗尼”，在 NBA 选秀中于第 55 顺位被洛杉矶湖人队选中。这对父子不仅同处联盟，更将身披同一支球队的战袍，组成史上首个“同队出战”的父子组合。

从小就在聚光灯下成长，布朗尼一直背负着“詹姆斯”这个名字所带来的重量。而就像他父亲曾经做到的那样，他也将以从容姿态应对压力，写下属于自己的篇章。

The Chosen One and The One Who Chose

A once in a lifetime athlete, with another a once in a lifetime moment. Most would frame this as LeBron being the first player in history to play alongside his son. But one can also say, Bronny James will be the first player to play alongside his father.

On June 27, 2024, LeBron James Jr., aka “Bronny,” was selected 55th overall by the Los Angeles Lakers, forming the first fatherand- son duo to not only play in the NBA at the same time, but also play on the same team. No stranger to the spotlight, Bronny has had the responsibility of carrying the weight of his namesake for his entire life. And just as the LeBron James before him, he has gracefully handled the pressure, writing his own story along the way.

数据说明
THE STATS

- 布朗尼南加州大学数据：
  4.8 分・2.8 篮板・2.1 个助攻
- 布朗尼在 2024 年 NBA 选秀大会上被洛杉矶湖人队以 55 号签选中

- USC Career Averages:
  4.8 points · 2.8 rebs · 2.1 ast
- Bronny James is drafted 55th by the Los Angeles Lakers in the 2024 NBA Draft

23
遐思
之二十二

《体坛周报》
评论员
/
管 维佳

23 Muses
Part 22

Commentator
/
Guan Weijia

关于布朗尼，我的遗憾在于没能解说他选秀成功的瞬间。2024 年，NBA 选秀大会变成了两天，次轮选秀北京时间凌晨进行。比詹姆斯岁数还大的我，决定在梦中关注布朗尼进入 NBA。好在赛季很快开始，我有幸在布朗尼第一场 NBA 常规赛时弥补了遗憾，以及，见证了 NBA 历史上第一次真正意义上的父子同台。

那场比赛，看台上坐着很多名人，其中包括老肯·葛瑞菲和小肯·葛瑞菲，他们是 MLB 历史上唯一一对曾在同一时期效力于同一球队的“父子兵”。他俩一起出战了 51 场比赛，是北美四大联盟历史上同台次数最多的一对父子——此前其他三大联盟都有过父子同台的情况，詹姆斯父子填补了 NBA 的空白。

很多人都批评詹姆斯把布朗尼拔到不属于他高度的行为，但同样作为一位父亲，我非常理解詹姆斯。同时，我为他在那一晚没有受到太多干扰，仍能带队取胜，感到钦佩。

I'll always carry one regret: not being able to commentate the moment Bronny was drafted into the NBA. In 2024, the NBA split the draft into two days. The second round was scheduled during the early hours of Beijing time, and as someone even older than LeBron, I chose to "witness" Bronny's entry into the league while being asleep. Luckily for me, the season quickly started and I was able to make things right. I had the honor to commentate the Lakers Vs Timberwolves game where Bronny made his NBA debut-a game that also marked the first time in league history a father and son shared the court as teammates.

That night, many notable figures were in attendance, including Ken Griffey Sr. and Ken Griffey Jr.—the only father-son duo in MLB history to play on the same team. They appeared in 51 games together, the most ever by any father-son pair across North America's four major professional sports leagues.Before the Lakers Timberwolves game, the NBA was the only one of the big four leagues without a father son on-court moment. LeBron and Bronny changed that.

Many have criticized LeBron for putting Bronny in heights that does not yet belong to him but as a father myself, I completely understand LeBron, and I fully respect LeBron being able to lead his team to a win without being overwhelmed by this distraction.

2024
7.26

球队 / TEAM
美国男篮（USA Basketball）

旗手荣耀

还有什么能比为祖国赢得奥运金牌更加荣耀？大概就是在世界瞩目的舞台上，以队长兼开幕式持旗手的身份登场了。对这位已经成就一切的人来说，勒布朗再一次站在了历史的浪尖。2024 年巴黎开幕式上，“国王”勒布朗手持星条旗，带领美国代表团乘船缓缓驶过塞纳河。全世界的镜头都聚焦这一刻，而那艘船的剪影，勾勒出一幅令人极为熟悉的画面——伊曼纽尔·洛伊茨的传世之作《华盛顿横渡特拉华河》。

正如美国第一任总统，在那幅画中所象征的民族独立的胜利，勒布朗在塞纳河畔的英姿，同样将成为鼓舞后世的象征——激励新一代去拼搏、去追逐“世界最强”的梦想。美国队最终统治了这届奥运会，在各个项目中收获最多奖牌。而勒布朗也第三次戴上金牌，站上最高领奖台，完成了自己作为奥运选手的最后一舞。

Old Glory

What could be greater than winning Olympic Gold for your country? How about the honor of being named Team Captain and Flag Bearer on the world's biggest stage. For the man who has done it all, King James found himself waving Old Glory as the ship of American athletes travelled down the Seine during the Opening Ceremony of the 2024 Summer Olympics in Paris. Cameras all over the world caught a striking profile of the ship, an image that painted a familiar picture for those watching from home. This iconic moment was strikingly similar to that of the famous "Washington Crossing the Delaware" portrait by Emanuel Leutze.

Just as the image of the 1st President served as a defining moment of victory in the United States' independence, the sight of King James leading the charge will provide future generations with the motivation to go out and become the world's greatest. The American's would go on to dominate the games, bringing home the most medals across all events. James would complete his last stint as an Olympian at the top of the podium, wearing a gold medal for the 3rd time.

数据说明
THE STATS

- 2024 年夏季奥运会数据：14.4 分 · 4.1 助攻
- 被选为奥运会旗手，代表美国参加 2024 年巴黎奥运会

- 2024 Summer Olympics averages: 14.4 points · 4.1 ast
- Chosen as USA's flag bearer at the 2024 Summer Olympics in Paris

23
遐思
之二十三

作家、评论员
/
张 佳玮

23 Muses
Part 23

Writer and
Columnist
/
Zhang Jiawei

勒布朗·詹姆斯的巴黎奥运会男篮金牌和赛会 MVP，为他的二十年美国队之旅画了个句号——暂时？

2024 年奥运会，詹姆斯 + 库里 + 杜兰特，颇有 1992 年“魔术师” + 伯德 + 乔丹的意味：同样是统治时代的宿敌，在美国队携手；当确认有杜兰特可以终结、库里可以将传球射进篮筐时：詹姆斯可以安心掌控比赛节奏。击败塞尔维亚之战，詹姆斯和库里这两个老冤家顶额怒吼：经过漫长篮球生涯，他们本该已习惯一切；但那一刻，他们成了两个享受篮球的老男孩。

也是那一刻让我觉得：2024 年，也许还不是结尾——如果詹姆斯以 43 岁高龄出战 2028 年洛杉矶奥运会？谁知道呢？

就像 2004 年 19 岁半的他为美国队出战时，谁又能想到二十年后，将要 40 的他，会在巴黎戴着金牌，举起 MVP 奖杯呢？

LeBron capped off his 20 year team USA journey with a Gold at the Paris Olympics and an MVP award- maybe for now?

LeBron. KD. Steph. The 2024 version echoed the dynamic of the 1992 Dream Team trio — Magic, Bird, and Jordan. Former rivals, dominant figures in their respective eras, now side by side wearing team USA jerseys. When LeBron knew he had the finishing skill of KD and the shot making ability of Steph, LeBron was able to relax and settle into his role of pacemaker in the games.

In the gold medal game where the US beat Serbia, LeBron and Steph, two long-time rivals, locked foreheads and let out a primal roar of joy. Having both enjoyed a long and illustrious career, you'd think they were used to moments like this. But in that instant, they were just two old boys, rediscovering the pure joy of playing basketball.

And in that moment, I couldn't help but wonder: maybe 2024 isn't the final chapter. Could we really see a 43 year old LeBron suiting up for the 2028 Los Angeles Olympics? Who knows?

After all, back in 2004, when a 19-year-old LeBron first suited up for Team USA, who could've imagined that two decades later, just being shy of age 40, he'd be wearing gold again — this time in Paris, as MVP of the entire tournament?

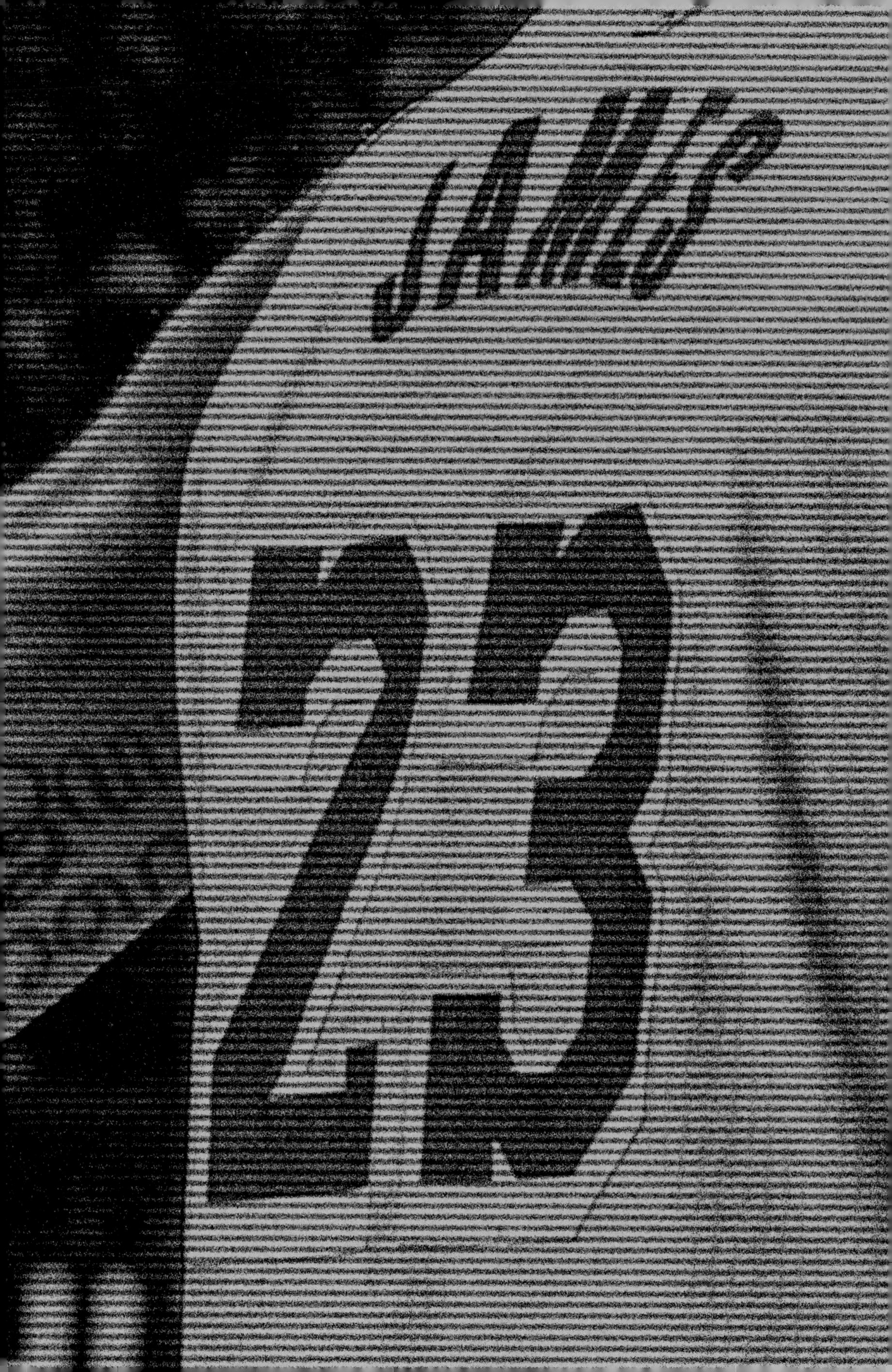
JAMES
23